中华典藏

全注全译本

国际儒学联合会教育系列丛书

大学·中庸

于建福 译注　张 践 译注

丛书指导委员会主任
————滕文生　牟钟鉴　董金裕
总主编
————钱 逊　郭齐家

汉唐书局专家委员会审定

济南出版社　　汉唐书局

图书在版编目（CIP）数据

大学·中庸 / 于建福, 张践译注. — 济南：济南出版

社，2023.4

（中华典藏）

ISBN 978-7-5488-5570-5

Ⅰ.①大… Ⅱ.①于… ②张… Ⅲ.①儒家②《大

学》—研究③《中庸》— 研究 Ⅳ.①B222.15

中国国家版本馆CIP数据核字（2023）第052254号

出 版 人	田俊林
丛书策划	付晓丽　冀春雨
责任编辑	殷　剑　张子涵
专家审读	牟钟鉴　刘示范
装帧设计	王铭基　谭　正

出版发行	济南出版社
地　　址	济南市二环南路1号
编辑热线	0531-86131747　82926535（编辑室）
发行热线	82709072　86131701　86131729　82924885（发行部）
印　　刷	山东彩峰印刷股份有限公司
版　　次	2023 年 7 月第 1 版
印　　次	2023 年 7 月第 1 次印刷
开　　本	170 mm × 240 mm　16开
印　　张	15.75
字　　数	222千
印　　数	1—4000册
定　　价	68.00元

（济南版图书，如有印装错误，请与出版社联系调换。联系电话：0531-86131736）

总　序

中国共产党的二十大报告指出：我们必须坚定历史自信、文化自信，坚持古为今用、推陈出新，把马克思主义思想精髓同中华优秀传统文化精华贯通起来。2023年2月7日，习近平总书记在学习贯彻党的二十大精神研讨班开班式上发表重要讲话，指出：中国式现代化，深深植根于中华优秀传统文化。

中华优秀传统文化的显著特点是启发人的内心自觉，追求的是人的身与心、人与人、人与社会、人与宇宙自然的统一与和谐，表现出人的崇高的精神境界，其思想背后是中国人对天道、天命和道德人格典范的敬畏。中华经典记录了中华优秀传统文化的本和源、根和魂，是构成我们民族文化、民族智慧、民族心灵的庞大载体，是支撑我们民族生存、发展、创新的活水源头，是几千年来维护我中华民族屡经重大灾难而始终不解体的坚强纽带。中华经典是人生教育学典籍，或者说是人生的课本、教材，靠一代代中国人的诵读、解释，并在传承中发展、创造，在极深刻意义上参与塑成了中华民族的历史和生活世界。其中蕴含的天下为公、民为邦本、为政以德、革故鼎新、任人唯贤、天人合一、自强不息、厚德载物、讲信修睦、亲仁善邻等精神，是中国人民在长期生产生活中积累的宇宙观、天下观、社会观、道德观的重要体现，是地地道道的"中国式"。

济南出版社·汉唐书局以习近平新时代中国特色社会主义思想为指导，高度落实习近平总书记关于中华优秀传统文化的一系列重要论述，深度理解中华经典的根源与发展，联合国际儒学联合会组织全国中华优秀传统文化相关领域的专家学者，通过深耕细作，潜心编写，精心注译，严谨校对，专业编排，集结成册,向广大读者隆重推出"中华典藏"系列丛书。本丛书包括20种典籍,即《论语》《孟子》《大学》《中庸》《近思录》《周易》《道德经》《诗经》《史记》《孙子兵法》《孔子家语》《三字经》《百家姓》《千字文》《千家诗》《弟子规》《龙文鞭影》《声律启蒙》《笠翁对韵》《蒙求》,除经典原文、注释、大意(译文)外,还根据每部典籍的特点,设置了知识拓展、释疑解惑等。

终身学习、终身教育已经成了这个时代的常态。中华经典是"母乳",是最具纯正、最富营养、最有价值的终身学习资源。中华经典是整体之学,是身心之学,是素养之学,是每一个中国人在这个动荡变革时代中培养定力、安身立命的大宝典。因此,中华经典的受益者不仅仅是在校的老师和学生,还包括各级各类领导干部、工农兵学商等各行各业人员(如企业家、工厂工人、手工业者、新农村建设者、解放军官兵、科研工作者、医务工作者等),以及海外侨胞、留学生。

中华民族的祖先曾追求这样一种境界:为天地立心,为生民立命,为往圣继绝学,为万世开太平。我郑重将"中华典藏"这套普及性丛书推荐给读者,希望我们这个团队经过近十年共同奋斗所凝结的智慧,走向大众,让诵读中华经典的琅琅之声传遍祖国的大江南北,让我们每个人心中有山河,心中有宇宙,心中有父母,心中有圣贤,心中有家国天下,心中有我们中华民族的精神,心中有我们中国人的本心、本性。让我们全民为实现中华民族的伟大复兴与构建人类命运共同体凝聚智慧、贡献力量。

是为序!

郭齐家

2023年2月于北京回龙观寓所

目 录

篇章体例

◎ 原文
◎ 注释
◎ 大意
◎ 释疑解惑
◎ 知识拓展

大 学

中　庸

大学

导　读

　　《大学》与《论语》《孟子》《中庸》四部儒家经典合称"四书"。"四书"保存了儒家圣贤的丰富思想和智慧，是中华文化思想库中的瑰宝，具有深刻的教育意义和启迪价值，是国人不能不读的传世经典。《大学》作为"四书"中的重要经典，以精辟的语言和成熟的思维，提出了儒家教育的宗旨、任务和路径，构建了一个完整而清晰的修己安人之道，以及儒家人生教育的蓝图。

一、《大学》由来

　　《大学》作为《礼记》中的一篇，乃儒家圣贤之作，究竟为何人所作，汉唐学人早已论及。西汉司马迁（约前145—前89）在《史记·孔子世家》中即有"故《书传》《礼记》自孔氏"一语，"孔氏"即言孔子（前551—前479），"自孔氏"意味着源于孔子。东汉史学家班固（32—92）《汉书·艺文志》载："《记》百三十一篇，七十子后学者所记也。"东汉经学家郑玄（127—200）为《礼记》作注时，就多数篇章都注明作者，却未曾提及《大学》篇出自何人之手。唐代经学家孔颖达（574—648）《礼记正义》则言："《礼记》之作，出自孔氏，但正《礼》残缺，无复能明……至孔子没后，七十二之徒共撰所闻，以为此《记》。或录旧礼之义，或录变礼所由，或兼记体履，或杂序得失，故编而录之，以为《记》也。"《大学》既然为《礼记》中的一篇，那么，在汉唐学人看来，《大学》或出自孔氏，或出自孔氏及孔门后学。

　　时至北宋，理学家张载（1020—1077）确信"《中庸》《大学》出于圣门，无可疑者"（《经学理窟·义理》）。程颢、程颐也反复强调："《大学》乃孔氏之遗书，须从此学，则不差。""《大学》，孔氏之遗言也。学者由是而学，则不迷于入德之门也。"尽管程子并未说明依据，但后人大多认为《大学》出自孔子，并对此深信不疑。元代理学家许谦（1269—1337）在《读四书丛说》中依然认为《大学》是孔子所作。

南宋朱熹（1130—1200）《大学章句》将《大学》全篇分为"经"一章、"传"十章，并在《大学》首章之注释中指出：《大学》首章"经"的部分，"盖孔子之言，而曾子述之"。朱熹解经相当严谨切要，力求"多一字不得，少一字不得"。所言"盖"字，实有推断之意。在朱熹看来，"正经辞约而理备，言近而指远，非圣人不能及也"（《大学或问》），因此，"经"文大致与孔子和曾子（前505—前435）有关系，即孔子面授曾子，曾子"述之"。"述之"意味着曾子传述和发挥了孔子有关思想，但并未笔之于书。"经"之后，根据"经"提出的问题，分别进行论述，成为"传"十章。在朱熹看来，"传"十章"则曾子之意，而门人记之也"。即是说，《大学》中的"传"，乃是曾子之意，为其门人所"记"。所言之"记"，即按曾子本意而一一记述整理。总之，按照朱熹的说法，《大学》是孔子和曾子思想的结晶，或谓孔子和曾子及曾子的门人共酿其成。据此，《大学》大致成书于战国前期。

曾子或子思作《大学》之说由来已久。《三字经》有言："作《大学》，乃曾子。"《三字经》的早期作者一般认为是南宋著名学者王应麟（1223—1296）。《三字经》是古代蒙学必读书籍，由此使得曾子作《大学》的说法深入人心。清代翟灏（1712—1788）在《四书考异》中也认为《大学》是曾子所作。曾子门人子思作《大学》之说始于东汉经学家贾逵（30—101）的论述："子思穷居于宋，惧圣道之不明，乃作《大学》以经之，《中庸》以纬之。"加上朱熹"其传十章，则曾子之意，而门人记之也"说法的影响，后世不少学者认为《大学》是子思所作。明代郑晓（1499—1566）在《大学源流》中亦认为《大学》是子思所作。

也有主张《大学》与荀子（约前313—前238）有关的。如冯友兰（1895—1990）说："《中庸》大部分为孟学；而《大学》则大部分为荀学。"（冯友兰《中国哲学史》）钱穆（1895—1990）也同意这样的说法。还有学者认为《大学》出自孟学。郭沫若（1892—1978）即持此观点，并断定《大学》是"乐正氏之儒的典籍"（《十批判书·儒家八派的批判》）。

近人钱基博（1887—1957）在《〈四书〉解题及其读法》中说："唯《大学》之书，理极宏博；而曾子所作，语出臆测。君子于其所不知，盖阙如也；既无佐证，不如阙疑。"从内容和文例判断，《大学》出自孔门，盖为七十子后学者所记，于孔氏为支流余裔，师师相承传之作，绕不过至圣孔子、宗圣曾子和述圣子思三位圣贤。其中，孔子开《大学》思想之先河，曾子记而传之，或由子思集而成之，曾子则为关键人物。

二、《大学》流传与"四书"形成

《大学》原是《小戴礼记》中的第42篇。《礼记》分为《大戴礼记》和《小戴礼记》。据《隋书·经籍志》记载："汉初，河间献王又得仲尼弟子及后学者所记一百三十一篇献之，时亦无传之者。至刘向考校经籍，检得一百三十篇，向因第而叙之。而又得《明堂阴阳记》三十三篇，《孔子三朝记》七篇，《王氏史氏记》二十一篇，《乐记》二十三篇，凡五种，合二百十四篇。戴德删其烦重，合而记之，为八十五篇，谓之《大戴记》。而戴圣又删大戴之书，为四十六篇，谓之《小戴记》。汉末，马融遂传小戴之学。融又足《月令》一篇，《明堂位》一篇，《乐记》一篇，合四十九篇。而郑玄受业于融，又为之注。"据此，现在流传的《礼记》包括了戴德之侄戴圣（生卒年月不详）所传《小戴礼记》46篇，以及马融（79—166）所补的《月令》《明堂位》《乐记》3篇，共49篇。《大学》古本，是指现今流传的《礼记》第42篇原文。东汉末年经学家郑玄（127—200）所注《小戴礼记》中的《大学》古本，到唐代初年经学家孔颖达（574—648）为之作疏，成为宋以前的通行本。

《大学》作为《礼记》中的一篇，起初并未受到特别推崇。汉儒解释或援引《大学》者甚少。郑玄注曰："大学者，以其记博学可以为政也。"孔颖达疏："此经大学之道，在于明明德，在于亲民，在止于至善，积德而行，则近乎道也。"唐代韩愈（768—824）较早留意、引用并阐释《大学》要义，他在《原道》中引用《大学》经文并作发挥的同时，提出了从尧、舜、禹、汤、文、武、周公传到孔、孟的儒家"道统说"，以应对佛家的"法统"。随后，李翱（772—841）在《复性书》中明确言及《大学》并引用"致知在格物"之言。韩愈和李翱遂成为唐代儒学复兴时期重新发现《大学》价值的重要代表人物，开启了后世尊崇《大学》之风，为宋代理学家大力弘扬《大学》心性学说和修身理论奠定了基础。

从汉到唐，《大学》尽管为越来越多的人所关注，但毕竟是《礼记》中的一篇。自北宋仁宗天圣八年（1030年）赐进士王拱辰（1012—1085）《大学》篇一轴起，皇帝对登第者必赏赐《大学》或《儒行》《中庸》，推动了《大学》单行本的流传。清代学人朱彝尊（1629—1709）《经义考》收北宋思想家司马光（1019—1086）《〈大学〉广义》一卷，并云："取《大学》于《礼记》，讲学而专行之，实自温公（司马光）始。"可见，司马光的《〈大学〉广义》是较早为《大学》作注的单行版本，只是原书已失传。

《大学》与《论语》《孟子》《中庸》四书并行，最早见于程颢（1032—1085）和程颐（1033—1107）的"表章"。二程将原《大学》古本从《礼记》中单独摘出来，重新编排，加以注解，认为"大学之道，明德新民不分物我，成德之事也"（《二程集·粹言·卷一》），视《大学》为"孔氏之遗书，而初学入德之门也"（《四书章句集注》），主张将《大学》和《中庸》与《论语》《孟子》并重，并认为学者须从《大学》入手，才能领悟圣人要旨，把握入德之门，最终通过内在的道德修养及外在的道德实践，达到治国平天下的目的。《宋史·道学传》序论中提到，二程"表章《大学》《中庸》二篇，与《语》《孟》并行，于是上自帝王传心之奥（《中庸》），下至初学入德之门（《大学》），融会贯通，无复余蕴"。《宋史·道学传》还称程颐"其学本于诚，以《大学》《语》《孟》《中庸》为标指，而达于'六经'"。

"'四书'之义，备于朱子"（许谦《读四书丛说》），"四书"并行，最终完成于朱熹。朱熹深受二程影响，竭力推崇《大学》，将《大学》纳入"四书"体系，列为"四书"之首，成了儒家"初学入德之门"的必读书。朱熹强调，"学问须以《大学》为先"，"《大学》是修身治人底规模。如人起屋相似，须先打个地盘，地盘既成，则可举而行之矣"（《朱子语类》卷第十四），"《大学》是为学纲目……通得《大学》了，去看他经，方见得此是格物、致知事；此是正心、诚意事；此是修身事；此是齐家、治国、平天下事"。朱熹认为，《大学》有"简编散脱"之处，故据二程所定对其章次作了重新编定，并"窃附己意，补其阙略"（《四书章句集注·大学章句序》），特别补写"格物致知"一章，共 134 字。南宋光宗绍熙元年（1190 年），朱熹在福建漳州将《大学》《论语》《孟子》《中庸》汇集成一套经书首次刊印问世（见朱子《书临漳所刊四子后》）。朱熹先后花费了四十多年的时间，七易其稿，着重就"四书"作义理阐释，临终前仍在注解《大学》之"诚意"章。《四库全书》第三二九册之《两朝纲目备要》卷六载，"三月甲子朱熹卒"，下云"辛酉改《大学》'诚意'一章，此熹绝笔也"。由此推知，朱熹最后修改《大学》当为卒前三日，可谓"毕力钻研，死而后已"，终成《四书章句集注》，简称《四书集注》。

与朱熹同时探究《大学》义理者不乏其人。南宋学者喻樗（？—1180）曾将《大学》《中庸》与《论语》一起解读，著有《中庸大学论语解》。由于《四书章句集注》的广泛影响，《大学》独立成书的注解层出不穷。真德秀（1178—1235）是南宋继朱熹之后阐释《大学》最有力者。他作为经筵侍讲，曾向宋理宗进呈《大学衍义》，其序云："《大学》一书，君天下者之律令格例也。本之则必治，违之则必乱。"《大学衍义》以治道见长，颇得宋理宗（1205—1264）赞赏："《衍义》一书，备人君之轨范焉。"后世帝王也对此书推崇有加。元武宗（1281—1311）说："治天下此一书足矣。"（《元史》卷二十四）命刊行以赐臣下。明太祖（1328—1398）"尝问以帝王之学何书为要。濂举《大学衍义》，乃命大书揭之殿两庑壁"（《明史·宋濂传》）。清康熙帝（1654—1722）则命人将《大学衍义》翻译刊刻成满文，颁赐诸臣（《圣祖仁皇帝圣训》卷一）。

陆王心学的两位代表学者都对《大学》作过精辟解读。南宋陆九渊（1139—1193）指出："古者十五入大学。《大学》曰：'大学之道，在明明德，在新民，在止于至善。'此言大学指归。欲明明德于天下是入大学标的。格物致知是下手处。《中庸》言博学、审问、慎思、明辨，是格物之方。"（《陆九渊集·卷二十一·学说》）就是说，《大学》有明确的宗旨，即"明明德""新民""止于至善"，一入大学就要确立"明明德"之标的，以"格物致知"作为着手处，做到"明明德"，进而推己及人，达到"至善"的境界。明代王阳明（1472—1529）著《大学问》《大学古本旁注》，不但在版本上肯定古本，反对朱熹改本，倡导"致良知""知行合一"，将"万物一体"理论贯穿于《大学》之中，而且对"格物致知""明明德"与"亲民"作了新的解释。在王阳明看来，《大学》已不再只是朱熹所认为的"六经之阶梯"——入门之书，而成为穷尽真理之书，是达到完全人格所必需的"大人之学"，其地位不亚于《孟子》和《中庸》。

元代学者依然注重对《大学》的研究与解读。如理学家金履祥（1232—1303）作《大学章句疏义》，许衡（1209—1281）作《直说大学要略》，黎立武（1243—1310）作《大学本旨》，阐释《大学》义理。

由于朱熹注释的"四书"辞约意广，既融会前人学说，又有其独特见解，并切于世用，加之以程朱理学地位的日益上升，故朱熹之后，"朝廷以其《大学》《语》《孟》《中庸》训说立于学官"(《宋史·道学传》),即将朱熹《四书章句集注》审定为官书。"四书"从此盛行起来,并逐步取得了与"五经"并列甚至优先的地位。元世祖至元年间规定:"凡读书必先《孝经》《小学》《论语》《孟子》《大学》《中庸》,次及《诗》《书》《礼记》《周礼》《春秋》《易》。"(《元史》卷八十一)值得注意的是,皇庆二年(1313 年),元仁宗颁布诏书,宣布重开科举取士之制,中书省同时发布《奏准试科条目》,规定"蒙古、色目人第一场经问五条,《大学》《论语》《孟子》《中庸》内设问,用《朱氏章句集注》。其义理精明,文辞典雅者为中选";"汉人、南人第一场明经、经疑二问,《大学》《论语》《孟子》《中庸》内出题,并用《朱氏章句集注》,复以己意结之,限三百字以上。"(《元史》卷八十一)可见,"经问"与"经疑"都自"四书"内出题,都要依据朱熹所作《四书章句集注》回答问题,"四书"由此确立了在社会正统思想中的统治地位,成为学校教育的主要教材、科举考试的重要依据,作为《四书章句集注》之首的《大学章句》也以此获得官方的正式认可与推崇。

三、《大学》与"四书"价值认同

"四书"为入道之门。学为圣贤,必先得圣贤之心,而后可以学圣贤之事。"圣贤之心,具在'四书'。"(许谦《读四书丛说》)"四书"作为儒家经典,不仅蕴涵着儒家丰富的思想与智慧,而且体现着早期儒学形成的嬗变与传递轨迹,反映着儒家的传承关系。就先秦所有儒家经典而言,要确定究竟是谁在某一特定时间写出某一部书极为困难,但据司马迁等史学家的一般看法,孔子传曾子,曾子作《大学》;曾子传子思,子思作《中庸》;子思的弟子传孟子,孟子的弟子万章、公孙丑等记孟子的言行,作《孟子》七篇(每篇分上下两部)。王应麟(1223—1296)所作《三字经》对"四书"逐一解说:"《论语》者,二十篇,群弟子,记善言。《孟子》者,七篇止,讲道德,说仁义。作《中庸》,子思笔,中不偏,庸不易。作《大学》,乃曾子,自修齐,至平治。"这可以作为对"四书"最概括的说明。由于《论语》《大学》《中庸》《孟子》分别与早期儒家的四位代表性人物孔子、曾子、子思子、孟子有关,所以被合称为"四子书"(也称"四子"),通称"四书"。

"四书"问世之后,就与"五经"相提并论,统称"四书五经"。"五经"是孔子之前"古圣先贤"的"先王之教","四书"作为儒家学派主要代表人物的著作，许多思想源自"五经"，是对"五经"相关思想的直接阐发。作为进学的程序，可先读"四书"，后读"五经"。由于"四书"比较集中地阐述了为学修己、待人处世、治国理政之道，阅读起来相对容易，便成为初级教育阶段的必读教材；"五经"内容宽泛，成书久远，阅读起来比较困难，便成为较高教育阶段的必读教材。在朱熹看来，"今欲直得圣人本意不差，未须理会经，先须于《论语》《孟子》中专意看他。"（《朱子语类》卷第一百四）"四书"在相当长时期内成为初级教育阶段的必读教材，是有客观缘由的。

梁启超总结"四书"对中国历史的影响时说："自宋儒从《礼记》中抽出《大学》《中庸》两篇，合诸《论》《孟》称为'四书'，明清两代，以八股取士，试题悉出'四书'，于是'四书'之诵习，其盛乃驾'六经'而上之。六七百年来，数岁孩童入三家村塾者，莫不以'四书'为主要读本，其书遂形成一般常识之基础，且为国民心理之总关键。""要而论之，《大学》《中庸》不失为儒门两篇名著，读之甚有益于修养。且既已人人诵习垂千年，形成国民常识之一部分，故今之学者，亦不可以不一读，但不必尊仰太过，反失其相当之位置耳。"（《梁启超讲国学》）"四书"无论对提高人们的文化素养、人格涵养、伦理道德修养，还是对丰富人生、增进智慧、成就事业，都发挥了重要作用。

明代思想家李贽（1527—1602）对《大学》之"三纲八目"推崇备至："文字极有条理，极有格式。三纲领处，鸳鸯画出；八条目处，金针度人也。世间种种学问无不包括，后来种种病痛无不扫除，真圣人之文也。"（《四书评·大学》）也就是说，"三纲八目"不仅描绘了人生目标和蓝图，而且展现了实现目标和蓝图的途径和诀窍。

如今看来，《大学》确实是中国古代政治教化的纲领性名著，其中的"三纲领""八条目"，系统地整理和发挥了儒家修己治人之道，为历代学者所遵循。孙中山（1866—1925）先生也称之为中国的"政治哲学中独有的宝贝，是应该要保存的"（《民族主义》），可见《大学》一书影响之大。

近现代学者在体认和实践《大学》所倡导的"大学之道"基本精神的基础上，赋予其新的时代内涵，影响着中国近现代教育的发展。梅贻琦（1889—1962）在《大学一解》中对大学之道的内涵及其现实意义作了精辟的阐述："今日之大学教育，骤视之，若与'明明德''新民'之义不甚相干，然若加深察，则可知今日大学教育之种种措施，固始终未能超越此二义之范围，所患者，在体认尚有未尽而实践尚有不力耳。"因此，他主张对大学之道加深"体认"并有力践行。

《大学》价值的传承，绝不限于高等学府。根植于中华大地的现代教育，作为中华文化传承的桥梁，需要充分、恰当地吸收《大学》中蕴含的哲理和智慧，担当修己安人的社会责任。

四、《大学》结构与要义

郑玄关于《大学》的注解见于其所著的《三礼注》，其中并没有对《大学》作特别提示。《礼记正义》载有郑玄"名曰《大学》者，以其记博学，可以为政也。此于《别录》属通论"之说。唐代经学复起，孔颖达等奉敕作《礼记正义》，旨在排除因年代久远、语言变迁所造成的时人对于郑注理解的困难。《礼记正义》中孔颖达疏曰："此《大学》之篇，论学成之事，能治其国，章明其德于天下，却本明德所由，先从诚意为始。"这也是孔颖达总结的《大学》的中心思想，代表着汉唐儒家学者对《大学》的理解。

就《大学》结构而言，"经"统摄全篇，为总论。首先论述大学的"三纲领""八条目"："三纲领"是指"大学之道，在明明德，在亲民，在止于至善"。"八条目"即"格物、致知、诚意、正心、修身、齐家、治国、平天下"，其中"修身"是根本，前四项是为修身打基础，后三项是修身的伸展。对内修己，格物、致知、诚意、正心、修身皆是明明德之事；对外安人，齐家、治国、平天下都是新民之事。"传"十章，分别释"三纲领"与"八条目"。大学"三纲领"和"八条目"是儒家对大学教育目的、任务和途径的总结性论断，其中，"三纲领"是对儒家修己安人之道的概括。

《大学》中的"大学"是相对于"小学"而言的"大人之学"。朱熹在其《大学章句序》中提到："人生八岁，则自王宫以下，至于庶人之子弟，皆入小学，而教之以洒扫、应对、进退之节，礼乐、射御、书数之文；及其十有五年，则自天子之元子、众子，以至公、卿、大夫、元士之适子，与凡民之俊秀，皆入大学，而教之以穷理、正心、修己、治人之道。"因此，大学是在"学其事"基础上"明其理"；是在获取基础知识、基本技能，初步养成礼仪习惯和良好品德的基础上，研习修身、齐家、治国、平天下的高深学问。

关于"明明德"。孔颖达疏解《大学》时说："'在明明德'者，言'大学之道'在于章明己之光明之德。谓身有明德，而更章显之。"前一个"明"为动词，即彰明；明德，即光明的德性；"明明德"即彰明人们所固有的光明的德性。朱熹认为，天生万民时，就基于阴阳五行之理，赋予其不同于禽兽的仁、义、礼、智之性，这些与生俱来的美好德性使人见贤思齐，见不贤则内省，明善恶，知荣辱，最为天下贵，甚至可以成为尧舜而参天地之化育。但"明德"为私欲所牵连和蒙蔽，难以显露，昏暗不明，犹如乌云遮住太阳，镜子布满灰尘，这就需要人们通过自明其明德，充分发挥主观能动作用，提高自身的道德修养。

关于"亲民"。朱熹取二程之意，认为"亲"当作"新"解，理由是《大学》后文中"汤之《盘铭》曰：'苟日新，日日新，又日新。'《康诰》曰：'作新民。'《诗》曰：'周虽旧邦，其命惟新'"即作"新"解。他在《大学章句》中认为："新者，革其旧之谓也，言既自明其明德，又当推以及人，使之亦有以去其旧染之污也。"新者，取革新之意，即除旧布新；新民，即使民众日新。为政者通过"自新"来"作新民"，通过自身日新，提高道德修养来教化民众，鼓舞民众士气，振奋民众精神，使人人能够去污除染，日日新，又日新，不断提高道德修养，达到"至善"的境界。与此相异，王阳明在《传习录》中认为，"亲"仍读原字，作"亲近""爱护"解。因为《大学》后文中"君子贤其贤而亲其亲，小人乐其乐而利其利"与《尚书·尧典》中"以亲九族"皆取"亲"字意，言统治者应爱护、亲近民众。这也可作为另一种释义参考。在朱熹看来，若是"亲民"，"以文义推之则无理"；若为"新民"，"以传文考之则有据"（《大学或问》）。故此，本书取朱熹之释义。

关于"止于至善"。郑玄注云："止，犹自处也。"朱熹《大学章句》云："止者，必至于是而不迁之意；至善，则事理当然之极也。""止"，在此引申为"达到"，或"以……为目的"；"至善"，即善的最高境界，是最高的道德目标和道德准则的体现，是明明德、新民的标的。这里的"至善"，"不容其少有过不及之差"，必达于极致，即"去人欲而复天理"，且"无毫发之遗恨"（《大学或问》）。

由此不难理解，"大学之道"在于彰明光明的德性，在于使民众除旧布新，达到崇高的至善的境界。其中"明明德"是对己而言，不断彰明自己内在的光明德性；"亲民"是对人而言，以自己的至德教化民众，使之除旧布新。"明明德"与"亲民"二者存在递进关系，只有不断提高自身的道德修养才能够教化民众，使之除旧布新；同时，要达到"至善"的境界，就要在实践中将"明明德"的内在修养和"亲民"的外在事功发挥到极致，二者缺一不可。"至善"乃"明明德"与"亲民"发展的最终归宿，也是二者发展的最终目标，"明明德"与"亲民"都是为达到至善的境界，而真正做到"明明德"与"亲民"也就自然迈向"至善"之境了。

《大学》在"三纲领"的统领下，提出了"八条目"的践行之道。"八条目"有着与"三纲领"大致呼应的内在的逻辑体系：以"修身"为中枢，内推格物、致知、诚意、正心而以"明明德"为认知；外推齐家、治国、平天下而以"亲民"为践行。内外合一，知行一致，进而达到内圣而外王的"至善"境界。"八条目"中的相邻条目，条条相连，环环相扣，而且具有递进关系。

关于"格物致知"。朱熹在《大学章句》中言明："格，至也。物，犹事也。穷至事物之理，欲其极处无不到也。"即穷尽事物所以然之理，无不知晓之意。对于"致知"之意，朱熹认为："致，推极也。知，犹识也。推极吾之知识，欲其所知无不尽也"（《大学章句》）。致，即推而极之之意。知，知道善恶吉凶的终始，事物的本末、缓急、先后，即智慧之意。《大学》古本中并没有"格物致知"这一章节，朱熹"窃取程子之意，以补之"。补文首先提及："所谓致知在格物者，言欲致吾之知，在即物而穷其理也。盖人心之灵莫不有知，而天下之物莫不有理，惟于理有未穷，故其知有不尽也。"也就是说，想要达到"致知"的境界，在接触事物时就要深入探究它的道理。因为人心最灵敏，没有什么是不能够知道的，而天下事物，没有不具备其自身道理的，只是由于有些道理我们尚未深入探究，所以获得的知识会有不完全之处。基于此，学者在接触事物时，都要根据已经掌握的道理去深入探究，以求达到极致。当其通过不懈努力而突然醒悟，融会贯通时，一切事物的表象和内部联系以及粗浅与精微的道理就都能够领悟。这就叫作穷尽事物所以然之理，这就叫作知识获得的极致。朱熹在补文中认为"格物致知"是为学之本，从而揭示了知识的来源和人的认识规律，即知识来源于"实物"；而认知过程则由已知到未知，往复循环，不断升华。

关于"诚意正心"。"物格知至，则知所止矣。意诚以下，则皆得所止之序也。"（《大学章句》）所谓"诚意"，即"毋自欺也，如恶恶臭，如好好色，此之谓自谦，故君子必慎其独也"。也就是不要自我欺骗，一切出于本心；诚意的关键在于自慊而毋自欺，独善其身，表里如一，要以高度的自觉，不断磨炼自身的道德意志，时时用道德规范来约束自己的言行。"正心"是诚意之后的进一步修身要求。常人都难免有忿嫉、恐惧、好乐、忧患，由于心为情感所动，故往往不得其正，"心不在焉，视而不见，听而不闻，食而不知其味"。修身必正其心，需要不断净化心灵，需要专心致志，摒除外界干扰和不良情绪的影响，才能言行适度，无所偏倚。

关于"修身"。《大学》明确提出"自天子以至于庶人，壹是皆以修身为本"的经典命题。儒家认为，要造就完善的人格，道德的自我修养既是内在的目标，同时也是根本的途径。对内修己，格物、致知、诚意、正心，都是明明德之事，修身是前四者的体现和必然延伸；对外安人，修身是齐家、治国、平天下的前提和根本。这个由内到外主体道德修养不断加强的过程，也是由观念到行动的具体实践过程。正所谓"正心以上，皆所以修身也。齐家以下，则举此而措之耳"（《大学章句》）。

关于"齐家治国平天下"。《大学》提出："身修而后家齐，家齐而后国治，国治而后天下平。"对于外在的具体实践之路，修身、齐家、治国、平天下同样是一个递进的过程。"身不修，不可以齐其家。"想要齐整好自己的家族，就必须提高自身的道德修养，正其身心，公正无私。齐家恰是治国、平天下的基础，"孝者，所以事君也；弟者，所以事长也；慈者，所以使众也"，维护家庭内部关系的准则"孝""弟""慈"同样适用于君与臣、臣与民，从而将儒家伦理道德与整个社会秩序的和谐联系起来，最终实现国治而天下平。

总之，"八条目"以"格物"为起点，以"修身"为本，以"平天下"为最终目标，是一个由内到外、推己及人、从理论到实践的有序进程，是一个成就修己安人君子之道或内圣外王圣贤之道的思想体系。

五、《大学》研读

《大学》篇幅虽短，其中却"杂引经传"，增添了当今学人研读的困难。全书引用《诗经》共十二段，这与孔门重视诗教的传统相吻合，也反映了《诗经》在人们心目中的分量，体现了《诗经》的独特价值与魅力；引用《尚书》七段，并引汤之《盘铭》之言，体现了《尚书》等典籍以史为鉴的价值；明确引用孔子言论两段，另有一段与《论语》中孔子之言高度吻合，还引用孟献子和曾子言论各一段，所引圣贤言论虽少，却能起到画龙点睛之效；引用《楚书》和其他人物言论及谚语四段，善于发挥历史事件佐证、历史人物说理之功能。古典文献的引用，显得庄重而严谨，增强了权威性和说服力；古代谚语的引用，显得活泼而鲜活，提高了亲和力和感染力。可见，"杂引经传"尽管显得"若无统纪"，但绝非意味着简单拼凑，若"熟读详味"，久而久之，必会发现其"文理接续，血脉贯通，深浅始终，至为精密"（《大学章句》）。

1. 研读《大学》等经典，首先必存敬畏之心

"经典"是指那些能够穿越时空，超越国度，历久弥新，具有永恒魅力和时代价值的不朽著作，是能以其文化精髓给一代代人带来心灵震撼和滋养的传世杰作。经典是一个民族文化基因、精神命脉和思想价值的载体，没有经典的民族往往是没有精神和价值支撑和文化身份的民族；经典是一个民族安身立命之所，经典若被焚毁、否定或忘却，借以安身立命的共同价值就没有了基础，也就难有文化认同，这样的民族就因为无根而成为灵魂漂泊、精神恍惚的民族，就不可能知晓"我们从哪里来"，更不可能明白"我们到哪里去"。经典不仅能提供知识，而且能发掘潜能，启迪智慧，丰富人格，滋养人生，消除颓废，超越平庸。"读优秀传统文化书籍，是一种以一当十、含金量高的文化阅读。"（习近平语）故应多多诵读传统文化经典，善于吸收其中的智慧与价值。当然，对同样一部经典，诵读者会见仁见智，各有取舍。

礼敬本民族文化，敬畏先贤和经典，是世界各民族之通例。中华文化经典就是中华文化精神价值的载体，是重新确立中国人文化认同之根，培养中国人文化自信、文化自觉之本。要重新寻回中国的文化自我，重新确立中国的文化自信，就必须从诵读经典做起，充分发挥经典在教育中的重要作用。如果说西方人普遍崇尚而必读的一本书是《圣经》，那么中国人必读之书应是中华民族灿烂文明的瑰宝——"四书"。孔子早已劝勉君子"畏圣人之言"，不可"侮圣人之言"（《论语·季氏》）。既然《大学》为"圣经贤传"，积淀深厚，意旨高远，就应怀有温情与敬意，不敢妄言或怠慢；就应虚心涵泳，好学不倦，涵养滋润心田；就应切己体察，从切近自身的实际出发，从体味文义切入，结合自己的阅历，反复琢磨，领会其中的义理奥妙。现代人对载有"圣人之言"的《论语》《孟子》《大学》《中庸》，对充满人文精神、人本理念和人生智慧的"四书"经典，理应心存敬畏而绝非轻侮，勉力研读而绝不可懈怠，坚持数年，必然大有裨益，必能终身受益。

2. 讲究《大学》与《论语》《孟子》《中庸》研读次第

"知所先后，则近道矣。"古人历来讲求读书次第，读"四书"也是如此。就道统次第或谱系次序而言，"四书"的排列顺序应该是：《论语》《大学》《中庸》《孟子》。但就道学次第而言，朱熹特别强调《大学》的纲领性地位，其次序应为：《大学》《论语》《孟子》《中庸》。朱熹认为《大学》"规模虽大，然其首尾该备，而纲领可寻，节目分明，而工夫有序，无非切于学者之日用"（《大学或问》），故"先通《大学》，立定纲领，其他经皆杂说在里许。通得《大学》了，去看他经，方见得此是格物致知事，此是正心、诚意事，此是修身事，此是齐家、治国、平天下事"（《朱子语类》卷第十四）。朱熹主张"先读《大学》，以定其规模；次读《论语》，以立其根本；次读《孟子》，以观其发越；次读《中庸》，以求古人之微妙处"（《朱子语类》卷第十四）。确立该次序，"盖以其难易缓急言之，而非以圣人之言为有优劣也"（《大学或问》）。朱熹进一步解释道："盖不先乎《大学》，无以提挈纲领而尽《论》《孟》之精微；不参之《论》《孟》，无以融贯会通而极《中庸》之归趣。然不会其极于《中庸》，则又何以建立大本，经纶大经，而读天下之书，论天下之事哉？"（《大学或问》）值得注意的是，朱熹晚年发现，《大学》之意，学者不易领会，于是提出可先从《论语》《孟子》入手。据此，本书建议：先读《论语》，感悟孔子之道，以定其根本；次读《孟子》，以观其发越，深悟孔孟之道；再读《大学》，以定其规模，立定纲领；后读《中庸》，以求古人之微妙处。如此读来，未必影响《大学》对"四书"的统领。

"四子，六经之阶梯。"就"四书"和"五经"研读次第而言，"学者当以《论语》《孟子》为本。《论语》《孟子》既治，则六经可不治而明矣"（朱熹《读论语孟子法》引程子之语）。朱熹认为："四子，六经之阶梯"（《朱子语类》卷第一百五）。"如《大学》《中庸》《语》《孟》四书，道理粲然。人只是不去看。若理会得此四书，何书不可读！何理不可究！何事不可处！"（《朱子语类》卷第十四）尽管从"四书"和"五经"成书先后来分，是"经"在前，"书"在后。但自宋以后，一般是先读"四书"，后读"五经"，正如《三字经》中所言及："《孝经》通，'四书'熟，如'六经'，始可读"。

3. 熟读精思，于大义微言求其根本，把握其"一贯之道"，避免断章取义

"吾道一以贯之。"《大学》与《论语》《孟子》《中庸》从多种角度反映了

"四子"的思想特征，在研读过程中，须熟读而精思。"大抵观书先须熟读，使其言皆若出于吾之口；继以精思，使其意皆若出于吾之心，然后可以有得尔。"（《读书之要》）花了熟读而精思之工夫，方能"得于辞而通其意"。可以一章一章地研读，一字一句地感悟；同时要善于将散见于各章中的对同一问题或相关问题的论述联系起来，融会贯通，把"四书"的思想体系化，准确把握其"一贯之道"，领会其精神实质。陈立夫（1900—2001）著有《四书道贯》，全书分十篇——格物篇、致知篇、诚意篇、正心篇、修身篇、齐家篇、治国篇、平天下篇，前有总论后有结论。基于孔子"吾道一以贯之"之言，陈立夫几乎将"四书"所有内容都融入其中。由此不难看出，"四书"一以贯之之道，也就是格致诚正修齐治平之道，或如朱熹所谓"穷理正心修己治人"之道，概而言之，即孔子所谓"修己安人"之道。

"物有本末。"研读、理解和诠释《大学》原典，当于大义微言求其根本，从大处着眼，明其微言大义，把握其精神要义。朱熹强调："读其书者，要当于大义微言求其根本"；"学者必因先达之言以求圣人之意，因圣人之意以达天地之理"（《答石子重》）。圣人之"意"主要存在于经典之"言"中，学者必须根据"先达之言"领悟"圣人之意"，再根据"圣人之意"求得"天地之理"。"学者之于经，未有不得于辞而能通其意者。"（《书中庸后》）朱熹相信"圣人之言，即圣人之心"，经典的文字是理解"圣人之意"的关键和依托。就"四书"而言，学者首先应结合历代学者对"四书"每部经典的训诂传注，深刻理解经典中的字义文义、句义章旨，在此基础上推究圣人之"本意"，感悟其中的精微，进而探求"四书"之中蕴涵着的"天地之理"，领悟其中的道理和奥妙。

4. 尚友古人，读其书当论其世而知其为人

在梁实秋（1903—1987）看来，"读书等于是尚友古人，而且那些古人著书立说必定是一时才俊，与古人游不知不觉受其熏染，终乃收改变气质之功，境界既高，胸襟既广，脸上自然透露出一股清醇爽朗之气，无以名之，名之曰书卷气。同时在谈吐上也自然高远不俗"（梁实秋《漫谈读书》）。孔子"信而好古"，祖述尧舜，宪章文武，不失为"尚友古人"之典范。孟子明确强调要论世知人而"尚友"古人："颂其诗，读其书，不知其人，可乎？是以论其世也，是尚友也。"（《孟子·万章下》）可见，研读经典，更要了解经典产生的时代背景，以圣贤为友。与圣贤交友，重其"言"，更要重得圣贤之"心"之"道"，即重在文

化之生命精神上的融通与契合。

司马迁称："余读孔氏书，想见其为人。"（《史记·孔子世家》）孔子艰难曲折的人生经历，就是后人感悟人生的鲜活教材。孔子的学识魅力和人格魅力，给后人以深深感染。郁达夫（1896—1945）在《怀鲁迅》一文中写道："没有伟大的人物出现的民族，是世界上最可怜的生物之群；有了伟大的人物，而不知拥护、爱戴、崇仰的国家，是没有希望的奴隶之邦。"我们中国有很多伟大的人物，我们应该懂得如何善待他们。读《大学》《中庸》《论语》《孟子》，可以大致了解孔子、曾参、子思、孟子的为人，感悟其人生，仰慕其人格，汲取其智慧。而全面了解孔子、曾参、子思、孟子的为人，包括人生阅历、人生态度、人生境界、人生智慧，必将有助于加深理解"四书"之精髓。

5. 汲取其合理内核，无求备于一书一人

《大学》与《论语》《孟子》《中庸》中许多句子都成为格言流传于后世。读"四书"要着重吸取其有普遍意义的精华，这有益于自身的人格修养和文化素质，激发自身的道德意识、责任感和使命感。要做到"古为今用"，就要研究"四书"思想的时代价值，汲取其中蕴含的智慧，以有益于教育和管理。要以世论人，正确判断其历史功绩，在判断其历史功绩时，主要看其比前人超出了什么。"四子"各有超出前人的许多方面，又有供我们学习、吸收的人生智慧，对这样的伟大人物我们就更应倍加珍惜和敬重。当然，"四子"身处两千多年前的宗法等级制社会中，难免有其历史局限性，"四书"的内容也难免带有时代的烙印。今天研究"四子"和"四书"，必须置于"四子"所生活的时代，"不求备于一人"；置于"四书"的成书时代，不求全责备于一书，重在吸收"四书"精华，赋予其新的时代内涵，并予以发扬光大。

曾国藩（1811—1872）认为："盖人不读书则已，亦即自名曰读书人，则必从事于《大学》。《大学》之纲领有三，明德、新民、止至善，皆我分内事也。若读书不能体贴到身上去，谓此三项与我身了不相涉，则读书何用？虽使能文能诗，博雅自诩，亦只算得识字之牧猪奴耳！岂得谓之明理有用之人也乎？"（《曾国藩家书》）换言之，未读过《大学》，就不能自称为"读书人"。若未曾读过《大学》，此言听来罕有不怀疑者；但若认真读过《大学》，此言就会令人信服，甚至折服。之所以如此，就在于《大学》本身的内涵和价值。《大学》"外有以极其规模之大，而内有以尽其节目之详者也"（《大学章句序》）。亦如钱基博所

言："《大学》之书，文章典则，辞趣宏深，扩其量以平天下，引其绪于明明德。"（《四书解题及其读法》）由此可见，品读《大学》，既可为读书人指示内在的心路历程和修身功夫，涵养人格，启迪智慧，又能引领读书人奋发有为，经世济民，成就外在事功。正如李贽对《大学》所评述："真正学问，真正经济，内圣外王，具备此书"（《四书评·大学》）。

总之，《大学》与《论语》《孟子》《中庸》共同构成了儒学的基本思想体系，是研究儒学最重要的文献，更是做人立身处事之经典读本。身为炎黄子孙，不得不潜心研读，感悟圣贤人格，领悟圣贤教诲，启迪智慧人生，切己体察，身体而力行。

六、《大学》版本依据与本书编纂体例

自朱熹作《大学章句》，即存《大学》古本和今本之异，也由此引发《大学》古本和今本孰优之争。所谓"古本"，即郑玄注、孔颖达疏之《礼记正义·大学》原文；"今本"则为朱熹所注《大学章句》原文。

《礼记》之《大学》古本不分"经"和"传"。朱熹认定古本"颇有错简"且有遗漏，遂调整了古本传文之次序，并补写了"格物致知"，形成"经"一章，"传"十章。朱熹所为虽然引起后儒某些非议，然而其书能流传千古，为世人所接受，足见其不朽之价值。王夫之《礼记章句》提到："《大学》一书，有郑氏《礼记》传本，其次序倒乱，朱子因程子所定而更为此篇。盖诸经之传，皆有错阙，而《礼记》为尤甚……是篇按圣经之文，以审为学之次第，令学者晓然于穷理尽性、守约施博之道，可谓至矣。愚谓十传之文，鳞次栉比，意得而理顺，即令古之为传者，参差互发，不必壹皆如此，而其命意，则实有然者。得朱子为之疏通而连贯之，作者之意，实有待以益明，是前此未然而昉于朱子，固无不可之有。况《礼记》之流传舛误，郑氏亦屡有厘正而不仅乎此。"由此看来，《礼记》之《大学》古本确实多有"次序倒乱"或"流传舛误"之处，郑玄注解时"屡有厘正"，郑氏可以"厘正"，朱子何尝不可以"疏通而连贯之"?!而且朱子改定后，分"经"一章为全篇的纲领和主旨；"传"十章是将"经"的主旨逐条发挥申论，从而使文通意得而理顺，圣贤之意旨更加通晓明了。朱子《大学章句》自问世以来流传最广、影响最大，是历来公认的权威版本。故此，本书依据《大学章句》所构建的体系，展开解读，以期真切感悟《大学》"穷理

正心修己治人"之道。

为便于阅读，本书加了概说性的"导读"，简要介绍《大学》的概况，力图为读者提供必备的知识背景和研读提示。正文为读者精心设计了"原文"——"注释"——"大意"——"题解"——"典故"——"思考辨析题"的研读路径。"原文"依据朱熹《四书章句集注》中的原典；"注释"则取众家之长，遇有异说，择善而从，尽量简约，浅显易懂，个别字加有注音；"大意"力求信、雅、达，尽可能反映原意，雅致耐读，自然流畅；"题解"力图挖掘和阐发蕴涵于经典中的义理与价值，适当参以本人一得之见；"典故"作为扩展性阅读，力图从经籍中选取相关典故，进而阐明某种义理；每一章最后还设置了"思考辨析题"，就本章经典核心问题或疑难之处而设问命题，或结合相关文论而命题以供辨析。

为充分理解朱熹作《大学章句》之立意，本书附有朱熹《大学章句序》原文及译文（见附录一）。为了解《大学章句》全貌，本书附有朱熹《大学章句》全文（见附录二）。为便于诵读并对照研读，分别附有《大学》朱熹本简体（见附录三）和繁体（见附录四）全文，《礼记·大学》全文（见附录五）。此外，还附有《大学》成语荟萃（见附录六）和本书所涉及的主要人物名录（见附录七），并列有主要参考文献（见附录八）。

开卷必有益。"诵诗读书，与古人居；读书诵诗，与古人谋。"（孙星衍《孔子集语》）研读《大学》等中华文化典籍，往来于古圣先贤之间，穿梭于古往今来之际，所享之益，当难尽述。本书力求兼顾初学者和研读者之需，期待能够为初学者提供入门之径，并为研究者提供精进之路。循此以求，自卑自迩，或能终至高远；得其门而入，当能登堂，甚而入于室。

经文一章　三纲八目

三纲领

大学①之道②，在明明德③，在亲民④，在止于至善⑤。知止⑥而后有定⑦，定而后能静⑧，静而后能安⑨，安而后能虑⑩，虑而后能得⑪。物有本末⑫，事有终始⑬，知所先后⑭，则近道⑮矣。

◎**注释**　①大学：指大人之学，与"小子之学"相对而言。朱熹注曰："大学者，大人之学也。"学之大小，固然有少长、高下、深浅、先后、缓急之分，但在"为道"问题上是高度统一的。就为学次第而言，幼学之士，必先学于洒扫、应对、进退之节，习于礼乐、射御、书数之文，否则难以"收其放心，养其德性，而为大学之基本"；到年长之时，应在"学其事"基础上"明其理"，教之以穷理、正心、修己、治人之道，进乎明明德，新民，而止于至善，否则难以"察夫义理，措诸事业，而收小学之成功"（《大学或问》）。恰如宋、元之际的理学家金履祥（1232—1303）所言："小学者，养其良心而谨其学业也。大学者，充其知识而措诸事业也。"（《大学章句疏义》）究竟何谓"大人"？《孟子·滕文公上》言"有大人之事"，赵岐注曰"谓人君行教化也"。《孟子·离娄下》曰："大人者，不失其赤子之心者也。"朱熹就此注："大人之心，通达万变，赤子之心，则纯一无伪而已。然大人之所以为大人，正以其不为物诱，而有以全其纯一无伪之本然。是以扩而充之，则无所不知，无所不能，而极其大也。"由此观之，"大人之学"，是行教化之学，是成德之学，即君子之学，或"成人之学"；"大学之道"，则是行教化之道，是成就美德的至善之道，也当为修己安人的君子之道。②道：原指道路，在此引申为道理、宗旨、要义。③明明德：彰显光明的德性。明，原指日月发光，照亮四方万物。前一个"明"字为使动用法，使彰明。朱熹注："明，明之也。"张居正（1525—1582）直解为"用功夫去明他"（《大学直解》）。明德，指光明的德性，也就是人本来具有的良知良能、仁义礼智之善端。朱熹注："明德者，人之所得乎天，而虚灵不昧，以具众理而应万事者也。但为气禀所拘，人欲所蔽，则有时而昏；然其本体之明，则有未尝息者。故学者当因其所发而遂明之，以复其初也。"在朱熹看来，人生来具有光明的德性，具备众理而足以应付万事。这种光明的德性有时会因被人欲蒙蔽而昏昧不明，除去人欲或旧染之污，得其正而通达，则会使本来的德性更加光明，从而"健顺仁义礼智之性"。这犹如太阳隐于乌云，镜子蒙着灰尘，看似昏暗，本身的光明却并未消失；一旦乌云消散，灰尘拭净，仍可恢复其本来的光明，甚至格外光明。④亲民：即"新民"，使民众自新，让人人去其旧染而维新。"亲"有两种解释：其一是通"新"，革新，自新。程颐根据后面的传文认为："亲，当作新。"朱熹对此深信不疑，且在《大学或问》中指出：若作"亲民"，"以文义推之则无理"；若作"新民"，"以传文考之则有据"。朱熹还就"新"作注："新者，革其旧之谓也，言既自明其明德，又当推以及人，使之亦有以去其旧染之污也。"其二如原字，取"亲近""亲爱"之意。孔颖达疏："在亲民者，言大学之道在于亲爱于民。"王阳明根据下文"君子贤其贤而亲其亲""以亲九族"等表述，也作"亲爱"解。两种解释各有根据，各有其特定内涵，而且颇多争议，本书采用前一种解释。⑤止于至善：至于事理当然之极而不迁，达到道德完善之境界。止，达到，自处。郑玄注："止，犹自处也。"朱熹注："止者，必至于是而不迁之意。至善，则事理当然之极也。言明明德、新民，皆当至于至善之地而不迁。"无论是作为修己的"明明德"，还是作为化民的"新民"，都要达到"至善"境界，切不可半途而废。下文所谓"为人君止于仁，为人臣止于敬，为人子止于孝，为人父止于慈，与国人交止于信"，就是对不同身份的人所应达到境界的基本要求。⑥知止：知道所要达到的目标。朱熹注："止，所当止之地，即至善之所在也。知之，则志有定向。"⑦有定：志有定向，无所疑惑。⑧静：心不妄动，宁静不乱。⑨安：所处而安，泰然自若。⑩虑：思虑周密，处事精详。⑪得：指达到至善境界。⑫本末：本意分别指树木的根和末梢，引申为事物的根本和枝节。在朱熹看来："明德为本，新民为末。"⑬终始：指结局和开端。在朱熹看来，"知止为始，能得为终"。⑭先后：指事物的轻重缓急之次序。在朱熹看来，"本始所先，末终所后"。⑮道：大学之道，即穷理、正心、修己、治人之道。

◎ **大意**　大学的宗旨，在于彰显自身光明的德性，在于使民众日新又新，进而达到道德完善的境界。知道所达到的目标，才有确定的志向而无所疑惑；有确定的志向，才能心有主张，做到内心宁静；内心宁静，自然随处皆安，才能安稳泰然；所处泰然自若，才能遇事不慌，思虑周详；思虑周详，才能得其所止，达于至善境地。万物都有根本与枝节，万事皆有结局与开端，能够把握主次先后、轻重缓急，就接近大学之道了。

◎释疑解惑

"明明德"是"大学之道"的根本，其实质是要不断彰显自己内在的德性；"亲民"是"大学之道"的任务，要求以自身的道德修养教化民众，使之日新；"止于至善"则是"大学之道"的必然归宿。"明明德""亲民""止于至善"共同构成"大学之纲领"，即大学的"三纲领"，适如网之有纲，衣之有领，乃学者之要务，不可须臾而弃之，而有家国情怀和天下之责者，尤当如此。只有不断提高自身的道德修养才能够教化民众，使之除旧布新；同时，要达到"至善"境界，就要将"立己"而"立人"、"达己"而"达人"融为一体，将"明明德"的内在修为和"亲民"的外在事功发挥到极致。"至善"乃"明明德"与"亲民"发展的最终归宿和最终目标，即"明明德"与"亲民"都是为达到"至善"的境界；而真正做到"明明德"与"亲民"，也就自然会达到人格"至善"之境界。

"三纲"提出之后，作者力图说明"明德新民"应"止于至善"的理由，以及达到"至善"境界的路径。只有明确"至善"之所在，才能实现所当止之目标。正如射箭，射者固然希望射中正鹄，但若事先不知正鹄之所在，就很难射中目标。《大学》提出了心性修养的重要途径，分析了如何达到"至善"的进程，将知、止、定、静、安、虑、得之步骤环环相扣，逐层递进，形成"七证"的修养功夫。其中，"知止"是"止于至善"进程中的重要开端；"有定""能静""能安""能虑"是走向成功的重要环节；"能得"是深思熟虑、持久努力的必然结果。"愚者千虑，亦有一得。"（《史记·淮阴侯列传》）即使是愚者，若能深思熟虑而力行，也一定能有所收获。"七证"的修养功夫是儒家的原创，不仅为后来的道家修炼者所妙用，也为传入中土的佛家用来说明禅定之法，如今仍不失为人性修养之妙方。人生于世，有着种种欲望，多眷念于功名利禄得失，徘徊于是非善恶曲直。世人面对风云变幻的大千世界，往往因焦虑和苦恼而无所适从或莫衷一是，"七证"心性修养则必不可少。在南怀瑾（1918—2012）看来："《大学》之'知、止、定、静、安、虑、得'七证修养，正是有对世事人生之状态所言，是为：知人性、止人欲、定人意、静人心、安人神、虑人事、得人功。"

承接前意，经文阐明追求至善须讲求方法——明确事物的本末先后次序，循序渐进。世间万物各有其本末，譬如一株树，根株为本，枝叶为末；万事各有其始终，有开端，也有结局。就"明德"与"新民"而言，"明德为本，新民为末"；就"知止"与"能得"而言，"知止为始，能得为终"。诚知先本后末，先始后终，"则其进为有序，而至于道也不远矣"（《大学或问》）。本重末轻，本先末后，次序井然，有条不紊，循序渐进，善始善终，就可以逐步接近于道而实现目标了。亦如司马光所言："道德之行，由内及外，自近者始，然后民知所法，迁善日进而不自知也。"（《资治通鉴·汉纪二十》）

◎知识拓展

静以修身，俭以养德

"静以修身，俭以养德"，语出诸葛亮（181—234）的《诫子书》："夫君子之行，静以修身，俭以养德。非淡泊无以明志，非宁静无以致远。夫学须静也，才须学也，非学无以广才，非志无以成学。淫慢则不能励精，险躁则不能治性。年与时驰，意与日去，遂成枯落，多不接世，悲守穷庐，将复何及！"

诸葛亮告诫儿子：君子的操守，应该恬静以修善自身，俭朴以涵养品德。不看轻世俗的名利就不能明确自己的志向，不宁静就不能高瞻远瞩。学习必须静心，才识需要学习，不学习无从拓广才识，不立志不能学习成功。沉迷滞迟就不能励精求进，偏狭躁进就不能冶炼性情。年年岁岁时日飞驰，意志也随光阴一日日逝去，于是渐渐枯零凋落，大多不能经国济世，可悲地守着贫寒的居舍，那时后悔哪来得及！

"静以修身，俭以养德"，这既是诸葛亮对自己一生经验的总结，更是他对儿子的要求。在文中，诸葛亮多次用"双重否定"的句式，以强烈而委婉的语气阐述了修身养性、治学做人的深刻道理，表现了他对儿子殷切的期望。"静以修身，俭以养德"作为一种精神境界，一种修身养性的办法，也是诸葛亮留给后人的处世箴言。

八条目

古之欲明明德于天下者，先治①其国；欲治其国者，先齐其家②；欲齐其家者，先修③其身；欲修其身者，先正其心④；欲正其心者，先诚其意⑤；欲诚其意者，先致其知；致知⑥在格物⑦。物格⑧而后知至⑨，知至而后意诚，意诚而后心正，心正而后身修，身修而后家齐，家齐而后国治，国治而后天下平。

◎**注释** ①治：治理。②齐、家：齐，整治，理顺。家，指卿大夫的统治区域。下文"大意"中翻译为"家族"。③修：修养。④正其心：使内心端正而无邪念。正，端正。心，身之所主。⑤诚其意：使意念志向真实无妄，合乎德性。诚，真实无妄。朱熹注："诚，实也。意者，心之所发也。实其心之所发，欲其一于善而无自欺也。"⑥致知：推极吾之知识，欲其所知无不尽。致，推而极之。知，知道事物的本末终始，明了事物的轻重缓急。郑玄注："知，谓知善恶吉凶之所始终也。"朱熹注："致，推极也。知，犹识也。推极吾之知识，欲其所知无不尽也。"⑦格物：穷尽事物所以然之理而无不知晓。朱熹注："格，至也。物，犹事也。穷至事物之理，欲其极处无不到也。"王阳明认为，"格物"之"格"，恰如孟子所谓"格君心之非"之"格"，故以"正"释"格"，"格者正也，正其不正以归于正也"（《传习录》）。强调通过反省自身，找出自身存在的缺点错误加以改正。清代经学家陈澧（1810—1882）将"格物"解释为"至事"，即"亲历其事"。"天下之大，古今之远，不能亲历；读书即无异亲历也。故格物者，兼读书阅历言之也；致知者，犹言增长见识也。"（《东塾读书记》）⑧物格：将事理推究明白。⑨知至：知无不尽，获得渊博知识而推之至极。

◎**大意** 古时想要在全天下彰显自己光明德性的人，必先治理好自己的国家；想要治理好自己国家的人，必先理顺自己的家族；想理顺自己的家族，必先修养身心；想修养身心，必先端正内心而无邪念；想端正内心而无邪念，必先诚心实意；想诚心实意，必先知道事物的轻重缓急、主次先后；知道事物的轻重缓急、主次先后，在于穷尽事物所以然之理。穷尽事物所以然之理，然后才能有渊博知识，分善恶，知缓急；获得渊博知识之后，才能诚心实意；诚心实意之后，才能内心端正而无邪念；内心端正之后，才能使自身品德修养得到提高；修养身心，然后家族才会和顺；家族和顺了，国家才能治理好；国家治理好，才能使天下太平。

◎ 释疑解惑

本节阐述实现"明明德""亲民""止于至善"三纲领的步骤——"八条目"，或谓"八目"。这里由"平天下"这一终极目标而层层反推，一一展开：由平天下而至于治国，由治国而至于齐家，由齐家而至于修身，由修身而至于正心，由正心而至于诚意，由诚意而至于致知，由致知而至于格物。接着又从"物格"至"天下平"顺推上去，即由初始的逻辑起点推演出最终的政治理想，旨在叮嘱人们由自身做起，推己及人，以达到治国平天下的政治理想。其中蕴含着循序渐进的路径和修己治人的道理。

"八条目"有果有因，有终有始，条条相连，环环紧扣。穷尽事物所以然之理，然后才能有渊博知识，分善恶，知缓急；获得渊博知识之后，才能诚心实意；诚心实意之后，才能内心端正而无邪念；内心端正之后，才能使自身品德修养得到提高；修养身心，然后家族才会和顺；家族和顺了，国家才能治理好；国家治理好，才能使天下太平。

◎ 知识拓展

一室不治难为家国天下

一室不治难为家国天下。该语出清代刘蓉（1816—1873）的《养晦堂诗文集·习惯说》："蓉少时，读书养晦堂之西偏一室。俯而读，仰而思；思有弗得，辄起绕室以旋。室有洼，径尺，浸淫日广。每履之，足苦踬焉。既久而遂安之。一日，父来室中，顾而笑曰：'一室之不治，何以天下家国为？'命童子取土平之。后蓉复履其地，蹴然以惊，如土忽隆起者，俯视地坦然，则既平矣。已而复然。又久而后安之。噫！习之中人甚矣哉！足之履平地，而不与洼适也，及其久，则洼者若平，至使久而即乎其故，则反窒焉而不宁。故君子之学，贵乎慎始。"

刘蓉，字孟容，号霞仙，是清代桐城派古文家。刘蓉年少时在养晦堂西侧一间屋子里读书。他专心致志，遇到不懂的地方就仰头思索，想不出答案便在屋内踱来踱去。屋里地面有处洼坑，每次经过时，刘蓉总要被绊一下。起初，他感到很别扭，时间一长也习惯了，再走到那里就如同走平地一样安稳。刘蓉的父亲发现地面的洼坑后，笑着对刘蓉说："你连一间屋子都不能治理，还能治理国家吗？"随后叫仆童将洼坑填平。父亲走后，刘蓉又因思索问题在屋里踱起步来，走到原来洼坑处，感觉地面突然凸起了一块，他心里一惊，低头看，地面却是平平整整的，他别扭地走了许多天才渐渐习惯。刘蓉不禁感慨道：习惯影响人很深啊！脚踏在平地上，便不能适应坑洼；时间久了，洼地就仿佛平了，以至把长久以来的坑填平，恢复到原来的状态后，却反而不能适应了。由此可见，君子求学，贵在慎重地对待开始阶段的习惯养成。

修身为本

　　自天子以至于庶人①，壹是②皆以修身为本③。其本乱而末④治者，否矣。其所厚⑤者薄⑥，而其所薄者厚，未之有也！

◎**注释**　①庶人：泛指平民百姓。②壹是：一切，一律。③本：根本，指修身。朱熹注："本，谓身也。"④末：与"本"相对，末梢，枝节。"本末"一词所适用的范围较广，如后面讲到"德者本也，财者末也"。这里以修身为本，其他为末。参见本书第21页注⑫。⑤厚：重视。朱熹注："所厚，谓家也。"⑥薄：轻视。

◎**大意**　从天子到平民百姓，无一例外，都要把修身作为根本。如果修身这个根本问题乱而不治，而想要处理好齐家、治国、平天下这些枝节问题，那是不可能的。若不能以修身养心为本，应当重视的却被轻视，应当看轻的却受到重视，那么在此情况下，要达到齐家、治国、平天下的目的，这样的事是从来没有的啊。

◎**释疑解惑**

　　本节着重指出，在"八条目"中，"修身"是根本。上自天子，下至平民百姓，不论高下贵贱，都要重视"修身"这一根本问题。进而强调，本末不可倒置，本乱而末治是不可能的。修身的问题没有解决，要想家齐国治天下平，是办不到的。正如孔颖达疏所云："本乱谓身不修也，末治谓国家治也。言己身既不修，而望家国治者，否矣。"朱熹在《大学或问》中更明确指出："不能格物致知，以诚意正心而修其身，则本必乱而末不可治。"格物、致知、诚意、正心，无非是为了修身；齐家、治国、平天下，其根本也是修身。正因如此，《大学》强调"自天子以至于庶人，壹是皆以修身为本"；《中庸》确信"修身则道立"；《孟子》倡导"君子之守，修其身而天下平"；《管子·权修》提出"有身不治，奚待于人？有人不治，奚待于家？有家不治，奚待于乡？有乡不治，奚待于国？有国不治，奚待于天下？天下者，国之本也；国者，乡之本也；乡者，家之本也；家者，人之本也；人者，身之本也；身者，治之本也"。再如《荀子·君道》载："请问为国？曰：闻修身，未尝闻为国也。君者，仪也；仪正而景正。君者，槃也；槃圆而水圆。君者，盂也，盂方而水方。君射则臣决。楚庄王好细腰，故朝有饿人。故曰：闻修身，未尝闻为国也。"欧阳修在《答李翊书》中更直言："不修其身，虽君子而为小人。"这些典籍和名言，均强调了"修身"的重要意义。

本章为"经文"，"辞约而理备，言近而指远"，一般认为是孔子之言，而曾子述之；以下十章为"传文"，一般认为是曾子之意，而门人记之。显然，全书结构顺序是"以经统传，以传附经"。本章统摄全篇，为《大学》的总论。首先论述大学之道的"三纲领"，阐述达到至善的步骤和方法；而后提出"八条目"，以修身为本。对内修己，格物、致知、诚意、正心、修身皆是"明明德"之事；对外安人，齐家、治国、平天下都是"新民"之事。

◎ 知识拓展

君欲治，从身始

语出《韩诗外传》："魏文侯问狐卷子曰：'父贤足恃乎？'对曰：'不足。''子贤足恃乎？'对曰：'不足。''兄贤足恃乎？'对曰：'不足。''弟贤足恃乎？'对曰：'不足。''臣贤足恃乎？'对曰：'不足。'文侯勃然作色而怒曰：'寡人问此五者于子，一一以为不足者，何也？'对曰：'父贤不过尧，而丹朱放；子贤不过舜，而瞽瞍拘；兄贤不过舜，而象傲；弟贤不过周公，而管叔诛；臣贤不过汤、武，而桀、纣伐。望人者不至，恃人者不久。君欲治，从身始。人何可恃乎？'"

魏文侯（前472—前396）是战国时期魏国的开国国君。有一次他问大臣狐卷子说："父亲有德有才，可以依赖吗？"狐卷子说："不能。"又问："儿子有德有才可以依赖吗？"回答说："不能。"又问："哥哥有德有才可以依赖吗？"回答说："不能。"又问："弟弟有德有才可以依赖吗?"回答说："不能。"又问："臣下有德有才可以依赖吗?"还是回答说："不能。"魏文侯听了,顿时变了脸色,愤怒地质问说："我向你问了这么五种情况,你件件都说不能依赖,这是什么道理呢?"狐卷子回答说："父亲有德有才,没有超过尧的,而丹朱却被流放了;儿子有德有才,没有超过舜的,可是他父亲却被拘禁;哥哥有德有才,没有超过舜的,可是象却很傲慢;弟弟有德有才,没有超过周公的,可是管叔却被处以死刑;臣下有德有才,没有超过商汤王、周武王的,可是夏桀王、商纣王却受到了讨伐。由此可见,寄希望于别人的人,不会达到自己的目的,依赖别人的人不会长久。您要治理好国家,还是从您自身做起吧!别人怎么能依赖呢?"

　　这个故事通过一问一答,以许多历史传说为例,揭示了一个深刻的道理,即要成就某项事业,主要靠主观努力,自强不息,从我做起。正所谓求人不如求己,靠天靠地不如靠自己,与其依靠上天乞怜、命运垂青,不如依靠自己的信心和勇气,依靠自己的双手和睿智去争取。

传第一章　明明德

　　《康诰》①曰:"克明德②。"《大甲》③曰:"顾諟天之明命④。"《帝典》⑤曰:"克明峻德⑥。"皆自明⑦也。

◎**注释**　①《康诰》:《尚书·周书》中的篇名,为武王或成王册封康叔时周公所作的文告。②克明德:《康诰》篇原句为:"惟乃丕显考文王,克明德慎罚。"克,能够。引文意在说明周文王能彰显其光明的德性。③《大甲》:即《太甲》,《尚书·商书》中的篇名。大通"泰"。太甲,商代第四位国王(前1582年至前1570年在位),商汤嫡长孙,继位后三年,不守先祖商汤制定的法典,被伊尹放逐到桐宫守丧三年,悔过自责后,伊尹迎其复位,并作《太甲》进言,以诫之自新。伊尹乃商汤的辅相,名挚,曾辅佐汤灭夏兴商,先后辅佐汤、外丙、仲壬、太甲、沃丁五主,竭尽忠诚,受到孔子推崇,被孟子誉为"圣之任者",据传曾作《尚书》中《汤誓》等篇。④顾諟天之明命:这是伊尹告诫太甲的话。原文是"先王顾諟天之明命,以承上下神祇"。顾,顾念。諟,"是"的古字,代词。天之明命,上天所赋予人的明德的使命。⑤《帝典》:即《尧典》,《尚书·虞书》中的一篇,主要叙述尧舜的事迹。尧,名放勋,陶唐氏,史称唐尧,为传说中父系氏族社会后期部落联盟首领,由人推选而继承帝位,后"禅让"帝位于舜。舜,传说中父系氏族社会后期部落联盟首领,姓姚,有虞氏,名重华,史称虞舜,相传曾耕于历山,被尧所举用后,选贤与能,天下大治,后"禅让"帝位于禹,被儒家誉为盛德之君。⑥克明峻德:《尧典》篇原句是:"克明俊德,以亲九族。九族既睦,平章百姓。百姓昭明,协和万邦。"峻,《尧典》篇中作"俊","峻"与"俊"相通,意为崇高伟大。⑦自明:自明其明德,使自身美德得以彰显。

◎**大意**　《尚书·周书·康诰》篇说:"能够彰显光明的德性。"《尚书·商书·太甲》篇说:"顾念这是上天赋予人的明德的使命。"《尚书·虞书·尧典》篇说:"能够彰明崇高伟大的美德。"这都是说要使自身的美德得以彰显和发扬。

◎释疑解惑

本章是"传"的第一章，释"明明德"，三次引用《尚书》阐述"明明德"的道理，旨在说明"明明德"是秉承先贤思想，有据可查，充分显示其合理性。《尚书》中的三句引文，皆言"自明"，旨在表明，文王、商汤、帝尧之所以成为圣王，是因为他们能够自主自律，使光明的美德得以彰显和发扬。三句引文尽管皆言"自明"，但逐层递进，蕴含深意。朱熹在《大学或问》中解释道："《康诰》通言明德而已。《大甲》则明天之未始不为人，而人之未始不为天也。《帝典》则专言成德之事，而极其大焉。其言之浅深，亦略有序矣。"

◎知识拓展

羊续悬鱼

语出《后汉书·羊续传》："府丞尝献其生鱼，续受而悬于庭；丞后又进之，续乃出前所悬者以杜其意。"

羊续（142—189），字兴祖，东汉泰山平阳（今山东新泰）人，以为官清廉奉法著称。羊续在南阳郡太守任上，廉洁自守，赴任后数年未回家乡探亲。一次，他的夫人领着儿子从老家千里迢迢到南阳郡看望丈夫，不料被羊续拒之门外。原来，羊续身边只有几件布衾和短衣以及数斛麦，根本无法招待妻儿，遂不得不劝说夫人和儿子返回故里，自食其力。羊续虽然历任庐江、南阳两郡太守多年，但从不请托受贿、以权谋私。他到南阳郡上任不久，他属下的一位府丞给羊续送来一条当地有名的特产——白河鲤鱼。羊续拒收，推让再三，这位府丞执意要太守收下。待这位府丞走后，羊续将这条大鲤鱼挂在屋外的柱子上，风吹日晒，成为鱼干。后来，这位府丞又送来一条更大的白河鲤鱼。羊续把他带到屋外的柱子前，指着柱上悬挂的鱼干说："你上次送的鱼还挂着，已成了鱼干，请你一起都拿回去吧。"这位府丞甚感羞愧，悄悄地把鱼取走了。此事传开后，南阳郡百姓无不称赞，敬称其为"悬鱼太守"，从此，也再无人敢给羊续送礼了。

至今，此事仍以"悬鱼""羊续悬枯""挂府丞鱼"等典故被广为传诵。

传第二章　新民

　　汤①之《盘铭②》曰："苟③日新④，日日新，又日新。"《康诰》曰："作新民⑤。"《诗》⑥曰："周虽旧邦，其命惟新⑦。"是故君子⑧无所不用其极⑨。

◎**注释**　①汤：亦称天乙、成汤，子姓，名履，商朝开国君主，故又称商汤。商汤（灭夏建商）吊民伐罪，功参天地，泽被生民，为儒家所称道。②盘铭：古青铜器上所刻用以自警的铭文。盘，沐浴之盘，青铜所制，用于盥洗的常用器具。铭，自警之辞，即刻于青铜器上用以警诫自己的箴言。古之圣贤，兢兢业业，唯恐有所懈怠，因而在其常用的器具上，各因其事而刻上铭文以自诫，期望能经常看得见而警于心。刻于青铜器上的文字，后成为一种字体，称金文。③苟：如果。朱熹注："苟，诚也。"④新：本义指沐浴除去身上的污垢；引申为除旧布新，去恶从善，去其往日利欲之昏而使品德修养焕然一新。⑤作新民：语出《尚书·周书·康诰》，原文为："汝惟小子，乃服惟弘王应保殷民，亦惟助王宅天命，作新民。"作，兴起，振作，激励。朱熹注："鼓之舞之之谓作。"⑥《诗》：指《诗经》。这里所引之诗出自《诗经·大雅·文王》，该篇歌颂周文王之功业。周文王，西周奠基者，姓姬，名昌，公季之子，封西伯，晚年称文王，遵后稷、公刘之业，则古公、公季之法，笃仁，敬老，慈少，礼下贤者，士多归之，以其"至德"成为儒家推崇的圣君。⑦周虽旧邦，其命惟新：周之有邦，自后稷到文王已有一千余年，传至文王，圣德日新，民德也日新，受天命而有天下。可见，周朝虽然历史悠久，但文王能够秉承上天赋予的除旧布新的使命。其命，周朝所秉受的天命。惟新，革新，除旧布新。惟，《诗经·大雅·文王》作"维"。⑧君子：品德高尚的人。⑨无所不用其极：此指在道德修养方面自我完善，自新而新民，无时无处不追求最完善的道德境界。现泛指做缺德的事情时，任何极端的手段都使得出来。

◎**大意**　商汤在其盥洗盘上刻文说："假如今天除去旧染之污而复其本然之善，那么就应日复一日，天天如此，务使私欲净尽，心地清明。"《尚书·周书·康诰》篇说：“鼓舞民众，使其振作精神，并且除旧自新，焕发新的风貌。”《诗经·大雅·文王》篇说："周虽是历经千余年的旧邦国，但文王能够秉承上天赋予的使命而除旧布新，自新新民。"因此，品德高尚之人无不尽心竭力，为自新而使人人日新直至达到最完善的道德境界而不懈努力。

◎ **释疑解惑**

本章是"传"的第二章，引经据典，深刻阐述"新民"的道理。商汤之所以达到圣人境界，恰恰得益于自新，通过不断自省，完善道德修养。《尚书·周书·康诰》篇强调"新民"，即振作精神，使民众除旧布新；《诗经·大雅·文王》篇赞美文王自新而新民，达到最完善的道德境界。本章主旨在于提升君王和民众的道德境界，即在君主自新的感召下使民众日新，由"自新"到"新民"而坚持不懈，以最终达到"至善"境界。其中也说明这样的道理："民之视效在君，而天之视听在民，君德既新，则民德必新，民德既新，则天命之新亦不旋日矣。"（《大学或问》）

◎ **知识拓展**

过而能改，善莫大焉

语出《左传·宣公二年》："曰：'吾知所过矣，将改之。'稽首而对曰：'人谁无过？过而能改，善莫大焉。'"

春秋时，晋灵公（前624—前607）不守君道，滥杀无辜，臣下士季对他进谏。灵公当即表示："我知错了，一定要改。"士季很高兴地对他说："人谁能没有过错？知过而能改，那是天大的好事。"遗憾的是，晋灵公言而无信，残暴依旧，终被臣下刺杀。

不过，历史上确有能改过而终成大业的君主。商代第四位君主太甲继位之初，不守先祖商汤制定的法典，于是，伊尹将其放逐到桐宫守丧三年，作《大甲》进言以戒之自新，太甲最终处仁迁义而归，得以复位。复位后，太甲以前事为师，按商汤时传下来的章法行事，听从身边大臣的善言良策，将国家大事、百姓生活都治理得井然有序，商朝进入了一个稳定发展的时期。春秋时期的楚庄王（？—前591）初登基时，日夜在宫中饮酒取乐，不理朝政。后来臣下用"三年不鸣"的神鸟故事启发他，并以死劝谏，终于使他决心改正错误，认真处理朝政，立志图强。楚国最终强大起来，楚庄王也位列"春秋五霸"之一。

传第三章　止于至善

知其所止

　　《诗》[1]云："邦畿千里，惟民所止[2]。"《诗》[3]云："缗蛮[4]黄鸟[5]，止[6]于丘隅[7]。"子曰[8]："于止，知其所止，可以人而不如鸟乎！"

◎**注释**　①《诗》：指《诗经·商颂·玄鸟》篇。②邦畿千里，惟民所止：《诗经·商颂·玄鸟》篇原句为："邦畿千里，惟民所止，肇域彼四海。"邦畿，古天子所在之京都，包括京城及郊区。邦，都城，京城。畿，郊区，郊野。止，居，"言物各有所当止之处"（朱熹注）。③《诗》：指《诗经·小雅·绵蛮》篇。④缗蛮：《诗经·小雅·绵蛮》作"绵蛮"，鸟鸣叫声。⑤黄鸟：黄雀，一种小鸟。⑥止：栖息。⑦丘隅：山丘的角落。⑧子曰：孔子之言。《大学》中"子曰"均指孔子之言。孔子，名丘，字仲尼，鲁国陬邑（今山东曲阜东南）人，春秋末期思想家、教育家，儒家学派创始人，删《诗》《书》，定《礼》《乐》，赞《周易》，修《春秋》，后世尊奉为"至圣先师"。

◎**大意**　《诗经·商颂·玄鸟》篇说："天子之都方圆千里，是百姓向往居住的地方。"《诗经·小雅·绵蛮》篇说："鸣叫的黄雀，栖息在山丘的僻静处。"孔子感叹说："鸟儿尚且知道选择所当栖息之处，难道人还不如鸟儿么！"

◎**释疑解惑**

　　本节引《诗经·商颂·玄鸟》及《诗经·小雅·绵蛮》之诗，又借孔子之言，重在阐明人应当"知止"的道理。作为飞禽的鸟儿尚且知道选择所应当栖息的地方，作为万物之灵的人类，更应该知道其"当止之处"，懂得应该做什么。

缉熙敬止

《诗》^①云："穆穆^②文王，於^③缉熙^④敬止^⑤！"为人君，止于仁；为人臣，止于敬；为人子，止于孝；为人父，止于慈^⑥；与国人交，止于信。^⑦

◎**注释**　①《诗》：指《诗经·大雅·文王》篇。②穆穆：仪态端庄而道德高尚。③於：叹美词，相当于"啊"。④缉熙：继续发扬光明的品德。缉，继续。熙，光明。⑤敬止：无事不做到敬而安所止，指达到完善的道德境界。⑥慈：父母对子女发自内心的疼爱。《新书·道术》："亲爱利子谓之慈。"孔颖达疏："慈者，爱出于心，恩被于物也。"（《左传·隐公三年》）⑦以上四段（自"《康诰》曰"到"止于信"），《礼记》置于"此以没世不忘也"之后。朱熹认为是错简，故移于此。

◎**大意**　《诗经·大雅·文王》篇说："仪表端庄而道德高尚的周文王啊，总能继续发扬光明的德行，无事不做到敬而安所止。"作为君主，应当尽为君之道，广施仁政；作为臣民，应当尽为臣之道，敬事君王；作为子女，应当尽孝道，孝敬父母；作为父母，应当尽父母之道，慈爱儿女；与国人交往，应当尽交友之道，诚信待人。

◎**释疑解惑**

本节以"文王之止"为典范，以说明"至善"之所在，以为后世所取法。万事万物，无不有各自当止之所。人类也是如此，每个人都应懂得该如何做。每个人的身份不同，所处地位不同，所止之善就会有所不同。作为君主，所当止之善就是广施仁政，为百姓谋利益；作为臣民，所当止之善就是敬事君王，忠于职守；作为子女，所当止之善就是孝敬父母，尽赡养义务，所作所为令父母心安；作为父母，所当止之善就是慈爱儿女，尽养育之责；与国人交往，包括朋友之间的交往，所当止之善在于以诚相待，取信于人。人们若过分被私利所蒙蔽，或被物欲所诱惑，就会失去所当止而偏离善道，其"仁"也许流于姑息迁就，"敬"或许堕于阿谀逢迎，"孝"可能陷父母于不义，"慈"也会变成对子女的溺爱，"信"势必因盲目轻信而受骗。

盛德至善

《诗》①云："瞻彼淇澳②，菉竹猗猗③。有斐君子④，如切如磋⑤，如琢如磨⑥。瑟兮僩兮⑦，赫兮喧兮⑧。有斐君子，终不可⑨兮谖！"如切如磋者，道学⑩也；如琢如磨者，自修⑪也；瑟兮僩兮者，恂慄⑫也；赫兮喧兮者，威仪也；有斐君子，终不可谖兮者，道盛德⑬至善⑭，民之不能忘也。

◎**注释** ①《诗》：指《诗经·卫风·淇奥》篇。春秋时的卫武公尽管年事已高，却能思过修学、勤于国事，卫国人作此诗来赞美他。②瞻彼淇澳：看那淇水岸边。瞻，看。彼，那。淇，淇水，在今河南省北部，春秋时期属卫国。澳，水边弯曲的地面，《诗经·卫风·淇奥》篇作"奥"。③菉竹猗猗：嫩绿的竹子美丽而茂盛。菉，同"绿"，《诗经·卫风·淇奥》篇作"绿"。猗猗，美丽而茂盛的样子。④有斐君子：有，虚词，无义。斐，文质彬彬的样子。君子，指卫武公，曾为周天子卿。⑤如切如磋：古代制骨器的工艺，以刀锯切割，再用锉锉平，使其精致。比喻治学严谨，精益求精。切，用刀锯切割。磋，用锉锉平。⑥如琢如磨：古代制玉器的工艺，用锥凿雕刻，再用砂石打磨，使其滑泽。比喻修身精细深刻。琢，用锥凿雕刻。磨，用砂石打磨。⑦瑟兮僩兮：瑟兮，严密而庄重的样子。僩兮，胸襟宽厚的样子。⑧赫兮喧兮：赫，显耀。喧，通"咺"（xuān），盛大，显赫。《诗经·卫风·淇奥》作"咺"。⑨谖：通"谖"，忘记，《诗经·卫风·淇奥》作"谖"。⑩道学：指君子治学的功夫。道，言说。学，讲习讨论。⑪自修：指君子修身的功夫。⑫恂慄：恐惧、戒惧的样子，有谦虚谨慎之意。⑬盛德：德极全备。⑭至善：善极精纯。

◎**大意** 《诗经·卫风·淇奥》篇说："看那淇水岸边，翠竹茂盛。那文质彬彬的君子，研究学问如对象牙骨器反复切磋，修养自身像对玉石反复琢磨。庄重啊宽厚啊！显耀啊显赫啊！那文质彬彬的君子，让人始终不能忘怀！"如切如磋是治学的工夫；如琢如磨是修身之道；瑟兮僩兮是谦恭谨慎的态度；赫兮喧兮是威严的仪表；有斐君子，终不可谖兮，是说其德极全备而善极精纯，让百姓敬仰爱戴而不能忘怀。

◎**释疑解惑**

　　本节引《诗经・卫风・淇奥》，着重阐明止于至善的工夫、态度和方法，期望君主以卫武公为榜样，善于治学，长于自修，勤于国事，保持谦恭谨慎的态度，显出威严的仪表，养成高尚的品德，进而达到善的最高境界。倘若如此，则是天下百姓之福，必将令百姓终生难忘。

贤贤亲亲

　　《诗》①云："於戏②前王③不忘！"君子④贤其贤⑤而亲其亲⑥，小人⑦乐其乐⑧而利其利⑨，此以没世⑩不忘也。

◎**注释**　①《诗》：指《诗经・周颂・烈文》篇。②於戏：同"呜呼"，感叹词。③前王：指周文王、周武王。④君子：后贤后王。⑤贤其贤：前一"贤"字为动词，重视；后一个"贤"字为名词，贤士，贤人。⑥亲其亲：前一"亲"字为动词，亲近，亲爱；后一个"亲"字为名词，亲人。⑦小人：泛指后世百姓。⑧乐其乐：前一"乐"字为动词，意为享受；后一个"乐"字为名词，安乐。⑨利其利：前一"利"字为动词，获得；后一个"利"字为名词，利益，恩惠。⑩没世：终生，永远。

◎**大意**　《诗经・周颂・烈文》篇说："呜呼！不能忘记先前君王的功德。"后贤后王感念先王之盛德，所以能尊重贤者而亲爱亲人；后世百姓蒙先王之恩泽，生活安乐并获得实利。因此，文王、武王虽然故去，却因让后人各得其所而终生难以忘怀。

◎**释疑解惑**

　　本节引《诗经・周颂・烈文》之诗，赞美先王盛德至善之余泽。尽管先王已经故去，但后世君主感念先王之盛德，故能"贤其贤而亲其亲"，后世百姓蒙先王之恩泽，故能"乐其乐而利其利"。随着时间的推移，这种感念和感恩依然会持续下去。

以上四节是"传"的第三章，释"止于至善"。首引《诗经·商颂·玄鸟》之诗并借孔子之言，阐明人应当"知其所止"的道理；再引《诗经·大雅·文王》之诗，以说明"至善"之所在；又引《诗经·卫风·淇奥》之诗，着重阐明止于至善的功夫、态度和方法；最后引《诗经·周颂·烈文》之"前王不忘"，赞颂先王明德、新民、至善之功泽被后世，从而彰显君子盛德和至善之效果。

◎知识拓展

善始善终

语出《史记·陈丞相世家》："陈丞相平少时，本好黄帝、老子之术。方其割肉俎上之时，其意固已远矣。倾侧扰攘楚魏之间，卒归高帝。常出奇计，救纷纠之难，振国家之患。及吕后时，事多故矣，然平竟自脱，定宗庙，以荣名终，称贤相，岂不善始善终哉！非知谋孰能当此者乎？"

陈平（？—前178）是西汉王朝的开国功臣之一，汉初杰出的政治家、谋略家。据《史记·陈丞相世家》记载，秦朝末年，家境贫寒的陈平爱好黄老之术，他先后担任过魏王咎的太仆，项羽的都尉，刘邦的护军中尉。他曾向刘邦献计，使项羽疏远谋士范增。汉朝建立后，陈平因功被封为曲逆侯，历任惠帝、吕后、文帝三朝丞相，不管世事如何变幻，他都能应付自如，不但保全了自己，而且能救国于危乱，从而荣耀一生，实现了"善始善终"。

善始善终意指为人做事，既要有好的开头，也要有好的结尾。自古以来，君臣之间，最难善始善终，陈平可谓是中国历史上奇迹中的奇迹。善始善终这一成语既体现了中华民族的传统美德，也表达了人们对善始善终做事者的赞扬。

传第四章　本末

　　子曰①："听讼②，吾犹人③也，必也使无讼乎！"无情④者不得尽其辞。大畏⑤民志⑥，此谓知本。

◎**注释**　①子曰：孔子所言出自《论语·颜渊》篇。②听讼：听案子，即审理案子。古代审理案子，注重察言观色听气。《周礼·秋官·小司寇》载："以五声听狱讼，求民情。一曰辞听，二曰色听，三曰气听，四曰耳听，五曰目听。"③犹人：不异于人，同他人一样。④无情：隐瞒实情。⑤畏：使人畏服。⑥民志：民心。

◎**大意**　孔子说："审理案子，我和别人一样，一定要做到曲直分明，使诉讼案件不再发生。"要让那隐瞒实情的人不敢尽情编造谎言。用大道义使民心畏服，这就叫作知道根本。

◎**释疑解惑**

　　《礼记》将本段置于"止于信"之下，"所谓修身在正其心者"之上。朱熹以为是错简，故移于此，并将其作为"传"的第四章，释"本末"。本章先引孔子之言，表明圣人听讼与常人无异，但其理想是致力于"无讼"，使诉讼案件不再发生。圣人能从根本上自诚其意，明己之德，进而以德化民，使隐瞒实情的人不敢随意编造虚诞之辞，使人们心怀敬畏，自觉向善。这样一来，讼不待听而自无，就不致有讼了；即使偶尔有讼，也不敢出言不实。由此不难看出，明德是本，新民是末；无讼是本，听讼是末。

◎**知识拓展**

齐威王行赏罚

　　语出《史记·田敬仲完世家第十六》："于是威王召即墨大夫而语之曰：'自子之居即墨也，毁言日至。然吾使人视即墨，田野辟，民人给，官无留事，东方以宁。是子不事吾左右以求誉也。'封之万家。召阿大夫语曰：'自子之守阿，誉言日闻。然使使视阿，田野不辟，民贫苦。昔日赵攻甄，子弗能救。卫取薛陵，子弗知。是子以币厚吾左右以求誉也。'是日，烹阿大夫，及左右尝誉者皆并烹之。遂起兵西击赵、卫，败魏于浊泽而围惠王。惠王请献观以和解，赵人归我长城。于是齐国震惧，人人不敢饰非，务尽其诚。齐国大治。"

齐威王（前378—前320）是战国时期齐国的国君，公元前356年继位，在位36年，以善于纳谏用能、励志图强而著称。有一天，齐威王召见即墨大夫，对他说："自从派遣你到即墨担任地方长官以来，指责你的话、说你执政不力的言论每天都会传来。然而，我亲自派人去视察即墨，实际情况却是田地开垦了，人民丰衣足食，官府没有积压着等待处理的事，东部各地因而安定有序。这足以证明你没有徇私舞弊，没有巴结拉拢我左右的亲近人员给你说好话。"随即封赐即墨大夫享用一万户的俸禄，以示褒奖。齐威王又召见阿城大夫，对他说："自从任命你镇守阿城，称赞你政绩优良的好话几乎每天都能听到。我派人察访了阿城，却看见田地荒芜，百姓贫困饥饿。不久前赵国来进攻甄邑，你不派兵援救；卫国夺取了薛陵，你竟对此全然不知。这足以证明，你那些所谓的优良政绩，全是你用重金贿赂我的左右随从替你说的好话吧！"当天，齐威王下令把阿城大夫以及替他说好话的左右近臣一并处死。通过这件事情，齐国上下官员都受到震动和教育，谁都不敢再像阿城大夫那样买通威王的亲信而隐过邀功，也不敢再置百姓疾苦于不顾而工作懈怠，无所作为。齐国由此得到良好治理，并奠定了强盛根基。

齐威王探究事实真相、亲查贤愚的故事说明：判断事情真伪善恶，都应做到了解实情，眼见为实，兼听则明。只有这样处理，才能起到示范和警示的作用，从而杜绝荒诞事情的发生。

传第五章　格物致知

　　所谓致知在格物者，言欲致吾之知，在即物①而穷其理也。盖人心之灵莫不有知，而天下之物莫不有理，惟于理有未穷，故其知有不尽也。是以大学始教，必使学者即凡天下之物，莫不因其已知之理而益穷之，以求至乎其极。至于用力之久，而一旦豁然贯通焉，则众物之表里精粗②无不到③，而吾心之全体大用④无不明矣。此谓物格，此谓知之至也。

◎**注释**　①即物：接触事物。即，靠近，接触。②表里精粗：指事物的表面现象和内部联系，以及精微或粗浅的各种道理。③到：这里引申为理解、掌握。④大用：指体用功能。

◎**大意**　所谓获得知识在于穷尽事物所以然之理，是说想要使知识达到极致，在接触事物时就要深入探究它的道理。因为人心都是灵动的，都是具有认知能力的，而天下事物，都具备其自身的道理，只是由于有些道理我们还没有彻底认知，所以获得的知识会有不完全之处。因此，大学一开始就教育学习者，在接触天下事物时，必须根据已经掌握的道理去深入探究，以求认知达到极致。经过长期不懈努力，总有一天会幡然醒悟，融会贯通，到那时一切事物的表象和内部联系，以及精微或粗浅的各种道理就没有学不到的了；而且，我们心中全部的体用功能就没有不能领悟的了。这就叫作穷尽事物所以然之理，这就叫作知识获得的极致。

◎**释疑解惑**

　　本章是"传"的第五章，释"格物致知"之义。由于原文佚失，仅存"此谓知本"，"此谓知之至也"这两句。程颢、程颐认为这一段有衍文，有缺文。"此谓知本"与上一章同，就是衍文；"此谓知之至也"是判断性的结语，前一段便是缺文了。朱熹认为此句"释格物致知之义"，特作补写。朱熹在补文中首先指出"格物致知"是为学之本；其次揭示了知识的来源和人的认识规律，即

40

知识来源于实践，而认知过程则由已知到未知，往复循环，不断升华；最后，认为"格物致知"是修己之功，与修己相结合，以彰明其明德。这反映了朱熹完整的认识论。

在程朱看来："万物各具一理，而万理同出一原"，"物必有理，皆所当穷"（《大学或问》）。一草一木，也都有理，不可不察，何况人事之理。毫无疑问，"格物"并不意味着要穷尽天下所有事物，"穷理"并非意味着必须穷尽天下之理，也并不意味着穷尽一理便能领悟一切；不过，穷尽一事之理，其他相关事物之理便可以类推，不断穷尽一事之理，积累多了，就会豁然开朗而有所贯通。在"八条目"中，"格物"是开端，无"格物"则难以"致知"，"致知"首要的是知道"至善"之所在。由于人的气质有清浊偏正之不同，而物欲有深浅厚薄之差别，故难免有不能穷尽之理；理有未穷，则知有不尽；知有不尽，则意有不诚；意有不诚，则心有不正，身有不修；身有不修，则家有不齐，也就无法使天下国家得到治理。由此可见"知本"的重要性。

◎知识拓展

守仁格竹

典出王阳明《传习录》卷三："众人只说格物要依晦翁，何曾把他的说去用？我着实曾用来。初年与钱友同论做圣贤，要格天下之物，如今安得这等大的力量？因指亭前竹子，令去格看。钱子早夜去穷格竹子的道理，竭其心思。至于三日，便致劳神成疾。当初说他这是精力不足，某因自去穷格。早晚不得其理，到七日亦以劳思致疾。"

王守仁（1472—1529），浙江余姚人。字伯安，号阳明子，世称阳明先生，故又称王阳明，是明代最著名的思想家、哲学家、文学家和军事家，陆王心学之集大成者。从小就有为国靖难、做圣贤想法的王守仁，勤奋好学，饱览诗书。朱熹"格物穷理"的学说引发了他深深的思考。在朱熹看来，"理"虽然很难悟到，却普遍存在于世间万事万物之中，而要领会它，就必须通过"格"。在王守仁所住的庭院里，正好有一片茂密的竹林，于是他就想通过"格竹"来弄明白竹子的道理。年轻的王阳明同朋友坐在亭前，面对着竹子，全神贯注，目不旁视，静静地体会着关于竹子的道理。一天过去了，两天过去了，没有任何收获，到了第三天，朋友累病了。王阳明则继续面对竹子，静坐体会。第三天、第四天过去了，还是没有体会出关于竹子的道理来；第五天、第六天过去了，仍然没有一点效果。到了第七天，王阳明也病倒了，却始终没有体会出竹子的道理来。这就是中国古代哲学史上著名的"守仁格竹"。

守仁格竹故事告诫我们：获得真知不是一件那么简单、一蹴而就的事情。

传第六章　诚意

毋自欺　慎其独

所谓诚其意者：毋①自欺②也，如恶恶臭③，如好好色④，此之谓自谦⑤，故君子必慎其独⑥也！

◎**注释**　①毋：不要，禁止。②自欺：自己欺骗自己。朱熹注："自欺云者，知为善以去恶，而心之所发有未实也。"③恶恶臭：厌恶不好的气味。前一个"恶"作动词，厌恶；后一个"恶"为形容词，修饰臭。恶臭，难闻的气味。④好好色：喜欢美好的容色。前一个"好"作动词，喜欢；后一个"好"为形容词，美丽。好色，美好的容色。⑤自谦：自我心安理得。谦，通"慊"，惬意，心安理得。郑玄注："谦读为慊。"即《孟子·公孙丑上》"行有不慊于心"之"慊"。"恶恶臭，好好色"，发于内心之自然，无所矫饰，无所自欺，故"毋自欺"为"诚意"第一要务。⑥慎其独：在独处、独知时也能言行谨慎。"独"不限于独处，也包括独知。正如前人所谓："独非特孤居独处之谓也。虽与人同堂合室，而意藏于中，人所不知，己所独知者，皆君子致慎之时也。能慎其独，则能诚其意矣。"（卫湜《礼记集说》卷一百五十，引新定邵氏语）

◎**大意**　所谓使自己的意念真诚，就是不要自欺，就像厌恶难闻的气味而喜爱美好的容色那样，一切出于内心的真情实感，这就叫自我心安理得。所以，君子在独处、独知时，也一定要言行谨慎啊！

◎**释疑解惑**

本节强调，"诚其意"是自修面临的首要问题。为此，必须真实无妄，不能自我欺骗，尤其要做到"慎其独"，即使在独处独知之时，也务必意念纯真，言行谨慎。文中指出，人遇到不善，必去之而后快，见到善，则必得之而后快，无论是去恶或是为善都必须出于本心之"诚"。人有时会自己欺骗自己，独处、独知之时尤其如此。因此，"毋自欺""慎其独"是个人品德修养中必须重视的问题。

诚于中　形于外

小人①闲居②为不善，无所不至，见君子而后厌然③，揜④其不善而著⑤其善。人之视己，如见其肺肝然，则何益矣。此谓诚于中⑥，形于外，故君子必慎其独也。

◎**注释**　①小人：没有道德修养的人。②闲居：独处。③厌然：消沉、沮丧而隐藏的样子。厌，掩藏。④揜：掩盖，遮盖。⑤著：显示。⑥中：内心。

◎**大意**　"小人"独处的时候，什么坏事都做得出来。见到品德高尚的君子就会遮遮掩掩，掩盖自己所做的坏事，而且故意表现出好的行为。其实，别人看自己，就像能看见我们的肝和肺那样透彻，所以这么做（"揜其不善而著其善"）又有什么益处呢？这就是说，诚意存于内心，在行为上一定会表现出来。因此，君子在独处、独知的时候，一定要谨慎啊！

◎**释疑解惑**

本节指责"小人"阳奉阴违，文过饰非，自欺欺人；进而得出"诚于中，形于外"的判断，由此提醒君子引以为戒，"必慎其独"，把"独处"当作"群处"来对待，把"独知"当作"群知"来看待，进而达到道德层面上的高度自律。

君子必诚其意

曾子①曰："十②目所视，十手所指，其严③乎！"富润屋④，德润身⑤，心广体胖⑥，故君子必诚其意。

◎ **注释** ①曾子（约前505—前436）：姓曾，名参（shēn），字子舆，春秋末鲁国南武城（今山东费县）人，孔子弟子，比孔子小四十六岁，深悟夫子"忠恕"之道，以修身孝亲闻名于世，相传作《大学》和《孝经》等，后世称其为"宗圣"。②十：虚数，指许多。后文之"十"亦然。③严：严厉，严峻。④润屋：修饰房屋。润，增美。⑤润身：滋养自身。润，滋益，滋养。⑥胖：安适，舒泰。

◎ **大意** 曾子说过："即使在独处时，也有许多双眼睛在注视着，许多只手在指点着，这是多么严厉的监督啊！"财富可以将房屋修饰得漂亮，道德可以滋养自身，心胸宽广可以使身体舒适安泰。因此，君子一定要做到意念真诚。

◎ **释疑解惑**

本节首引曾子之言以明上文之意，表明即使是独处，一个人的善恶也无法掩饰，甚是可畏，学者不可不深思而经常自省。接着阐述德之润身的效能，若心胸宽广，则体常舒泰，进而得出"君子必诚其意"的结论。

以上三节是"传"的第六章，释"诚意"。本章首先深入阐述为学必"诚其意"，而诚意之关键在于"慎其独"；而后引曾子之言强调"慎独"的必要性；最后阐述"慎独"的效能，进而主张"君子必诚其意"。经文说过："欲诚其意，先致其知。"又提出："知至而后意诚。"显然，"诚意"上承格物、致知，下启正心、修身、齐家、治国、平天下，是《大学》的枢要，是"自修之首""进德之基"，历来受到特别关注。由此，要把握本章主旨，必承上启下而通考之，循序渐进而不可颠倒次序，持之以恒而不可浅尝辄止。

◎ **知识拓展**

甄彬还金

语出《谈薮》："齐有甄彬者，有器业。尝以一束苎（zhù）于荆州长沙西库质钱。后赎苎，于束中得金五两，以手巾裹之。彬得金，送还西库。道人大惊曰：'近有人以金质钱，时匆遽（jù），不记录。檀越乃能见归，恐古今未之有也。'辄以金之半仰酬，往复十余，坚然不受……彬后为郫（pí）令，将行，辞太祖。时同列五人，上诚以廉慎，至于彬，独曰：'卿昔有还金之美，故不复以此诚也。'"

南北朝时期，齐朝有一个叫甄彬的人，有高尚的品质和出色的才能。有一次，他把一束苎麻拿到荆州长沙西库做抵押换钱，后来赎回苎麻时，在苎麻里发现了用一条手巾包着的五两金子。甄彬看到金子后二话没说，立即送还西库。管理西库的僧人非常吃惊，说："早先有人用金子抵押换钱。当时仓促未能记录下这件事，施主却能在见到金子后归还，恐怕从古到今都没有这样的事。"于是用一半金子酬谢甄彬。两人来回推让了十多次，甄彬坚决不肯接受……后来甄彬被任命为郫县县令，将要去上任之前，去向皇帝辞行。同去辞行的有五人，皇帝告诫大家一定要廉洁谨慎，唯独对甄彬说："你昔日有还金的美名，所以不再以此告诫你了。"

传第七章　正心修身

　　所谓修身在正其心者，身①有所忿懥②，则不得其正；有所恐惧，则不得其正；有所好乐③，则不得其正；有所忧患，则不得其正。心不在焉④，视而不见，听而不闻，食而不知其味。此谓修身在正其心。

◎**注释**　①身：应作"心"，内心。朱熹引程颐之言："身有之身当作心。"②忿懥：愤怒。③好乐：偏好逸乐。④心不在焉：心不在这里。焉，于此。

◎**大意**　之所以说修身在于端正内心，是因为：内心产生愤怒，就不能做到心正不邪；内心产生恐惧，就不能做到心正不邪；内心沉浸于偏好享乐，就不能做到心正不邪；内心忧虑、患得患失，就不能做到心正不邪。心思不在这里，即使看到东西，也像没有看见一样；听到声音，也像没有听见一样；吃东西，却不知食物的味道。这就是所说的修身必先端正自己的内心而无邪念。

◎**释疑解惑**

　　本章是"传"的第七章，从反面说明"修身在正其心"的道理。本章承上启下，首先阐明心不得其正的原因，即常人有忿懥、恐惧、好乐、忧患等情感，这些情感，都是由人的内心所产生的，也是每个人都有的。然而，如果受到喜怒哀乐等情绪的干扰，却不能详察并善加把握，则必然欲动情胜，致使精神不能专一，思想不能端正，由此而使其言行出现偏离正道的现象。本章接着解释心正则身无不修、心不正则身不修的道理，说明修身关键在于正心。心作为身的主宰，必须不断净化而得以端正，若人人净化并端正心灵，社会就会减少邪恶，人间会变得更加美好。

◎知识拓展

我心有主

语出《元史·许衡传》："尝暑中过河阳，渴甚，道有梨，众争取啖之。衡独危坐树下自若。或问之，曰：'非其有而取之，不可也。'人曰：'世乱，此无主。'曰：'梨无主，吾心独无主乎？'"

许衡，字仲平，学者称之鲁斋先生，祖籍怀州河内（今河南沁阳），是元代杰出的政治家、教育家、天文学家、思想家。许衡曾经在天气非常炎热的时候路过河南沁阳，当时非常口渴，路边正好有一棵梨树，路人纷纷去摘梨吃，唯独许衡静坐树下不动。有人不解地问："何不摘梨解渴？"许衡答道："不是自己的梨，岂能乱摘！"那人笑其迂腐："世道这么乱，梨树哪有主人！"许衡义正词严地说："梨虽无主，难道我们的心也无主了吗？"

"我心有主"，意味着一个人能坚持自己的主见，恪守自己的操行，排除外界的干扰和诱惑，不为名利所困。这是一种准则，一种修养，一种境界，一种精神。能否在利益面前坚守道义，这是鉴别君子和伪君子的试金石。

传第八章　修身齐家

　　所谓齐其家在修其身者：人之^①其所亲爱^②而辟^③焉，之其所贱恶^④而辟焉，之其所畏敬而辟焉，之其所哀矜^⑤而辟焉，之其所敖惰^⑥而辟焉。故好^⑦而知其恶，恶^⑧而知其美者，天下鲜^⑨矣！故谚^⑩有之曰："人莫知其子之恶，莫知其苗之硕^⑪。"此谓身不修不可以齐其家。

◎**注释**　①之：对于。②亲爱：亲近喜爱。③辟：通"僻"，偏颇，偏向，邪僻。④贱恶：鄙视，厌恶。⑤哀矜：哀怜。矜，怜悯，同情。⑥敖惰：傲视怠慢。敖，通"傲"。⑦好：喜好。⑧恶：厌恶。⑨鲜：少。⑩谚：俗语，俗话。⑪硕：大，引申为苗壮。

◎**大意**　之所以说理顺自己的家庭在于修养自身，是因为人们对自己亲近喜爱的人往往会过分偏爱，对自己鄙视厌恶的人往往心存偏见，对自己畏惧敬重的人往往过于敬畏，对自己哀怜同情的人往往过于怜悯，对自己傲视怠慢的人往往过于轻视。因此，喜欢一个人能看见他的缺点和不足，厌恶一个人能发现他的优点与长处，这样的人天下少有啊！所以俗话说："溺爱子女的人不知道自己子女的缺点，企盼丰收的农夫不知道自家禾苗的苗壮。"这就是不修养身心就不能理顺自己家庭的道理。

◎**释疑解惑**

　　本章是"传"的第八章，解释"齐其家在修其身"。首先列举五种好恶偏向，并引用俗语来阐明齐家与修身的密切联系。人本来有处事的当然法则，然而，常人由于对情感好恶缺乏理性审视，致使陷于偏颇而身不得修。"修身"才会知道如何正确地处理事情，而处理事情最容易出现的过错就是偏执。"亲爱""贱恶""畏敬""哀矜"都会带来心理上的偏差。家庭当中每个成员所处的地位不同，其情感好恶不同，容易导致认识上的偏差，进而导致问题处理上的失当。因而本章认为，喜欢一个人能看见其缺点和不足，厌恶一个人能发现其优点与长处，这是很难做到的。溺爱者往往因受爱心的蒙蔽而很不明智，贪得者往往因受贪心的蒙蔽而不厌其多，这样势必失之偏颇而带来危害，这就是家之不齐的根本原因。由此本章得出"身不修不可以齐其家"的结论。也就是说，想要理顺自己的家庭，就必须提高自身的道德修养，有自知之明，公正无私，一视同仁，避免因情感好恶而带来偏私，这样才能理顺家庭事务，做到身修而后家齐，进而实现治国平天下的目的。此如《中庸》所言："知所以修身，则知所以治人；知所以治人，则知所以治天下国家矣。"亦如《吕氏春秋·先己》所谓："昔者先圣王，成其身而天下成，治其身而天下治。"

◎知识拓展

黄羊举贤

黄羊举贤，出自《吕氏春秋·孟春纪》："晋平公问于祁黄羊曰：'南阳无令，其谁可而为之？'祁黄羊对曰：'解狐可。'平公曰：'解狐非子之雠邪？'对曰：'君问可，非问臣之雠也。'平公曰：'善。'遂用之。国人称善焉。居有间，平公又问祁黄羊曰：'国无尉，其谁可而为之？'对曰：'午可。'平公曰：'午非子之子邪？'对曰：'君问可，非问臣之子也。'平公曰：'善。'又遂用之。国人称善焉。孔子闻之曰：'善哉！祁黄羊之论也，外举不避雠，内举不避子。祁黄羊可谓公矣。'"

祁奚（前620—前545），字黄羊，春秋时晋国人，曾任晋国中军尉，以忠公体国，急公好义，誉满朝野，深受人们爱戴。有一次，晋平公（？—前532）问祁黄羊说："南阳缺个县令，你看，应该派谁去当比较合适呢？"祁黄羊毫不迟疑地回答说："叫解狐去最合适了。他一定能够胜任的！"平公惊奇地问他："解狐不是你的仇人吗？你为什么还要推荐他呢！"祁黄羊说："您只问我什么人能够胜任，并没有问我解狐是不是我的仇人呀！"于是，平公就派解狐到南阳去上任了。解狐到任后，替那里的老百姓办了不少好事，大家都称颂他。过了一些日子，平公又问祁黄羊说："现在朝廷里缺少一个中军尉。你看，谁能胜任这个职位呢？"祁黄羊说："祁午能够胜任的。"平公又奇怪起来了，问道："祁午不是你的儿子吗？你怎么推荐自己的儿子，不怕别人讲闲话吗？"祁黄羊说："您只问我谁可以胜任，并没问我祁午是不是我的儿子呀！"平公就派了祁午去做中军尉。祁午当上了中军尉，替人们办了许多好事，很受人们的欢迎与爱戴。孔子听到这两件事，赞叹："祁黄羊说得太好了！他推荐人，完全是以才能为标准，不因为他是自己的仇人，心存偏见，便不推荐他；也不因为他是自己的儿子，怕人议论，便不推荐。像祁黄羊这样的人，可以说是大公无私啦！"

传第九章　齐家治国

治国必先齐其家

所谓治国必先齐其家者，其家不可教而能教人者，无之。故君子不出家而成教于国：孝者，所以事君①也；弟②者，所以事长也；慈③者，所以使众也。《康诰》曰"如保赤子④"，心诚求之，虽不中⑤不远矣。未有学养子而后嫁者也！

◎**注释**　①事君：服事君主。②弟：通"悌"，尊爱兄长。③慈：慈爱。④如保赤子：《尚书·周书·康诰》作"若保赤子"。赤子，初生的婴儿。新生儿身体呈红色，故称"赤子"。⑤中：达到目标。

◎**大意**　之所以说治理国家必须先理顺自己的家庭，是因为连自己的家人都教育不好而能教育好国人，是不可能的。之所以圣人君子足不出户而能教化国人，是因为：在家孝敬父母的道理，就是侍奉君主的道理；在家恭敬兄长的道理，就是侍奉长上的道理；在家慈爱子女的道理，就是对待民众的道理。《尚书·周书·康诰》中说"爱护民众就像保护初生的婴儿一样"，内心真诚地去追求这一目标，即使不能完全达到，也相差不远了。没有女人先学会养育孩子而后再嫁人的啊！

◎**释疑解惑**

如前所述，一个人自身修养得好，才有可能理顺家庭。作为家庭成员，做到父慈子孝，兄友弟恭，才能教育好家人。推而广之，治理国家，无论事君，或是事长，或是使众，其道理均是如此。国家的教化之道，就来源于家庭的孝悌慈爱之道。事君要忠，就源于事父之孝；事长要顺，就源于事兄之悌；使众要仁，就源于爱子之慈。恰如《孝经》所言："君子之事亲孝，故忠可移于君；事兄悌，故顺可移于长；居家理，故治可移于官。"这也就是"君子不出家而成教于国"的道理所在。以生儿育女为例，母亲养育儿女，是出于天然的慈爱之心，这种慈爱之心推及他人身上，就成为使众之仁心。

◎**知识拓展**

善应孝母

语出《宋史·赵汝愚传》："父善应，字彦远，官终修武郎、江西兵马都监。性纯孝，亲病，尝刺血和药以进。母畏雷，每闻雷则披衣走其所。尝寒夜远归，从者将扣门，遽止之曰：'无恐吾母。'露坐达明，门启而后入。"

赵善应（1118—1177）是南宋大臣赵汝愚的父亲，曾官至修武郎、江西兵马都监，是历史上有名的孝子。赵善应母亲有一次突然患了重病，他四处为母求医，可母亲的病情还是不见好转。后来他靠着自己皇室宗族的关系，请来御医为母亲诊治。御医开了药方交给赵善应说："照此药方，用人血和药，三服药以后病情就会好转。"赵善应接过药方，二话没说，马上买了三服药，然后用刀刺破手臂，用自己的鲜血和药，给母亲服用。在赵善应的精心照料下，母亲的病很快就好了。病虽然好了，但母亲却落下了心悸的病根，一有打雷等大点儿的响动，就会害怕。因此，每遇到雷雨天气，赵善应都会走进母亲的房间，陪伴母亲。有一个寒冬的夜晚，赵善应出远门归来，走到家门口时，随从正要敲门，赵善应却马上制止说："别敲了，我怕惊吓到母亲。"就这样，他和随从坐在门口房檐下，挨冷受冻直到天亮。

身教胜于言教。在赵善应的感召下，全家上下都能孝亲友善。

一言偾事　一人定国

一家仁，一国①兴仁；一家让，一国兴让；一人贪戾②，一国作乱。其机③如此。此谓一言偾事④，一人定国。尧⑤、舜⑥帅⑦天下以仁，而民从之；桀⑧、纣⑨帅天下以暴，而民从之；其所令反其所好，而民不从。是故君子有诸己⑩而后求诸人，无诸己而后非诸人⑪。所藏乎身不恕⑫，而能喻⑬诸人者，未之有也。故治国在齐其家。

◎**注释**　①兴：引申为崇尚、追求。②贪戾：贪婪，暴戾。③机：契机，关键。朱熹注："机，发动所由也。"④一言偾事：一句错话可以败坏整个事情。偾，败坏。⑤尧：传说中父系氏族社会后期部落联盟首领。参见本书第33页注⑤。⑥舜：传说中父系氏族社会后期部落联盟首领，尧的继任者。参见本书第33页注⑤。⑦帅：率领，领导。⑧桀：夏桀，又名癸、履癸，夏朝末代君主。据古代传说，夏桀暴虐，商汤兴兵讨伐，将其流放南巢（今安徽巢湖）。⑨纣（？—约前1046）：即商纣王，帝辛，本名受德，帝乙少子，商朝末代君主，在位前期重视农桑，发展社会生产，东扩疆域，但后期残暴无道，失去人心，周武王兴兵讨伐，灭商建周，纣王自焚身亡。⑩有诸己：指自己有了善的品德。诸，"之于"的合音。⑪无诸己而后非诸人：先消除自身的恶习，而后再责备他人的过错。非，责难。⑫恕：恕道。⑬喻：晓喻，教导。

◎ **大意** 君主一家讲求仁爱，整个国家才能崇尚仁爱；君主一家讲求礼让，整个国家才能够讲求礼让；君主一人贪婪残暴，国家就会出现混乱。其关联就是这样紧密。这就叫作一句错话可以败坏整个事情，一个人可以安定整个国家。尧、舜以仁爱领导天下，民众就追随他们崇尚仁爱；夏桀、商纣用暴虐号令天下，民众就跟随他们施暴；暴君要求民众从善的政令与他们的行为相悖，民众是不会遵从的。因此，君子应先使自己有善的品德，然后再要求别人向善；先消除自身的恶习，然后再责备他人的过错。如果自身不讲求恕道，而教导他人讲求恕道，这样的事情是从来没有的。因此，治理国家一定要先理顺自己的家庭。

◎ **释疑解惑**

本节以尧舜仁爱、桀纣贪暴的正反事例说明，国君一人一家对于一国教化之成败、命运之兴衰，具有重要影响，即所谓"一言偾事，一人定国"。自古以来，上行下效，上有所好，下必甚焉。正如孔子所谓："其身正，不令而行；其身不正，虽令不从。"（《论语·子路》）尧、舜率天下以仁，如果令百姓为暴，百姓必定不会遵从；桀、纣率天下以暴，但若令百姓为仁，百姓自然也不会遵从。之所以不会服从，是因为"其所令反其所好"。自己有善的品质，才能要求别人有。正如朱熹所注："有善于己，然后可以责人之善；无恶于己，然后可以正人之恶。皆推己以及人，所谓恕也，不如是，则所令反其所好，而民不从矣。"在修身基础上理顺自己的家庭，才有可能治理好国家。此所谓："身不修则德不立，德不立而能化成于家者盖寡矣，而况于天下乎？"（唐·武则天《内训·修身》）

◎知识拓展

桓公罪己

语出《左传·庄公十一年》:"十一年夏,宋为乘丘之役故,侵我。公御之。宋师未陈而薄之,败诸鄑(zī)。秋,宋大水,公使吊焉,曰:'天作淫雨,害于粢(zī)盛,若之何不吊?'对曰:'孤实不敬,天降之灾,又以为君忧,拜命之辱。'臧文仲曰:'宋其兴乎!禹、汤罪己,其兴也悖焉;桀、纣罪人,其亡也忽焉。且列国有凶,称孤,礼也。言惧而名礼,其庶乎!'既而闻之曰公子御说之辞也。臧孙达曰:'是宜为君,有恤民之心。'"

鲁庄公(前706—前662)十年,鲁国军队在乘丘大败宋国军队。次年夏天,宋国为了报乘丘之战的仇而侵犯鲁国,鲁庄公率兵迎战。宋国军队还没有摆开阵势,鲁军就已经逼近了他们,结果把宋军打败了。

宋国连续打了两个败仗,这年秋天,又遇上发大水,可谓雪上加霜。鲁庄公派使者前去宋国慰问,并且说:"天降大雨,使庄稼受到危害,我们怎能不来慰问呢?"

宋闵公(?—前682)回答说:"孤对上天不够尊敬,所以上天降下了这场灾难,现在又让贵国国君替孤担忧,实在让孤担当不起啊!"

鲁大夫臧文仲(?—前617)评论说:"看来宋国就要振兴了!禹、汤勇于自我责备,因此他们能够迅速兴起;桀、纣却归罪于别人,所以他们很快就灭亡了。而且,国家发生灾荒,国君称自己为'孤',这也是合乎礼法的。说话诚惶诚恐,自我称谓又合乎礼法,他们大概就要兴盛起来了!"

不久,又传来消息说这是宋庄公的儿子公子御说讲的话,是他让闵公那样讲的。臧孙达评论说:"公子御说这个人适合当国君,因为他有体恤百姓之心。"第二年,宋南宫长万作乱,平定之后,公子御说被立为国君,这就是宋桓公(?—前651)。

宜其家人　以教国人

《诗》①云:"桃之夭夭②,其叶蓁蓁③。之子④于归⑤,宜其家人⑥。"宜其家人,而后可以教国人。《诗》⑦云:"宜兄宜弟。"宜兄宜弟，而后可以教国人。《诗》⑧云："其仪不忒⑨，正是四国⑩。"其为父子兄弟足法⑪，而后民法之也。此谓治国在齐其家。

◎ **注释**　①《诗》：指《诗经·周南·桃夭》篇。这是一首祝贺女子出嫁的诗歌。②夭夭：形容桃花的艳丽，指少女风华正茂，娇艳宜人。③蓁蓁：形容桃叶茂盛，比喻女子将来家室之盛。④之子：这女子。之，指示代词，是，此，这。子，古时也用来称女子。⑤归：女子出嫁。⑥宜其家人：使夫家和睦相处。宜，适宜，善。⑦《诗》：指《诗经·小雅·蓼萧》篇。⑧《诗》：指《诗经·曹风·鸤鸠》篇。这是一篇名为夸赞实为讽刺曹国国君的诗。⑨其仪不忒：他的行为准则没有差错。忒，差错。⑩正是四国：匡正天下。四国，四方的邦国，指天下。⑪法：效法。

◎ **大意**　《诗经·周南·桃夭》篇说："桃花开得娇艳，绿叶多么茂盛。出嫁的女子，要使他的夫家和睦相处。"能使家人和睦相处，然后才能够教化国人。《诗经·小雅·蓼萧》篇说："家中兄弟要和睦相处。"兄弟之间和睦相处，然后才能教化国人。《诗经·曹风·鸤鸠》篇说："他的行为准则没有差错，才能够匡正四方的邦国。"他作为父亲、儿子、兄长、弟弟时的行为足以使人效法，这样民众才会效法他。这就是说，治理国家一定要先理顺自己的家庭。

◎ **释疑解惑**

　　本节三引《诗经》，从"宜其家人"到"宜兄宜弟"，再到"正是四国"，皆通过咏叹上文之事，说明齐家与治国的关系，最后得出"治国在齐其家"的结论。

　　以上三节是"传"的第九章，着重阐明"治国在齐其家"的道理。首先说明不出家而成教于国的道理，把孝、悌、慈的家庭道德，推而广之用于事君、事长、使众的治国之道。接着，举尧舜、桀纣之例，从正反两方面说明国君的榜样作用影响到国家、国民，先修身而后化民，先受教而后教民，才能达到家齐而国治的目标。最后，通过引《诗经》，进一步阐明：治家之法可推至治国之法，治国在齐其家。可谓层次分明，意味深长，很值得玩味。

◎ **知识拓展**

马太后拒封外戚

　　语出《后汉书·皇后纪第十》："及帝崩，肃宗即位，尊后曰皇太后……自撰《显宗起居注》，削去兄防参医药事。帝请曰：'黄门舅旦夕供养且一年，既无褒异，又不录勤劳，无乃过乎！'太后曰：'吾不欲令后世闻先帝数亲后官之家，故不著也。'"

　　马太后（39—79）是东汉名将马援的女儿，汉明帝刘庄（28—75）的皇后。汉章帝刘炟（57—88）即位以后，她被尊为皇太后，临朝辅政。她虽贵为皇后、太后，却十分谦逊，在位二十三年，始终以国家为念，多次拒绝封赏马氏兄弟，为时人传颂。肃宗虽说不是太后所生，却备受太后恩宠，因此即位后很想报答太后的恩情。建初元年（76年），肃宗欲封三位舅父为侯，马太后不但坚决不允，而且还削了其兄马防的侍郎官职位。肃宗十分不解地问母后道："舅父在孩儿身边尚且不到一年，并无过失，为何削职？"太后答道："之所以这样做，是不想让人说我亲近外戚，遭臣僚们的非议呀！"第二年夏，天大旱。有人想借这个机会讨好皇帝和太后的家人，就上书说天旱是因为不封外戚，违背旧章的缘故，于是有关官署上奏请依照旧典，分封诸侯。马太后听到这个情况后，特地下了一道诏书："凡是上书言事要分封外戚的，都是想向我献媚而自己得好处。我身为天下之母，而身服粗帛，食不求甘，左右也只穿着帛布，没有熏香打扮的，是想以此作为表率。我怎能上负先帝之旨，下亏先人之德，重蹈当年西汉外戚败亡之祸呢？"肃宗见到太后的诏书，既难过又感动，他再次请求为诸舅封爵，他举出封舅氏为侯与封皇子为王一样是汉朝的规制，何况三位舅父，一位年长，两位有病，万一有个三长两短，自己会抱恨终身的。马太后得到肃宗的再次请求，虽然仍不同意，但也感到完全拒绝不太合适，就想了个两全之策，她说："当年高祖有约在先，没有军功的外戚不能封侯。如今马氏无功于国，因此不能封侯。将来阴阳调和，边境清静，国家安宁，然后再照你的主张办吧。到那时我也就管管孙儿，不再过问政事了。"两年以后，正赶上天下丰足，四方安静，肃宗于是封三位舅父马廖、马防、马光为列侯。三人知道太后的心意，都表示了谦让。马太后听到后叹道："人各有志，教法不一。我年轻时，只知道羡慕读书，不顾性命，如今虽然老了，还知道要谨戒贪婪。因此我日夜警惕，居不求安，食不贪饱，想以此而不负先帝。我也这样来要求兄弟，共同实现这个志向，瞑目之日，也就无所悔恨了。"

　　正因为马太后不为家人谋爵争宠，她的三个哥哥才都知道谨慎行事，虽然接受封爵，却都回到家里。马太后在位期间，始终没有发生外戚擅权之事，这与她以修齐治平之道明智处事有很大关系。

传第十章　治国平天下

君子有絜矩之道

　　所谓平天下在治其国者：上①老老②而民兴③孝，上长长④而民兴弟，上恤孤⑤而民不倍⑥，是以⑦君子有絜矩之道⑧也。所⑨恶⑩于上，毋⑪以使下；所恶于下，毋以事上；所恶于前，毋以先后；所恶于后，毋以从前；所恶于右，毋以交于左；所恶于左，毋以交于右：此之谓絜矩之道。

◎**注释**　①上：在上位者，此指君主。②老老：孝敬老人。前一"老"字为动词，孝敬。《孟子·梁惠王上》所谓"老吾老"之言与此类似。③兴：有所感发而兴起。④长长：敬重长辈。前一"长"字为动词，敬重。⑤恤孤：体恤孤弱之人。孤，幼而无父。⑥倍：通"背"，违背，背弃。⑦是以：因此。⑧絜矩之道：执绳矩以度天下一切圆体方形，即推己之心以度人之道，引申为言行要有规矩准绳，要有示范作用。絜，用绳子计量圆筒形物体的粗细，引申为衡量，度量。矩，画直角或方形用的尺子，引申为法度、规则、规矩。⑨所：连词，若，凡是。⑩恶：动词，厌恶。⑪毋：不要。

◎**大意**　之所以说使天下太平要先治理好自己的国家，是因为：君主若能孝敬老人，那么民众就会崇尚孝道；君主若能敬重长辈，那么民众就会崇尚悌道；君主若能体恤孤弱，那么民众绝不会做相悖之事。因此，君子应有推己之心以度人的美德，以身作则。厌恶上位者的某些不良作风，就不要用上位者的行为对待下级；厌恶下位者的某些不良作风，就不要用下位者的行为侍奉上位者。厌恶前面人的某些不良作风，就不要用前面人的行为对待后面的人；厌恶后面人的某些不良作风，就不要用后面人的行为对待前面的人。厌恶右边人的某些不良作风，就不要用右边人的行为对待左边的人；厌恶左边人的某些不良作风，就不要用左边人的行为对待右边的人。这就是推己之心以度人的美德。

◎释疑解惑

本节首先论及国君若能做到"老老""长长""恤孤"，就能使百姓兴起孝悌慈爱的良好风气。正如孔子所言："子欲善，而民善矣。君子之德风，小人之德草，草上之风必偃。"（《论语·颜渊》）这是说，只要国君想行善，百姓也会跟着行善。在上位之人的品德好比风，在下位之人的品德好比草，风吹到草上，草就必定顺风而倒。进而论证要治理好国家，必须有推己度人的"絜矩之道"。亦如《论语·子路》所言："上好礼，则民莫敢不敬；上好义，则民莫敢不服；上好信，则民莫敢不用情。"

如果说《论语》所谓"己所不欲，勿施于人"以及"我不欲人之加诸我也，我亦欲无加诸人"，是消极意义上的推己度人之道，那么，《中庸》所谓"所求乎子以事父，所求乎臣以事君，所求乎弟以事兄，所求乎朋友先施之"，则是积极意义上的推己度人之道，即意味着己之所欲，先施于人。上一章所谓"有诸己而后求诸人，无诸己而后非诸人"，也是积极意义上的推己度人之道。这种"絜矩之道"，对君子而言，需要自身言行有规矩准绳，具有示范作用；具备推己之心以度人的美德，使彼我之间各得其所，上下（主要就地位而言）、前后（主要就事物而言）、左右（主要就人际关系而言）均衡方正，最终实现天下太平。

◎知识拓展

晏子谏齐景公行善

语出《晏子春秋·内篇谏上》："景公之时，雨雪三日而不霁（jì）。公被狐白之裘，坐于堂侧阶。晏子入见，立有间。公曰：'怪哉！雨雪三日而天不寒。'晏子对曰：'天不寒乎？'公笑。晏子曰：'婴闻古之贤君，饱而知人之饥，温而知人之寒，逸而知人之劳。今君不知也。'公曰：'善！寡人闻命矣。'乃令出裘发粟与饥寒者。令所睹于途者，无问其乡；所睹于里者，无问其家；循国计数，无言其名。士既事者兼月，疾者兼岁。孔子闻之曰：'晏子能明其所欲，景公能行其所善也。'"

春秋时，有年冬天，齐国下大雪，连着三天三夜还没停。齐景公（约前550—前490）披件狐腋皮袍，坐在厅堂欣赏雪景，觉得景致新奇，心中盼望再多下几天，则更漂亮。晏子（前578—前500）进去朝见，站立了一会儿，景公说："奇怪啊！雪下了几天，但是天气不冷。"晏子回答说："天气不冷吗？"景公笑了。晏子说："我听说古代具有贤德的国君，自己饭饱却知道别人的饥饿，自己温暖却知道别人的寒冷，自己安逸却知道别人的劳苦。现在您不知道这些啊。"景公说："好！我受教了。"于是命人发放皮衣、粮食，给那些挨饿受冻的人。景公还命令：在路上见到的，不必问他们是哪乡的；在里巷见到的，不必问他们是哪家的；巡视全国统计数字，不必记他们的姓名，凡是已任职的士人发给两个月的粮食，病困的人发给两年的粮食。孔子听到此事后感慨道："晏子能阐明他的愿望，景公能实行他认识到的德政。"

民之父母

《诗》①云："乐②只③君子，民之父母。"民之所好好④之，民之所恶恶⑤之，此之谓民之父母⑥。

◎**注释**　①《诗》：指《诗经·小雅·南山有台》篇。②乐：快乐，欢乐，喜悦。③只：语助词。④好好：均作"喜爱"讲。⑤恶恶：均作"厌恶"讲。⑥民之父母：君主以民心为己心，与百姓同好恶，如父母爱其子。所以，百姓爱戴君主，如爱自家父母一般。

◎**大意**　《诗经·小雅·南山有台》篇说："快乐的君主啊，是百姓的父母。"民众所喜爱的他也喜爱，民众所厌恶的他也厌恶，这才叫作百姓爱戴君主如同爱自家父母一般。

◎**释疑解惑**

　　本节引《诗经·小雅·南山有台》中的诗句，阐述君与民的关系。"善为国者，顺民之意。"（《战国策·齐策五》）作为"民之父母"的君主，若要平天下，必须与民同好恶，从民所欲，体念民心，做到"民之所好好之，民之所恶恶之"；或如《淮南子·氾论训》所言："圣人因民之所喜而劝善，因民之所恶而禁奸。"否则，就会成为失去民心的"独夫"，最终失去国家和天下。

◎**知识拓展**

载舟覆舟

　　语出《荀子·王制》："君者舟也，庶人者水也，水则载舟，水则覆舟。"意思是说：统治者是一条船，而广大的民众犹如河水，水既可以把船载负起来，也可以将船淹没掉。

唐贞观后期，魏徵（580—643）在著名的《谏太宗十思疏》中说："怨不在大，可畏惟人。载舟覆舟，所宜深慎。"意思是说：怨恨不在于大小，可怕的只在人心背离。水能载船也能翻船，所以应该高度谨慎。

唐太宗（598—649）对荀子和魏徵的这一观点十分欣赏，在与群臣讨论国家的治理问题时，多次引用和发挥了这一观点。他在《论政体》一文中说："君，舟也；人，水也；水能载舟，亦能覆舟。"

荀子、魏徵和唐太宗，都看到了人民的伟大力量，强调了依靠人民力量的重要性。他们的这一思想，为后来历代统治阶级所接受。后世由此简化出"载舟覆舟"这一成语，用以比喻人民的伟大力量，说明尊重民情民意的重要性。

有国者慎

《诗》①云："节②彼③南山，维④石岩岩⑤，赫赫⑥师尹⑦，民具⑧尔瞻⑨。"有国者不可以不慎，辟⑩则为天下僇⑪矣。

◎**注释**　①《诗》：指《诗经·小雅·节南山》篇。②节：截然高峻的样子。③彼：那。④维：发语词，无义。⑤岩岩：层层堆积的岩石，险峻的样子。⑥赫赫：威严的样子。⑦师尹：太师尹氏。太师是周代的三公之一。这位尹太师因勾结"小人"，祸乱国政，成为诗中谴责的对象。⑧具：同"俱"，都。⑨尔瞻：仰视着你。尔，你。瞻，仰视，高看。⑩辟：同"僻"，偏颇。⑪僇：同"戮"，杀戮。

◎**大意**　《诗经·小雅·节南山》篇说："那截然高峻的南山啊，层层堆积的岩石多么险峻，赫赫有名的尹太师啊，百姓都仰视着你。"掌握国家命运的人不可以不慎重，若只徇一己之偏，罔顾百姓好恶，则必然会众叛亲离，为天下人所诛杀。

◎**释疑解惑**

本节引《诗经·小雅·节南山》篇中的诗句，谴责地位显赫却勾结"小人"、祸乱国政的尹太师；以此告诫身居高位之人，既然掌握着国家的命运，被百姓所瞻仰和效法，就要心怀百姓，与百姓同好恶，处事慎之又慎，以免招致杀身之祸。

得众得国

《诗》①云："殷②之未丧师③，克配④上帝；仪监⑤于殷，峻⑥命不易⑦。"道⑧得众则得国，失众则失国。

◎**注释** ①《诗》：指《诗经·大雅·文王》篇。②殷：殷商。③丧师：丧失民众，引申为失去民心。师，民众。④克配：能够相配，能够秉承。克，能够。配，对应，秉承。⑤仪监：原作"宜鉴"，宜以殷商为鉴。仪，《诗经·大雅·文王》篇作"宜"。监，《诗经·大雅·文王》篇作"鉴"，观察，引申为借鉴。⑥峻：《诗经·大雅·文王》篇作"骏"，大，崇高。⑦不易：不容易（保有）。⑧道：言，说。

◎**大意** 《诗经·大雅·文王》篇说："殷商还没有丧失民众之心时，能够秉承上天所赋予的使命；应当以殷商的灭亡为借鉴，秉承上天所赋予的崇高使命并不容易。"这就是说，赢得民众之心者得天下，失去民众之心者失天下。

◎**释疑解惑**

本节引《诗经·大雅·文王》篇中的诗句，以说明得民众与得国家的关系。得道多助，失道寡助。举殷商兴衰之例，教育君主从中汲取教训，牢记得民众者才能得天下，否则，若失去民众的支持，则必失去天下。正如孟子所谓："得道者多助，失道者寡助。寡助之至，亲戚畔之；多助之至，天下顺之。"（《孟子·公孙丑下》）赢得道义者会得到更多帮助，得到的帮助多到极点，全天下都会顺从他；反之，失去道义者会失去别人的支持和帮助，帮助的人少到极点，就会众叛亲离，甚至死无葬身之地。

德本财末 财散民聚

是故君子先慎乎德。有德此有人，有人此有土，有土此有财，有财此有用。德者本也，财者末也，外本①内末②，争民施夺③。是故④财聚则民散，财散则民聚。是故言悖⑤而出者，亦悖而入；货悖⑥而入者，亦悖而出。

◎**注释** ①外本：疏远、轻视道德这一根本。外，轻视。②内末：亲近、重视财富这一枝节。内，重视。③争民施夺：与民众争利，施行聚敛劫夺之教，民众也会起而争夺。④是故：因此。⑤言悖：违背情理的语言。悖，逆，违背情理。⑥货悖：以不合情理的手段聚敛的财物。

◎**大意** 所以，君主首先要注重道德修养。君主有道德，就会让人们感化归顺；让人们感化归顺，就能拥有所管辖的土地；拥有所管辖的土地，就会产生财富；有了财富，就能满足国家所需。德行是治国的根本，财富是治国的细枝末节。君主轻视德行这个根本，而重视财富这个细枝末节，就会与民争利，施行聚敛劫夺之教，民众也会起而争夺。因此君主聚敛财富，民众就会离散，则民心失；君主把财富分散给民众，民众就会归服，则民心齐。所以说，用违背情理的语言说别人，别人也会用违背情理的语言来回应；以不合情理的手段聚敛的财物，也会以不合情理的方式丧失。

◎**释疑解惑**

本节集中说明道德与财富的关系。从德本、财末的角度，说明治国应以德为本，以财为末，为政以德，取之以道。财富的分配和使用，必须合乎道德原则，否则，必然引发怨恨，此即孔子所谓"放于利而行多怨"（《论语·里仁》）；甚至导致争夺，如《孟子》所谓"上下交征利"。孔子主张藏富于民："百姓足，君孰与不足？百姓不足，君孰与足？"（《论语·颜渊》）君主若一味聚敛财富，民众就会离散，民心必然丧失。倘若是以不合道义的手段聚敛的财物，最终也会因失去民心而以某种方式丧失。

◎**知识拓展**

冯谖免债聚民

语出《战国策·齐策》："驱而之薛，使吏召诸民当偿者，悉来合券。券遍合，起矫命以责赐诸民，因烧其券，民称万岁。"

孟尝君（？—前279），妫姓，田氏，名文，是战国时期著名的四公子之一，以"好客养士""好善乐施"而名闻天下。孟尝君当时正任齐国宰相，受封万户于薛邑。他的食客有三千人之多，食邑的赋税收入不够供养这么多食客，他就派人到薛邑贷款放债。由于年景不好，没有收成，借债的人多数不能付给利息，食客的需用将无法供给。对于这种情况，孟尝君焦虑不安，就问左右侍从："谁可以派往薛邑去收债？"有人推荐门客中的冯谖（xuān）担当此任。孟尝君于是把冯谖叫来，说出想请他帮忙收取欠债的意图，冯谖爽快地答应了。冯谖到了薛邑之后，把凡是借了孟尝君钱的人都集合起来，索要欠债，得到利息十万钱。这笔款项他没送回去，却买了酒和肥壮的牛，然后召集借钱的人，能付给利息的都来，不能付给利息的也来，要求一律带着借钱的契据以便核对。随即让大家一起参加宴会，当日杀牛炖肉，置办酒席。宴会上，正当大家饮酒尽兴时，冯谖拿着契据走到席前一一核对，能够付给利息的，给他定下期限；穷得不能付息的，取回他们的契据当众把它烧毁。冯谖接着对大家说："孟尝君之所以向大家贷款，就是给没有资金的人提供资金来从事行业生产；他之所以向大家索债，是因为没有钱财供养宾客。如今有钱还债的，我们约定日期还债；无力还债的，我们烧掉契据把债务全部废除。请各位开怀畅饮吧。有这样的封邑主人，日后怎么能背弃他呢！"在座的人都站了起来，连续两次行跪拜大礼，高呼"万岁"。

这样，冯谖就在薛地百姓中埋下了感恩于孟尝君的种子。后来，孟尝君罢相后前往自己的封地，距离薛邑尚有百里时，百姓们就已扶老携幼，在路旁迎接孟尝君。孟尝君感慨地对冯谖说："先生所为文市义者，乃今日见之！"冯谖为孟尝君邀买人心，博取了正义的名声。

善则得之

《康诰》曰："惟命不于常①！"道②善则得之，不善则失之矣。《楚书》曰："楚国无以为宝，惟善以为宝③。"舅犯④曰："亡人⑤无以为宝，仁亲以为宝。"

◎ **注释**　①惟命不于常：只有天命不是永恒不变的。语出《尚书·周书·康诰》："惟命不于常，汝念哉！"②道：言，即是说。③惟善以为宝：据《楚书》（楚国史官记事的史书，或以为即《楚语》）记载，春秋时期，楚国大夫王孙圉（yú）聘于晋，晋大夫赵简子（？—前476）问他："你们楚国有什么宝贝？"王孙圉回答："我们楚国也没有什么宝贝，凡金玉珠石之类，都不以为贵，只要是有德的善人，能利生民，能安社稷，便以之为宝。"当时，楚多有名臣，或善于辞令，取重于诸侯，或善读古书，精通典故，使君主能保先世之业，故楚国所宝不在金玉而在善人。④舅犯：即狐偃（约前715—前629），姬姓，狐氏，名偃，字子犯，春秋时期晋文公重耳的舅舅，故称舅犯。曾跟随重耳流亡在外多年，后来辅佐晋文公成就霸业。⑤亡人：流亡之人，指晋文公重耳（约前671—前628）。晋国内乱，重耳当时为公子，为避难而流亡于外，故称"亡人"。重耳曾流亡曹、卫、齐、楚，到秦国时，其父献公薨逝，秦穆公（前682—前621）劝其借机兴兵复国以为晋君，舅犯对重耳说："我出亡之人，不以富贵为宝，只以爱亲为宝，若是有亲之丧，而无哀伤思慕之心，却去兴兵争国，便是不爱亲了，虽得国，不足为宝也。"晋之所宝，不在得国而在仁亲，因而赢得赞誉。《礼记·檀弓下》对此略有记载，并提及舅犯之言："丧人无宝，仁亲以为宝。"

◎**大意**　《尚书·周书·康诰》中说："只有上天之命，不是永恒不变的。"就是说，行善积德就能得到天命，不行善积德就会失去天命。《楚书》提到："楚国没有什么可以当作宝贝的，只把行善积德的善人当作宝贝。"晋文公的舅舅子犯说："流亡之人没有什么可以当作宝贝的，只将仁爱亲人当作宝贝。"

◎**释疑解惑**

　　本节引用《尚书·周书·康诰》和《楚书》等典籍中的文句，反复强调要"以德为宝"。对君主而言，不仅要行善积德，而且要以善为宝，如此则足以兴国；作为凡夫俗子，即便是流亡之人，也应"仁亲以为宝"，能仁爱亲人，如此则足以兴家。尽管二者所涉及的范围大小不同，但在"以德为宝"这一点上，是完全一致的。

◎**知识拓展**

不贪为宝

　　语出《左传·襄公十五年》："我以不贪为宝；尔以玉为宝，若以与我，皆丧宝也，不若人有其宝。"寓意以不贪为可贵、崇高之事，也指廉洁奉公。

　　子罕是宋国的贤臣。有个宋国人得到一块玉石，将它献给子罕。子罕不肯接受。献玉石的人说："我曾经把这块玉石拿给雕琢玉器的人鉴定过，认为这是一块宝玉，所以我才敢把它进献给您。"子罕说："我把不贪图财物的这种操守当作宝物，你把玉石作为宝物。如果你将玉给予我，我们两人都丧失了心中的宝物，还不如我们都保有各自的宝物。"献玉的人跪拜于地，告诉子罕说："小人带着碧玉，不能安全地走过乡里，把玉石送给您，我就能在回家的路上免遭杀身之祸。"于是，子罕把这块玉石放在自己的手里，把献玉人安置在自己的住处，请一位玉工替他雕琢成宝玉，卖出去后，把钱交给献玉的人，才让他返回家乡。

同样是一个"宝"字，却有着截然不同的两种理解：献玉的人认为人世间最珍贵的是玉，而子罕认为人世间最珍贵的是廉洁。这就是所谓的"人各有其宝"，或叫"人各有其志"。人们常说黄金有价玉无价，可在子罕看来，为官不贪，永葆清白，这一精神上的"宝"，比起物质的"宝"更为珍贵，更应珍惜，所以他能够抵制住美玉的诱惑，而保存着自己的"不贪"之宝。正因为如此，子罕的"宝贝"观，成为千百年来的美谈。

忠信得之

《秦誓》①曰："若②有一个③臣，断断兮④无他技，其心休休焉⑤，其如有容焉⑥。人之有技，若己有之，人之彦圣⑦，其心好之，不啻⑧若自其口出，寔⑨能容之，以能⑩保我子孙黎民，尚⑪亦有利哉！人之有技，媢疾⑫以恶之，人之彦圣，而违⑬之俾不通⑭，寔不能容，以不能保我子孙黎民，亦曰殆哉！"唯仁人放流之，迸⑮诸四夷⑯，不与同中国⑰。此谓唯仁人为能爱人，能恶人⑱。见贤而不能举，举而不能先，命⑲也；见不善而不能退，退而不能远，过也。好人之所恶，恶人之所好，是谓拂⑳人之性，菑㉑必逮㉒夫㉓身。是故君子有大道㉔：必忠信㉕以得之，骄泰㉖以失之。

◎ **注释** ①《秦誓》：即《尚书·秦誓》。秦穆公伐郑，因不听劝谏而败于晋国，归国后作《秦誓》，旨在说明君臣间应进贤黜恶。②若：今本《尚书·秦誓》作"如"。③个：今本《尚书·秦誓》作"介"。④断断兮：真诚专一的样子。今本《尚书·秦誓》作"断断猗（yī）"。猗，作语助词，犹"兮"。⑤休休焉：平易而宽容的样子。⑥有容焉：欣然接纳的样子。今本《尚书·秦誓》此处无"焉"字。

⑦彦圣：才德出众，通透明达。彦，士的美称，此指才德出众。圣，德高智睿，通透明达。⑧不啻：不仅，不只。⑨寔：通"是"，此，这。今本《尚书·秦誓》作"是"。⑩能：今本《尚书·秦誓》此处无"能"字。⑪尚：今本《尚书·秦誓》作"职"。⑫媚疾：妒忌。媚，嫉妒，今本《尚书·秦誓》作"冒"。⑬违：阻抑，阻挠。⑭俾不通：使之不能通达于君主。俾，使。今本《尚书·秦誓》作"俾不达"。⑮迸：通"屏"，驱逐。⑯四夷：泛指边远的少数民族地区。夷，指古代东方的部落，也泛指中原以外的少数民族。⑰中国：这里主要指中原，即以华夏文明为渊源的黄河中下游地区，与"四夷"相对。⑱唯仁人为能爱人，能恶人：语出《论语·里仁》，原文为："唯仁者能好人，能恶人。"⑲命："慢"字之误，此从郑玄说。慢，怠慢。⑳拂：拂逆，违背。㉑菑："灾"的异体字，灾祸。㉒逮：及，到。㉓夫：助词。㉔道：居其位而修己治人之术。㉕忠信：忠诚守信。朱熹注："发己自尽为忠，循物无违谓信。"㉖骄泰：骄纵肆虐。朱熹注："骄者矜高，泰者侈肆。"

◎**大意**　《尚书·秦誓》中说："如果有这样一个臣子，只是真诚专一而没有其他本领，但他胸怀宽广，有容人之量。别人有技能，就像他自己有技能一样，别人德高智睿，他心悦诚服，不只是口头上说说，而是实心实意地容纳。如果重用这样心胸宽广的人，一定能够保护我们的子孙后代和黎民百姓，还可以为子孙后代和平民百姓谋利益啊！假如别人有技能，他就嫉妒憎恶人家，别人德高智睿，他就压制阻挠，使其美德不被国君所了解，如果重用这种心胸狭窄之人，不仅不能保护我们的子孙后代和黎民百姓，而且可以说整个国家就危险了！"只有仁德之人，才能把嫉贤妒能的人流放，将他们驱逐到边远之地，不许他们与贤德之人同在中原居住。这就是所谓：只有仁德的人才知道应当爱什么样的人，憎恶什么样的人。发现贤能的人却不举荐他，举荐他却不能尽早起用他，这是怠慢的表现；发现不善之人不能摒斥他，摒斥他却不能把他驱逐到远方，这是过失的表现。喜爱别人所憎恶的，憎恶别人所喜爱的，这就违背了人的本性，灾祸一定会降临到自己身上。因此，君主应掌握修身治国的重要法则：忠诚守信，便可以赢得天下；骄纵肆虐，便会失去天下。

◎**释疑解惑**

本节先后引《尚书·秦誓》之言和《论语·里仁》孔子之言，集中谈论人之好恶。仁者以天下为公，明于是非，能与人同其所好，同其所恶，而且其所爱所恶能恰到好处。本节强调，应有宽容之心，近贤才，远"小人"，修养忠信之德，获得贤人的认同，否则，必然带来偏失。此如《论语·卫灵公》曾言："言忠信，行笃敬，虽蛮貊之邦，行矣。言不忠信，行不笃敬，虽州里，行乎哉？"

◎ **知识拓展**

叔向刑不隐于亲

语出《左传·昭公十四年》："仲尼曰：'叔向，古之遗直也，治国制刑，不隐于亲。'"

晋国的邢侯和雍子争夺鄐（chù）地的田产，争了很久也没有结果。当时晋国审案子的士景伯在楚国，由叔向的弟弟叔鱼代理其职务。晋相韩起要叔鱼审理这一案件。按规定，应是判雍子有罪，但雍子将女儿嫁给了叔鱼，叔鱼于是判邢侯有罪，雍子胜诉。认为自己有理的邢侯输了官司后，勃然大怒，当场把叔鱼和雍子杀死了。韩起问叔向这一案件该怎样处理，叔向说："他们三人同罪，处决活着的人，再将死者戮尸就行了。雍子明知理亏，却用女儿去贿赂法官；叔鱼贪赃枉法；邢侯私自杀人。他们的罪行是一样的。自己有错却想夺得美名是为昏，贪以败官是为墨，杀人不忌是为贼。《夏书》说：'凡犯有昏、墨、贼之罪的，杀。'这是辅佐虞舜的皋陶制定的刑罚。现在就请按照皋陶制定的刑罚来处理吧。"韩起遂杀了邢侯，然后把雍子、叔鱼的尸体在街头示众。弟弟犯了罪，做哥哥的却不偏袒庇护，因此，叔向的做人风范为人们所称道，孔子则称赞叔向"治国制刑，不隐于亲"。

以义为利

生财有大道，生之者众①，食之者寡②，为之者疾③，用之者舒④，则财恒⑤足矣。仁者以财发身⑥，不仁者以身发财。未有上好仁而下不好义者也，未有好义其事不终⑦者也，未有府库⑧财非其财者也。孟献子⑨曰："畜马乘⑩不察⑪于鸡豚⑫，伐冰之家⑬不畜牛羊，百乘之家⑭不畜聚敛之臣，与其有聚敛之臣，宁有盗臣。"此谓国不以利为利，以义为利也。长⑮国家而务⑯财用者，必自⑰小人矣。彼为善之，小人之使为国家，菑害并至。虽有善者，亦无如之何矣！此谓国不以利为利，

以义为利也。

◎**注释** ①生之者众：创造财富的人多。众，多。②食之者寡：消费物资的人少。寡，少。③疾：快，迅速，引申为积极努力。④舒：舒缓有节。⑤恒：永久。⑥发身：修身，使自身发达。发，发起，发达。⑦终：结果，引申为成功。⑧府库：国家贮藏财物的地方，国库。⑨孟献子（？—前554）：春秋中期鲁国贤大夫，姬姓，名蔑，谥号献，孟孙氏第五代宗主，孟文伯之子。⑩畜马乘：畜，豢养，引申为拥有。马乘，四匹马所拉之车。畜马乘代指初做大夫的士人。⑪察：察看，此处为关注或求取。⑫豚：猪。⑬伐冰之家：能凿冰进行丧祭的家族，指卿大夫以上的贵族。伐，击，此为凿。⑭百乘之家：指诸侯之下的士大夫，有封邑，可出兵车百辆。⑮长：治理，掌管。⑯务：专门从事。⑰自：由。

◎**大意** 君主治国在创造财富方面有重要的法则：如果创造财富的人多，消耗物资的人少，生产者创造财富积极努力，消费者使用财富舒缓有节，那么，国家的财富就会永远充足了。仁德的人通过散财于民众来提高自身德行，从而赢得民心；不仁之辈凭借权力聚敛财富，因而失去民心。没有听说过君主崇尚仁德，而臣民不讲求道义的；没有听说过臣民讲求道义，而他们的事业不能成功的；没有听说过臣民讲求道义，而国库里的钱财不属于国君的。孟献子说："拥有四匹马拉车的士大夫，就不该去计较养鸡、喂猪之类的小利；能够凿冰丧祭的卿大夫，就不该饲养牛羊牟利；有百辆兵车的卿大夫，就不该豢养那些聚敛钱财的臣子。与其有这种聚敛财富的臣子，还不如有盗窃自家府库的臣子。"这就是说，治理国家不能以财利为利益，而应当以道义为利益。治理国家却专门致力于聚敛财富，那肯定是受了"小人"的误导。国君拿这些"小人"当好人，并重用"小人"来治理国家，天灾人祸就会一并而来，到那时，即使有贤能之士也无可奈何了。这就是说，治理国家不能以财利为利益，而应当以道义为利益。

◎**释疑解惑**

本节提出了"国不以利为利，以义为利"的重要见解。首先提出"生财有大道"。北宋理学家吕大临（1040—1092）曾对此做过精辟解释："国无游民，则生之者众矣；朝无幸位，则食之者寡矣；不违农时，则为之者疾矣；量入为出，则用之者舒矣。此生财之道也。"（《礼记集说》卷一百五十三）在"养财"与"用财"、"聚财"与"散财"的问题上，北宋理学家张载（1020—1077）认为："知用财而不知养财，天下所以穷；知养财而不知用财，天下所以不治。仁者能散以显己之仁，不仁者能聚以显己之富。"由此可见，仁者与不仁者的重要区别，在于如何取财和用财。仁者以德为本，"以财发身"，取财有道，用财合理，财散而民聚，能赢得人心，自身获得尊荣；不仁者以财为本，"以身发财"，唯利是图，取财无道，用财失当，因而会失去民心，甚至带来灾祸。"民者，邦之本；财者，民之心。其心伤，则其本伤，其本伤，则枝干凋瘁，而根柢蹶拔矣。"（朱熹《大学或问》引陆贽之言）治国者，当为仁者，顺应民心，以义为利，固其根基。与此同时，谨防"小人"蛊惑，以免误国。"义中之利，君子所贵也。"（《颜元集·四书正误》）然而，"小人聚敛，以佐人主之欲，人主不悟，以为有利于国，而不知其终为害也。赏其纳忠，而不知其大不忠也，嘉其任怨，而不知其怨归于上也"（《大学或问》朱熹引吕正献公之言）。为政者务必引以为鉴。

以上八节是"传"的第十章，多侧面多角度阐明"平天下在治其国"的道理。首先强调，要治理好国家，必须有推己及人的絜矩之道。接下来引经据典说明平天下要与民同好恶，从民所欲，体念民心，还举殷商灭亡之例，说明得民心者才能得天下，并主张具备宽容之心，近贤才，远"小人"。又从德本、财末的角度，说明治国应以德为本，以财为末，为政以德。最后阐明生财之道，主张为政者要与民同好恶而不专其利，以义为利而不以利为利。果能如此，则能理顺道义与财利之间的关系，实现国治而天下平。

以上十章传文中，前四章统论"三纲领"之旨趣，后六章则细论"八条目"之功夫。其中，第五章论及明善之要，第六章强调诚身之本，对初学者而言，尤为当务之急，不可忽视；末章围绕好恶、义利而展开，尤其申明以义为利之益和以利为利之弊，反复强调，一再叮咛，可谓语重心长。当知："义与利，人之所两有也。虽尧舜不能去民之欲利，然而能使其欲利不克其好义也。"（《荀子·大略》）

◎ **知识拓展**

一钱太守

"一钱太守"指的是东汉的清官刘宠（生卒年不详）。《后汉书·刘宠传》记载了他廉政恤民的事迹："宠简除烦苛，禁察非法，郡中大化。征为将作大匠。山阴县有五六老叟，厖（máng）眉皓发，自若邪山谷间出，人赍（jī）百钱以送宠。宠劳之曰：'父老何自苦？'对曰：'山谷鄙生，未尝识郡朝。它守时吏发求民间，至夜不绝，或狗吠竟夕，民不得安。自明府下车以来，狗不夜吠，民不见吏。年老遭值圣明，今闻当见弃去，故自扶奉送。'宠曰：'吾政何能及公言邪？勤苦父老！'为人选一大钱受之。"

东汉刘宠，字祖荣，东莱牟平人，官至司徒、太尉。刘宠在任会稽郡（今浙江绍兴）太守时，政绩卓著，操守廉政，朝廷调他为将作大匠（主管工程建设的官员）。在他离任前，会稽郡山阴县若耶山谷五六位鬓发斑白的老人各带了一百文钱，想送给他，可刘宠不肯接受。老人们流着泪对刘宠说："我们是山谷小民。前任郡守屡屡扰民，夜晚也不放过，有时狗竟然整夜狂吠不止，百姓不得安宁。可自从您上任以来，夜晚狗都不叫了，官吏也不抓老百姓了。现在我们听说您要离任了，所以奉送这点儿小钱，聊表心意。"刘宠说："我的政绩远远不及几位老者说的那样好，倒是辛苦父老了！"盛情难却，刘宠只好从每人那里各收下一文钱，老人们才称谢作别。

相传，刘宠出了山阴县界，就把钱投到了江里。后人将该江改名为"钱清江"，还建了"一钱亭""一钱太守庙"。"一钱太守"的美名自此传开。

中庸

导　读

一、子思与《中庸》一书

对于《中庸》一书，古书记载为孔子之孙子思所作。孔子只有一子孔鲤，先于孔子去世，子思是孔鲤的儿子。子思，名孔伋，字子思，孔子嫡孙，生于周敬王三十七年（公元前483年），卒于周威烈王二十四年（公元前402年），终年八十二岁。子思是春秋战国时期著名的思想家，受教于孔子的高足曾参，孔子的思想学说由曾参传子思，子思的门人再传孟子。因而子思上承曾参，下启孟子，在孔孟"道统"的传承中有重要地位。

子思生活的时代战国（前475—前221），是我国继春秋时期以来又一个诸侯割据的时代。这一时期，诸多中小诸侯国家已被吞并，余下的秦、楚、燕、韩、赵、魏、齐七国，成为战国时期的主要诸侯国，史称"战国七雄"。此时，诸侯的兼并战争规模更大，死伤更多，对生产的破坏性更强。面对战乱不止、生灵涂炭的残酷社会现实，诸子百家蜂起，纷纷探讨救民于水火的方法。子思作为战国时期儒家的重要代表，继承了孔子的思想，尤其是孔子的中庸思想，并在此基础上，概括、阐发了中庸的思想体系和思想精髓。"中庸"是指以不偏不倚、无过无不及的态度为人处世，子思认为这正是解决当时尖锐社会矛盾的最好方法。由于子思在儒家思想史上的重要贡献，北宋徽宗年间，子思被追封为"沂水侯"；元朝文宗至顺元年（1330年），又被追封为"述圣公"，后人由此而尊他为"述圣"，与"复圣"颜回，"宗圣"曾参，"亚圣"孟轲一起，称为孔门"四配"。

《史记·孔子世家》称："子思作《中庸》。"对于这一点古代学者一般都是认同的。但也有少数学者提出质疑，如清代崔述认为，《中庸》有很多高深晦涩之笔，与《论语》《孟子》平实的文风不合，所以说"《中庸》必非子思所作"。近代以来，疑古之风盛行，有些学者根据《中庸》第二十八章"今天下车同轨，书同文，行同伦"之句断定，此文应当出自秦代之后。更有甚者，以此怀疑

《礼记》的所有文字都是汉代以后儒生的作品。1993年郭店竹简出土之后，由于深埋于战国古墓中的竹简中有《礼记》的部分文字，足以证明其为先秦儒家的著作。对于《中庸》的写作年代，也有一些学者进行了考证，认为"车同轨，书同文，行同伦"自古以来就是儒家的理想，也很难以此就断定它一定是秦汉之后的作品。考虑到儒家经典在秦朝曾经遭遇"焚书坑儒"之祸，在汉代重新整理时出现部分后儒的删补也不是没有可能，但不能因此推翻大量史书关于《中庸》出于子思之手的认识。

《中庸》原为《礼记》中的一篇，由于其内容和结构的独特性，在汉代就开始有单行本发行。唐代以后，受佛教的影响，儒家心性学受到重视，哲学的中心开始从"天人"问题转向"心性"问题，儒学经典中与此相关的内容更是引起人们注意。唐代大思想家韩愈、李翱，注重利用《中庸》阐述他们的"道统"思想，阐述儒家的心性论。《中庸》从宋代开始就受到官方的重视，"北宋五子"都有研究《中庸》的文章著述。宋仁宗时，为了激励考试及第的儒生，皇上或赐《大学》，或赐《中庸》，以为嘉奖。到了南宋，大儒朱熹把《大学》《中庸》《论语》《孟子》合编为"四书"，影响更为扩大。到了元代，国家规定科举考试必须从"四书"中设问，用朱氏章句集注，《中庸》成为科举考试的规定教科书之一，地位得到极大提高。朱熹认为《中庸》"忧深言切，虑远说详"，"历选前圣之书，所以提挈纲维、开示蕴奥，未有若是之明且尽者也。"(《中庸章句·序》)他还引用程颐的话，强调《中庸》是"孔门传授心法"的著作，"放之则弥六合，卷之则退藏于密"，其味无穷，都是最实用的学问。善于阅读的人只要仔细品味，便可以终身受用不尽。

宋代大儒朱熹谈"四书"的学习次第时说："某要人先读《大学》，以定其规模；次读《论语》，以立其根本；次读《孟子》，以观其发越；次读《中庸》，以求古人之微妙处。"(《朱子语类》卷十四)可见《中庸》在"四书"中最难读，故放在学习过程的最后。古人所以认为《中庸》在"四书"中最难，主要是由于《中庸》内部包含着丰富的哲学思想和宗教观念，同时又是儒家学者为人处世的世界观和方法论，只有对儒家思想有一个比较全面的把握之后，才能够真正理解《中庸》的"微妙处"。

关于《中庸》写作的目的，朱熹在《中庸章句·序》中说："《中庸》何为而作也？子思忧道学之失而传其作也。"本书就是为后人讲解儒学最根本的中庸之道。"中庸"作何解，程颐说："不偏之谓中，不易之谓庸。中者，天下之正道也；庸者，天下之定理也。"也就是说，中乃正中不偏，庸乃不可变易。所以中庸之道就是教人保持中正的恒常不变之道。

按照朱熹的解释，在儒学创立之前，中华文化圣人就已经产生了中庸的思想。尧在传位于舜的时候告诉他"允执厥中"（《尚书·尧典》），舜在传位于禹时又加上了三句成为"人心惟危，道心惟微，惟精惟一，允执厥中"（《尚书·大禹谟》），即形成了圣人修身治国的千古"心传"。其大意是：世上人心是很危险的，而道德之心又是很微妙的，只有用心专一、专注，才能把握其中的中道。

孔子（前 551—前 479）是中国历史上伟大的思想家、政治家、教育家。孔子生逢春秋末年的动乱之世，他认为世界之所以会失去秩序，就是因为人们在利益的诱惑下丧失了中庸之德。他说："中庸之为德也，其至矣乎！民鲜久矣。"他理想的社会境界是"礼之用，和为贵。先王之道，斯为美，小大由之"（《论语·学而》）。而把握"礼"则需要中庸的智慧。孔子认为他那个时代的人们，上上下下都不懂得"中庸之道"，为上者"凌下"，为下者"犯上"，因此就破坏了"礼"所规定的"小大由之"的和谐秩序。

孔子身体力行，在为人处事方面处处贯彻"中庸之道"的原则。在认识事物时，孔子把中庸当成了方法论，"吾有知乎哉？无知也。有鄙夫问于我，空空如也。我叩其两端而竭焉。"（《论语·子罕》）大意是说：我并没有多少知识，只不过我善于学习。即使有些粗鄙之人问我一些东西，开始我并不知道，但是我可以通过反问，从他们对立的两端意见中找出正确的答案。这种执两端而得其中的认识方法，是人类思维的辩证法，也是一种巧妙的推理方式。

在解决问题时，孔子认为"过犹不及"，"子贡问：'师（颛孙师，即子张）与商（卜商，即子夏）也孰贤？'子曰：'师也过，商也不及。'曰：'然则师愈与？'子曰：'过犹不及。'"（《论语·先进》）这段话的大意是：孔子的学生子贡问他，颛孙师与卜商哪一个（办事）更好些？孔子回答说：颛孙师办事往往过头，卜商办事往往达不到目标。子贡问：那么是不是说颛孙师比卜商更好一些呢？孔子说：办事过头和达不到目标一样，都不是正确的方法，最好是恰到好处。

在生活态度上，孔子的言行处处体现"中庸之道"。例如待人接物，"子温而厉，威而不猛，恭而安。"（《论语·述而》）大意是说，对待他人态度温和而又严厉，威严而不猛烈，恭敬而又安定。短短几个字，孔子那种温文尔雅但又正气凛然的君子形象跃然纸上。"子钓而不纲，弋不射宿。"（同上）孔子有时也去钓鱼打猎，但是他只钓鱼，不用网子捞鱼，用弓箭射鸟但是不射回巢的母鸟，因为它要回巢哺育小鸟。这样做只有一个目的，就是保护环境，使得生态维持平衡。"丧致乎哀而止。"（《论语·子张》）儒家重视对于逝去的亲人的丧礼，以此寄托生者的哀思。但是孔子不主张在丧礼上非要哭得死去活来，也不主张丧礼规模越大越好，只要能够表达生者对于先人的敬爱之情就可以了。"肉虽多，不使胜食气。唯酒无量，不及乱。"（《论语·乡党》）在宴席之上，肉可以多吃一些，但是不要超过主食。孔子的酒量相当可观，但是从不醉酒乱性。这些都是生活中的智慧，可以使人处处保持"谦谦君子"之风。

在审美上，孔子认为，"《关雎》乐而不淫，哀而不伤。"（《论语·八佾》）意思是说，《诗经·关雎》这首诗，快乐却不是没有节制，悲哀却不至于过度悲伤。在孔子看来，文艺所表现的情感不但要具备道德上的纯洁性和崇高性，而且要受到理性的节制，讲究适度、平和，不能过于放纵，任其泛滥。

最后孔子将中庸之道上升到人格的高度，他说："君子和而不同，小人同而不和。"（《论语·子路》）意思是说，君子相交讲究不同意见的人和谐相处，小人相聚才会片面强调没有原则的一致。所以他反对偏激的行为，将其上升到君子、小人的品质高度。

子思在《中庸》一书中，对孔子的中庸之道进行了全方位的阐述和弘扬。《中庸》与《论语》《孟子》等语录体的儒家经典不同，其内部具有更加严谨的结构和逻辑次序，是一本由一个人完成的独立著作。《中庸》的文字不长，仅有3 568字。在这样短小的篇幅内论述如此宏大、深刻的哲学思想，由此可见子思的写作功力。《中庸》原来在《礼记》中不分章节，孔颖达在注疏《礼记》时将其分成两卷33章，而朱熹在作《四书章句集注》时则将其分成33章。

关于《中庸》的结构，宋代程颐说："其书始言一理，中散为万物，末复合为一理。"因此，他把《中庸》分成了三部分，首章为第一部分，即"始言一理"；中间31章为一大部分，即"散为万物"；最后一章是全书的总结，即"复合为一理"。

首章是《中庸》一书的"破题"，阐明根本道理，我们将其称为"宗旨篇"。

由于中间的部分内容仍然很丰富，如果不进一步划分，则不便于掌握，明末清初大儒王夫之又将其分成了"《中庸》三支"。

第一支是第二章到第十二章，乃"子思所引夫子之言，以名首章之义止此"，是对《宗旨篇》的进一步阐述，讲明中庸的基本道理，我们称之为《明道篇》。《中庸》的这个部分，主要讲解儒家为人处世的"中庸之道"。

第二支从第十三章到二十章，"此引孔子之言，以继大舜、文、武、周公之绪，明其所传之一致，举而措之，亦犹是耳"，这几章主要讲中庸之道的应用，所以我们把它称为《行道篇》。《中庸》这个部分集中讲解了儒家"一以贯之"的"忠恕之道"。

第三支是指二十一至三十二诸章，"子思承夫子天道、人道各章之意而立言也"，这部分主要讲"诚明""明诚"修德的方法，我们称之为《成道篇》。《中庸》这个部分集中讲解了儒家道德修养的根本原则是"至诚之道"。

最后一章是全书的总结，子思引用大量《诗经》中的文句，对掌握了中庸之道的君子的德行进行艺术性的描述，所以我们将其称为《境界篇》。

这样，我们把《中庸》分成五个部分，分别对其进行讲解。

二、学习《中庸》的方法

《中庸》是儒家的"四书"之一，而且是"四书"中最具有哲学、宗教色彩的著作，如何学懂《中庸》，把握《中庸》，需要一定的方法：

1. 学习经典应当坚持以原文为主

儒学是一门活的学问，是不断发展、创新的，古代三王圣典是儒家文化丰厚的源头，先秦之后儒家学者写成的经学著作汗牛充栋，形成了传统国学经、史、子、集体系中的四部之一，其中就包含了大量研究、阐发《中庸》微言大义的后学著作。近现代以来，中国学者和西方汉学家，又运用当代学术文化知识对《中庸》做了大量诠释，可以说参考文献数不胜数。特别是由于儒家经学发展过程中"我注六经"和"六经注我"的不同学术传统，这些注释的目的、内容、方法都不统一，在历史上就形成了"经无达诂"的局面。因此，我们学习经典还是要以原文为主，不要过分依赖教科书，包括本书。每一个注释者都有自己的观念，反映着自己时代的特色，都不可能完全与子思的思想等同。比如在古代的各种注释中，无疑朱熹的《中庸章句》注释最具有权威性。朱熹是宋代著名的理学家，同时也是著名的经学家，对于经典进行过深刻的训诂考据，绝大多数是比较准确的。但是朱熹的注释也有一个问题，就是把子思的思想完全装入了自己

"存天理，灭人欲"的理论体系。其实先秦儒学只是讲"寡欲"，没有讲"灭欲"，宋明理学的"禁欲主义"受到佛教很大影响。而且很多社会政治、经济、文化问题，也不都是可以靠"存天理，灭人欲"就能解决的。至于近现代以来注释儒家经典的学者，其成果各具特色，可以参考，但是也不必盲从。因为近现代以来中国社会发展很快，学者的思想也在急剧地变化，这一百多年来哲学家对于儒家文化的态度已经发生了几次颠覆性的转变，他们在不同时期对《中庸》一书的评注，往往都是根据当时的需要，依据当时的学术发展水平做出的，都具有明显的时代烙印，时过境迁，很多东西也会过时。

2. 联系儒家其他经典深入理解

毫无疑问，《中庸》是对儒家中庸思想最集中、最权威的论述。不过子思的中庸思想无疑是对孔子中庸思想的发挥，而孔子的中庸思想又是对夏、商、周三代圣王中道观念的继承发挥，因此，应当将中庸思想的形成与发展看成中国优秀传统文化不断生长发育的过程。在借鉴中华古籍的同时，有几个关键点需特别重视，即阅读《中庸》必须与《论语》《大学》《孟子》相联系。首先，必须联系《论语》阅读。《论语》无疑是儒家经典中的经典，是中国人的"圣经"。在《论语》中，已经包含了丰富的中庸思想，子思的《中庸》大多数是对《论语》的发挥。例如《论语》说："中庸之为德也，其至矣乎！民鲜久矣。"（《论语·雍也》）《中庸》则说："子曰：'中庸其至矣乎，民鲜能久矣！'"这显然是对孔子同一段话的不同表述而已。孔子说："吾有知乎哉？无知也。有鄙夫问于我，空空如也，我叩其两端而竭焉。"（《论语·子罕》）《中庸》则说："舜其大知也与。舜好问而好察迩言，隐恶而扬善，执其两端，用其中于民，其斯以为舜乎。"其内容非常近似，不过一个谈的是认识论问题，一个谈的是方法论问题，涉及到中庸思想应用的不同方面，可以看成子思对孔子思想的发展。其次，需要联系《大学》阅读。《大学》的作者是曾参，曾参是孔子晚年最得意的弟子，又是子思的老师。《大学》的核心思想是"三纲领八条目"，"三纲领"是"大学之道，在明明德，在亲民，在止于至善"，也就是说儒家的根本任务是明德、亲民、止于至善。而要完成这一任务，则需要经过格物、致知、诚意、正心、修身、齐家、治国、平天下这"八条目"。"八条目"实际开启了儒家由内而外的"内圣外王"思路，子思在《中庸》中提出："天命之谓性，率性之谓道，修道之谓教"，"凡为天下国家有九经，曰：修身也，尊贤也，亲亲也，敬大臣也，体群臣也，子庶民也，来百工也，柔远人也，怀诸侯也。"也都是延续了这种由内而外的思路。不过子思也有自己的发展，在"内圣外王"的思路中，突出了心性的问题。最后，必须联系《孟子》阅读。孟子是子思的再传弟子，对子思的思想进行了全面继承与发挥，形成了著名的思孟学派。如果不看《孟子》，对于子思的思想可能就难以理解。《中庸》开篇讲就"天命之谓性"，那么天命和人性是什么关系呢？通过孟子关于"仁义礼智，非由外铄我也，我固有之也"（《孟子·告子上》）"尽其心者，知其性也。知其性，则知天矣。"（《孟子·尽心上》）等等论述，我们就可以比较清晰地看到子思关于"心性"的内容，理解他由内而外的思路。

3. 将《中庸》各章联系阅读

《中庸》与《论语》《孟子》不同，它不是后学记录老师讲课内容的笔记，而是作者独立完成的一篇文章。因此与语录体相比，其章节之间就有了比较明显的相互关系，有了起承转合的上下呼应。我们把《中庸》分成了五个部分，其内容层层递进，形成了一个完整的学术体系。《宗旨篇》是全书的总纲，对儒家"率性至诚"的心性学说做了经典的阐述。通过对性与情的分析，说明了中庸之道"中和位育"的终极旨归。《明道篇》是对《宗旨篇》的进一步展开发挥，比较具体地分析了中庸之道的性质、内容，分析了中庸之道难以推行的原因，提出了实行中庸之道的方法。《行道篇》则进一步阐述了推行中庸之道的方法，这一篇主要讲了儒家的"忠恕之道"。孔子将"忠恕"当成儒家一以贯之的精髓，在推行中庸之道的时候也是如此。具体方法是齐家、致诚、尽孝、立仁、守礼、行文武之政，文武之政就是中庸之道的最好体现。《成道篇》则集中讲修养中庸之道的方法。在《行道篇》的最后子思指出："凡为天下国家有九经，所以行之者一也。"这个"一"就是"诚"。没有内心的真诚就不能真正做到"尽己"，也就不能外推出"持中守正"的中庸之道。"致诚"之功有道，全在于"人一能之己百之"的加倍用功。通过一番"自诚明""自明诚"的实践功夫，最后就可以达到"至诚如神"的水平，能够"至诚无息""博厚配地，高明配天"。《境界篇》

描述了达到中庸之道境界的君子的境界和水平，其行为"衣锦尚絅"、内省慎独，其言"不大声以色"，但是其政"不言而信""不赏而劝""不显惟德""笃恭而天下平"。这样整体理解，我们就可以深刻地体会儒家率性至诚、修己治人、权变时中、中和位育的内圣外王之道了。

4. 学习经典必须加强切身体悟

中国传统文化的思维方式与西方的思维方式不同，西方古希腊哲学的思维方式是形式逻辑的，通过严谨的分析归纳、综合演绎形成自身的逻辑体系。但中国人的思维方式是体悟式的，圣人的每一句经典都需要读者参与其中，联系自身的实践思考体会。如程颢所说："吾学虽有所受，'天理'二字却是自家体贴出来。"如果没有自身的体悟，老师传授的天理仍然只是书本上的天理、老师的天理。离开了老师，自己仍然一无所得，没有变成自己的真正知识。中国儒学的思维方式在当时主要用于道德伦理知识，西方古希腊的思维方式主要用于自然科学知识，绝不能简单得出结论，说西方的思维方式科学，中国的不科学。对于人文学科的知识，由于研究对象的特殊复杂性，简单的形式逻辑是很难找到正确答案的。即使在西方也是这样，一旦涉及道德伦理方面，他们就转向了古希伯来文化传统，从对上帝的信仰中获得解决的方案。在信仰主义文化中，还谈何逻辑呢？而中国文化通过例举、比喻、体验等一系列环节，使学习者成为一个积极的参与者，将自己的思考与实践也变成了经典的实证过程。对于人文学科、道德理论、价值体系自有其独到的方法论意义。

5. 学习《中庸》必须用于社会实践

儒家的学问是关于人的身心性命的学问，是修己治人的学问，是治国平天下的学问。这种学问不似古希腊哲人在"闲暇"之中做出来"为学术而学术"的纯理论。我们今天需认真学习《中庸》，因为我们的社会生活中还存在大量错综复杂的矛盾，"过犹不及""素位守常""明哲保身"还需在关键时刻灵活运用。古往今来一些理想主义者，在碰壁后又迅速变成了虚无主义、极端主义、失败主义，或许是他们没有合理使用中庸之道的原因吧。

第一部分　宗旨篇

《中庸》第一章开宗明义，讲明全书的根本宗旨。本章的内容虽然不多，但是内容丰富，思想深刻，对于其他各章具有指导意义，从哲学上讲明了"中庸之道"的根本依据。我们将其分成三个层次，以下分别进行介绍。

第一章（一）

天命之谓性①，率性之谓道②，修道之谓教③。

◎**注释**　①〔天命之谓性〕朱熹注释说："命，犹令也。性，即理也。天以阴阳五行化生万物，气以成形，而理亦赋焉，犹命令也。"（《中庸章句》，以下引此书不再加注）天命就其本义来讲是上天的命令。在中国思想史上，人们对于"天命"的理解存在很大差异。夏、商、周三代实行神权统治，古代文献中的"天"就是"上帝"，"天命"就是神的命令。到了春秋战国时期，随着社会经济制度、政治制度的变迁，宗教信仰发生了动摇，社会上出现了否定天命神权的无神论思潮。儒家学说创始人孔子对于鬼神观念持一种存疑态度，但是肯定天命的存在。不过他所说的"天"更多的是一种自然之天、义理之天。孔子说："天何言哉？四时行焉，百物生焉，天何言哉？"（《论语·阳货》）天就是自然，"天命"则是自然运行的规则。孔子以后的儒家学者，大多是在这样的意义上使用"天命"的概念。这里所说的，就是自然赋予人的善良本性。儒学内部子思、孟子一派认为，人的本性是善良的。如孟子所说："仁义礼智，非由外铄我也，我固有之也。"（《孟子·告子上》）"仁义礼智"就是上天赋予人的"善根"。如朱熹所说："于是人物之生，因各得其所赋之理，以为健顺五常之德，所谓性也。"②〔率性之谓道〕率，遵循、依照、服从；道，道路。朱熹注释说："率，循也。道，犹路也。人物各循其性之自然，则其日用事物之间，莫不各有当行之路，是则所谓道也。"也就是说，人们遵循自己的本性行事，就是符合道德的行为。③〔修道之谓教〕修，修养、修习；教，教化、教育、教养。也就是说，按照自己本性进行修养、修习，就是圣贤的教化，社会的教育，人才的修养。儒家特别强调，道德修养不是外在于人，不是强迫改变人性的行为，而是人的本性的自然发扬。

◎**大意**　上天赋予人的自然禀赋就是"人性"，按照这种本性行事就是符合"道"的行为，按照道进行修养、修习就是圣贤的教化、教育。

◎**释疑解惑**

　　《中庸》一书之所以受到宋明之后儒家学者的高度推崇，一个重要原因就在于其开启了"心性学"的研究方向。孔子对于人性问题，只说了"性相近也，习相远也"（《论语·阳货》），但是没有对人性的内容进行详细的论述。子思最早在儒学内部提出了人性的问题，并将其与儒学的另一个重要范畴"天命"联系起来。可以说，《中庸》第一句话"天命之谓性"，开辟了儒家"心性学"的方向，之后由孟子将其发扬光大。

　　春秋战国时期，在人性问题上存在四种见解，即"性善论""性恶论""人性可善可恶论"和"人性无善无恶论"。孟子是"性善论"的倡导者，荀子是"性恶论"的倡导者，而另外两论则以告子为代表。荀子的"性恶论"所指的人性，是人的自然本性，即"饥而欲食，寒而欲暖，劳而欲息，好利而恶害"（《荀子·性恶论》）等自然本性。这些自然本性当然是人不能完全没有的，但是如果把人的自然本性当成人的本质属性，那么人与动物的差异何在？至于告子所倡导的"可善可不善"和"无善无恶"论，则实际上取消了儒家关于道德本源的根基"人性"。儒家对于彼岸世界的天神持一种"敬而远之"的态度，并不把道德的终极依据建立在神祇之上。孔子"己欲立而立人，己欲达而达人"，"己所不欲，勿施于人"的"忠恕之道"是一切道德行为的根本依据。但是人为什么会有这种能力呢？孔子当时并没有说，而子思、孟子正确回答了这个问题，所以后世思孟学派成为儒学的正宗。

　　如果说子思开启了儒家人性论中的"心性学"的研究方向，那么可以说孟子对人性问题进行了充分的发挥和阐述。对于人为什么是性善的，孟子这样解释："所以谓人皆有不忍人之心者，今人乍见孺子将入于井，皆有怵惕恻隐之心——非所以内交于孺子之父母也，非所以要誉于乡党朋友也，非恶其声而然也。

由是观之，无恻隐之心，非人也；无羞恶之心，非人也；无辞让之心，非人也；无是非之心，非人也。恻隐之心，仁之端也；羞恶之心，义之端也；辞让之心，礼之端也；是非之心，智之端也。人之有是四端也，犹其有四体也。"（《孟子·公孙丑上》）天赋于人的善良本性，就是仁、义、礼、智"四端"，具体表现就是"恻隐之心""羞恶之心""辞让之心""是非之心"这四种心理状态。孟子只讲了"恻隐之心"是如何变成"仁"的行为的。他举了一个例子，如果人们见到一个素昧平生的幼童在井边玩，将要落入井中，就会本能地产生内心紧张、痛苦、隐隐作痛的感觉，这就是"怵惕恻隐之心"。产生这种"恻隐之心"不是由于"内交于孺子之父母"的利益诉求，也不是"要誉于乡党朋友"的名誉渴望，更不是"恶其声而然"的生理厌恶，而仅仅是出于对于同类受难的同情。这种同情心和自然本性一样，也是人与生俱来的，如同人有四肢一样。过去，我们把孟子所谓的"恻隐之心"称为"先验论"，认为这完全是一种主观唯心主义的看法。其实孟子的思想，完全建立在对于人类心理活动客观观察的基础上。我们可以试想，如果我们在大街上看到一起车祸，或者在医院的急诊室里看到生命垂危的病人，难道我们心中不会有这种基于同类受难的"怵惕恻隐之心"吗？如果没有，可真是"非人也"！所以说"恻隐之心"是"仁之端也"，因为仁的本质就是"以己推人"的换位思考。当我们对他人所经历的苦难感同身受的时候，就能体会到这种痛苦和折磨，这就是心灵换位的精神动力。

孟子又说："凡有四端于我者，知皆扩而充之矣，若火之始然，泉之始达。苟能充之，足以保四海；苟不充之，不足以事父母。"（《孟子·公孙丑上》）仁义礼智的道德行为，就是内心"四端"的推展和扩张。依此行事就是一个符合道德的"善人"，用此执政就是人民拥戴的"善政"。孟子所说的"扩而充之"，也就是子思所说的"率性而行"。子思、孟子之所以要提到"率性之谓道"，就是由于在现实生活中，"内交于孺子之父母""要誉于乡党朋友"的物质、声誉诱惑太多，如果对这些因素考虑太多，人可能就不会去做那些符合人心、人性的善良行为了。

弘扬这种人性内在的善良品质，鼓励人们按照内心的指引"率性而行"，就是我们的社会所需要的教育、教化、教养。儒家一向重视对于社会成员的道德教化，认为这是政治的根本。孔子说："道之以政，齐之以刑，民免而无耻；道之以德，齐之以礼，有耻且格。"（《论语·为政》）一个社会不能仅仅用刑罚来治理，因为从表面上看，在强权重压下没有以身试法的行为，但实际上民众并不知道耻辱，一旦没有人监管仍然会从事犯罪行为。只有进行了道德教化，又用社会礼乐制度进行约束，民众才能知道耻辱，建立道德自律，使社会进入长治久安的状态，所以儒家大力提倡教化，《礼记·学记》说："是故古之王者，建国君民，教学为先。"将道德教化作为国家政治的根本要务。

人既然有善良的本性，那么社会上为什么会有大量恶的事情发生呢？孟子认为，这是由于受外在环境的影响，使其善良的本性受到"陷溺"。所以他说："学问之道无他，求其放心而已矣。"（《孟子·告子上》）教育的作用就是把已丢失的善性找回来罢了。朱熹用人的"气禀"说来解释。他说："性道虽同，而气禀或异，故不能无过不及之差，圣人因人物之所当行者而品节之，以为法于天下，则谓之教，若礼、乐、刑、政之属是也。"也就是说，人虽然都有天赋的善良本性，但是由于人又有"气禀或异"的自然属性，为了一己之私利，有时会做一些不善的事情。于是就出现了"过犹不及"等不符合"中庸之道"的行为。因此为了把握好圣人倡导的"中庸之道"，就需要好好学习，发掘心中的善良天赋，通过修身以自明。

◎知识拓展

青年教师扶起摔倒老人

2015 年 5 月 10 日下午 4 时 50 分左右，天下着蒙蒙细雨，一位 69 岁的老太太骑自行车外出办事，由于意外不慎摔倒，小腿严重受伤。路过此地的陕西工院信息工程学院年轻教师全斐，看到老人痛苦地坐在地上，脸色苍白，不停地揉着小腿，没有丝毫犹豫，主动上前询问老人情况，征得老人同意后及时拦车将老人送到医院诊治，并联系老人家属，积极配合医护人员忙前忙后，还多次主动询问钱是否够，在一切安顿好后，她悄悄离开了医院。经过诊断，老人小腿骨折，由于送治及时，并无大碍，目前已经出院。

老人的子女说，全斐当时不愿留下姓名，只称"谁遇见都会这样做"，他们当时也忙于给老人看病，没顾上多问。后来，经过一个月的辗转打听，好不容易才知道"救命恩人"原来是陕西工业职业技术学院信息工程学院教师全斐。他们来到学校，向全斐表达谢意，感谢全斐关键时刻施以援手，感谢陕西工院培养出这么优秀的教师。面对老人子女的声声感激，全斐略显拘谨，她一再表示："遇谁都会这样，真是小事情，没什么大不了的。"

时下，"扶起摔倒老人反被讹"事件频发加剧了社会信任危机，使得"路遇老人摔倒，扶还是不扶"成为一个令人困扰和纠结的问题，全斐用自己的实际行动传递了正能量，并给出了一个响亮的答案——应该扶，一定扶。

第一章（二）

道也者，不可须臾^①离也，可离非道也。是故君子戒慎乎其所不睹^②，恐惧乎其所不闻，莫见乎隐^③，莫显乎微^④，是故君子慎其独^⑤也。

◎ **注释** ①〔须臾〕一会儿，形容时间很短。②〔戒慎乎其所不睹〕戒慎，警觉和慎重；乎，介词，相当于"于"；其所不睹，指别人看不到的事物。整句话的意思是在别人看不到的地方也要保持警觉和慎重，不能放肆妄为。③〔莫见（xiàn）乎隐〕莫，无定代词，指没有什么；见，同"现"；隐，隐蔽、隐藏。没有什么隐藏的事物不能显现出来。④〔莫显乎微〕显，显现、暴露；微，微细、微小。指没有什么微小的事物不会发展显露出来。⑤〔慎其独〕对于独处、独做之事，尤其要戒惧谨慎。

◎ **大意** "道"是人们生活中片刻不可离的东西，如果可以离开，那就不是真正的"道"了。所以，君子应当在别人看不到的地方时刻保持戒惧谨慎，在别人听不到的地方常怀恐惧之心。没有什么隐藏的东西不会显露，没有什么细微的东西不会发展起来。所以君子要有一种"慎独"的品格。

◎ **释疑解惑**

儒家不仅承认"天命"，也讲"天道"，就是自然与人类社会运行的根本规则。正因为它是根本规则，所以它无所不在，无时不在。朱熹注释说："是以君子之心常存敬畏，虽不见闻，亦不敢忽，所以存天理之本然，而不使离于须臾之顷也。"大千世界姹紫嫣红、错综复杂、异彩纷呈，其背后也有某种规律性的东西存在，决定、主宰着万物的运行。正因为万事万物背后都有规律存在，所以人生在世不可肆意妄为。朱子这里提到的"常存敬畏"十分重要，这是人格自律的基础。如果没有这种"敬畏之心"，就会缺乏自律意识，难以做到自我约束。

正是因为"天道"无所不在，无时不在，因此，任何人希望做些什么坏事不被发现，或者企图在什么地方做些坏事不被人知道都是枉然的。当代社会之所以有个别官员走上了行贿受贿、贪赃枉法、违法乱纪的道路，不是因为他们不知道党纪国法，而是因为他们认为自己的行为很隐秘，不会被发现。其实，"天网恢恢，疏而不漏"，纸永远包不住火，总有被清算的一天。因此"慎独"是君子最重要的品质。古往今来，有很多君子慎独的故事被人们传颂。如"蘧伯玉不欺暗室"的故事（见知识拓展），就是典型。当代社会，慎独也应当成为我们进行道德修养的"心法"。刘少奇在《论共产党员的修养》中指出，一个具有高尚思想品德修养的共产党员，"即使在他个人独立工作，无人监督，有做各种坏事的可能的时候，也能够'慎独'，不做任何坏事"。陈毅作诗曰，"手莫伸，伸手必被捉"，讲的都是"慎独"的道理。

◎知识拓展

蘧伯玉不欺暗室

有一天晚上，卫国大臣蘧伯玉乘马车经过王宫门口。按照当时的礼节，臣子乘车经过王宫门口时应该敬礼示意后再离开。但到了晚上宫门已经关闭，又没有人看见，臣子不行礼也是可以的。但蘧伯玉认为既然定了这个礼节，不管什么时间，有没有人看见，自己都应该遵守。所以，他到了宫门口以后，就停车下来恭恭敬敬地向王宫行礼，然后再上车继续前行。这时，正好卫灵公还没有睡，他正在宫里和夫人南子说话。他听见宫外有马车行驶的声音，知道马车是从东往西走的，到了宫门口还停了一会儿。他就问南子说："这是谁呀？怎么会在宫门口停下呢？"南子说："坐车的人肯定是蘧伯玉，他乘车从东边往西边去了。"卫灵公觉得奇怪，就问："你怎么知道那一定是蘧伯玉呢？"南子说："蘧伯玉是有名的忠臣、贤人，他光明正大，表里如一，他不会在公开场合故意表现自己来博取名声，也不会在没人知道的情况下做不该做的事。他最遵守礼节，就是没人看见，也绝不会忽略自己应尽的礼数。刚才一定是他坐车经过宫门，下车行了礼以后才离开。"卫灵公听了还是不怎么相信，就派人暗中去查这件事，结果还真是这样。从此，蘧伯玉忠诚、贤达、表里如一的名声更加显著。

第一章（三）

喜怒哀乐之未发，谓之中^①；发而皆中节^②，谓之和^③。中也者，天下之大本^④也；和也者，天下之达道^⑤也。致中和^⑥，天地位焉，万物育焉^⑦。

◎**注释**　①〔中〕指不偏不倚、中正合度的一种状态。朱熹注释说："喜、怒、哀、乐，情也。其未发，则性也，无所偏倚，故谓之中。"思孟学派认为人性善，这个善良的人性指的是喜、怒、哀、乐诸情未发时的纯真本性。以这种本性处事，自然也是符合中庸之道的，故能不偏不倚。②〔中（zhòng）节〕中，合乎，符合。指恰好符合、恰当合度、恰如其分等意思。节，符节，指准则、法度一定的程度、限度。整句话是说，喜怒哀乐等诸种感情所发皆恰当、合适。③〔和〕原指音乐的和谐，泛指和顺、和谐。朱熹注释说："喜、怒、哀、乐，情也。""发皆中节，情之正也，无所乖戾，故谓之和。"如果情感的表达方式适当，产生的效果就是社会和谐。④〔大本〕根本、根源。朱熹注释说："大本者，天命之性，天下之理皆由此出，道之体也。"中道是天命所赋予的，是世界的根本，那些具体的道理都是由此派生的。⑤〔达道〕指通达的道路，也指普遍规律。朱熹注释说："达道者，循性之谓，天下古今之所共由，道之用也。"这里是指循人性本真而行，实现和谐才是人类社会共同的道路。⑥〔致中和〕致，推广、达到。朱熹注释说："推而极之也。"致中和，指人应大力推广中和之道，这是儒家提倡的社会发展方向。⑦〔天地位焉，万物育焉〕天地位焉，指天地之间自然万物，都顺循自身的规律而行，各安其地位；万物育焉，指自然万物发育生长。朱熹注释说："自戒惧而约之，以至于至静之中，无少偏倚，而其守不失，则极其中而天地位矣。自谨独而精之，以至于应物之处，无少差谬，而无适不然，则极其和而万物育矣。"即人如果能够对天命所赋予的道有所敬畏，处事没有偏倚，行为谨慎戒惧，不犯错误，则天地运行正常，万物生长茂盛，社会自然和谐。

◎**大意**　喜怒哀乐等情绪在没有表现出来之前的状态，叫作中；表现得恰当没有偏失，叫作和。这个"中"是宇宙万物运动的总根源和根本道理；这个"和"则是天下最根本的道路和准则。如果推广、发扬中和之道，天地就能各安其位，万物就能发育生长。

◎ 释疑解惑

这段进一步讲"天命之谓性"与"中庸之道"的关系。既然人的本性出自天命，那么社会上为什么会出现"中庸之为德也，其至矣乎！民鲜久矣"的情况呢？子思认为，人有性有情，性纯然至善，但同时人还有情，即日常所说的喜、怒、哀、乐等情绪。当人们的情感表现正当，用在正确的对象上，那就是"中节"，就会产生和谐的社会效果。但是如果表现不当，就会产生恶的效果。比如好利恶害是人之常情，孔子指出："富与贵，是人之所欲也，不以其道得之，不处也；贫与贱，是人之所恶也，不以其道得之，不去也。"（《论语·里仁》）就是说，人的好恶之情应当表现得当，不合道义的富贵当然要拒绝，用不合道义的手段摆脱贫困也不可取。再如饮食男女是人之大欲，但是要在正当场合表现出来。孟子说："绉兄之臂而夺之食，则得食；不绉，则不得食，则将绉之乎？窬东家墙而搂其处子，则得妻；不搂，则不得妻，则将搂之乎？"（《孟子·告子下》）这段话是说，如果扭着哥哥的胳膊可以抢到口粮，不扭则吃不到饭，难道我们要去扭哥哥的胳膊吗？如果只有翻墙头去强暴邻家少女才能得到妻子，不这样做就得不到妻子，难道要去做这种强暴的事情吗？所以子思认为，人不仅应当率性而行，更应当持情，即约束自己的感情，不使之滥发，这样才能使自己的行为合度。如果每个人的行为都是恰当的，那么整个社会就是和谐的。

子思说："中也者，天下之大本也；和也者，天下之达道也。"这里他实际上把"中"与"和"放到了"体"和"用"的位置上。"中"是根本的原则和方法，而"和"则是要实现的目标和目的，即通过中庸之道的方法，实现社会和谐。在这里，《中庸》特别强调了"中道"对于构建和谐社会的价值。之所以有些时候会产生激烈的冲突，往往就是由于人们放弃了"允执厥中"的"中道"原则。

"致中和"是儒家宣扬"中庸之道"的主要方法。从本章所提倡的方法看，主要就是要在情感表现之前，体认自己心中的善良本性，按照这种本性的要求，节制自己的感情，使之应用到合适的对象上，表现在适度的水平上。这样才能使自己的行为不偏不倚、尽善尽美。因为中和之性就是人的感情尚未表现出来时的纯然至善之性，所以孟子又将其称为"良知"。孟子说："尽其心者，知其性也。知其性，则知天矣。"（《孟子·尽心上》）所以推至心中的良知善性，也可以认识到天的本性，把握宇宙间最根本的规律。按照这些规律行事，自然就可以做到天地万物各安其位，社会人生各得其所，和谐社会也就建成了。这种由内而外的推至路线，就是儒家"修身、齐家、治国、平天下"的基本思路。

◎知识拓展

强盗的良知

相传王阳明在做官时，有一次抓到了一个罪大恶极的强盗头目。此人以前杀人越货，无恶不作，审讯时还摆出一副死猪不怕开水烫的架势，说："我犯的是死罪，要杀要剐随便，就别废话了！"王阳明微微一笑，说："那好吧，今天就不审了。不过，天气太热，你还是把外衣脱了，我们随便聊聊。"强盗头目说："脱外衣还可以松松绑，脱就脱吧。"王阳明又说："天气实在是热，不如把内衣也脱了吧！"强盗头目说："光着膀子也是经常的事，没什么大不了的。"王阳明接着说："膀子都光了，不如把内裤也脱了，一丝不挂岂不更自在？"强盗头目马上紧张起来，连忙说道："不方便，不方便！"王阳明说："有何不方便？你死都不怕，还在乎一条内裤吗？看来你还是有廉耻之心和道德良知的，你并非一无是处呀！"

这个故事最后的结局不得而知，不过，它旨在说明，每个人都有良知，这良知便是人的本心。人凭着良知，懂得什么是对的，什么是错的。从本性说，人人都是圣人。只要秉持良知去分辨是非、遵行良知的命令，就有成为圣人的可能。

第二部分　明道篇

《中庸》一书从第二章到第十一章，从总体上阐述中庸之道是一切道德根本。如果说《宗旨篇》是"首明道之本原出于天而不可易"，那么《明道篇》"其下十章，盖子思引夫子之言，以终此章之义"。也就是说，这十章的内容，都是对中庸之道的具体展开，说明"天命之谓性，率性之谓道"的天道，如何表现为"无过不及"的。表面上看来，这十章的内容并不统一，有点像《论语》那样的语录体，每段各讲不同的东西。朱熹指出："此下十章，皆论中庸以释首章之义。文虽不属，而意实相承也。"也就是说这十章可以看成一个整体，都是对首章的发挥，具体内容我们下边将详细介绍。

第二章

仲尼①曰："君子中庸，小人反中庸。君子之中庸也，君子而时中②。小人之中庸也③，小人而无忌惮④也。"

◎**注释**　①〔仲尼〕即孔子，孔子名丘，字仲尼。孔子出生在尼山脚下的夫子洞中，他有一个哥哥叫孟皮，古人按孟、仲、叔、季排列兄弟次序，因此孔子的字是仲尼。②〔时中〕时，时时；中，中庸。儒家认为君子的中庸，应当是顺随时代的发展而秉持的中庸，并没有一种固定的模式，更不是以古人的中庸之道来约束今人。朱熹解释说："君子之所以为中庸者，以其有君子之德，而又能随时以处中也。"如何判断自己的行为是否符合中庸之道呢？君子主要从自己的道德良知出发，保住天赋的本性，所以能够正确判断形势的是非，"随时以处中"。③〔小人之中庸也〕朱熹《四书章句集注》正文写作"小人之中庸也",但是朱熹又说:"王肃本作'小人之反中庸也',程子亦以为然。今从之。"显然朱熹赞同王肃、程颐的意见,认为这里丢了一个"反"字,应将这句话改成"小人之反中庸也"。④〔无忌惮〕忌,顾忌;惮,畏惧。无忌惮形容小人出于一己之私利,胆大妄为,办事过分的样子。在现实世界中,凡是办事不择手段、爱走极端的人,都是违反道德的人。

◎ **大意**　孔子说:"君子的行为是符合中庸之道的,而小人行为则是违反中庸之道的。君子符合中庸之道的行为,是顺随时代发展的;而小人违反中庸之道的极端行为,则表现为肆无忌惮。"

◎ **释疑解惑**

　　君子、小人,是孔子评价人的时候最常用的概念,君子是士人应当追求的榜样。关于君子的概念,儒家经典中有多种论述,但是最基本的含义是指道德高尚之人。而小人在儒家的经典中,则多是指道德品质比较平庸的人。在这里,孔子明确把"中庸"和"反中庸"作为君子、小人的基本差异。为什么君子的行为应当是坚持中庸之道的?因为君子以修德立身为根本,能够通过"尽其心者,知其性也。知其性,则知天矣"(《孟子·尽心上》)的反思过程,发现自己心智禀赋于上天的善良本性,然后再依照本性行事,就是"率性之谓道",就自然符合包括"中庸之道"在内的各种道德。如首章所示:"中也者,天下之大本也;和也者,天下之达道也。"能够自反本心的人,就会在行动上符合这种根本的大道。孟子通过尧舜、汤武说明君子如何"自返本性",他说:"尧舜,性者也;汤武,反之也。动容周旋中礼者,盛德之至也。"(《孟子·尽心下》)

　　小人的行为正相反,是由于小人在为人处事上,一切以个人利益为出发点,私欲蒙蔽了心中的善良本性。只有坚守心中善良本性的君子,才能时时处处做到"己欲立而立人,己欲达而达人","己所不欲,勿施于人",才能在财富面前做到"君子爱财,取之有道","不义而富且贵,于我如浮云"。孔子说"无欲则刚",所以才能在办事的时候不偏不倚,无过不及。相反,小人为人处世,为了一己之私欲,就敢于做出各种违反中庸之道的事情。"无忌惮"就是孔子对小人"反中庸"之性的一种批判。当今的世界,各种极端主义大行其道,表面上看他们都有各种冠冕堂皇的口号,用各种诱人的"口头支票"欺骗群众。但是如果剥开他们的画皮,人们就能看到那些小人为了一己之私所行的种种"不义"。因此反过来说,当我们看到种种肆无忌惮的极端行为时，我们也可以推断其背后必有各种不可告人的私密。

"君子时中"是《中庸》一书的一个重要观念。"时中"有两重含义。第一，就是说君子要随时、时时坚持中道。有人做一件事情，一个时期可以坚持中庸，但是要随时坚守中庸之道却很困难。第二，中庸没有固定的方法、手段、尺度，而是要依时执中。这就是所谓的"中无定体"，因而也增加了秉持中庸之道的难度。"君子时中"是儒家的重要观点，这足以反驳近代以来对儒家僵化保守的不实指责。孔子的确说过"信而好古"，但只是指坚守古代圣贤正确的观念和方法，并不是完全照搬圣贤的具体做法。例如周礼，孔子对其极为推崇。不过孔子也说："殷因于夏礼，所损益，可知也；周因于殷礼，所损益，可知也；其或继周者，虽百世可知也。"也就是说，各个朝代的礼乐制度是要因时代的变化而不断调整的，绝对没有万古不变的通则。即使是"郁郁乎文哉"的周礼，后世也应当有所损益的。因此孟子将孔子称为"圣之时者"，即时代的圣人，应时的圣人。

◎ **知识拓展**

清代学者李密庵《半半歌》

看破浮生过半，半之受用无边。半中岁月尽幽闲，半里乾坤宽展。

半郭半乡村舍，半山半水田园。半耕半读半经廛，半士半民姻眷。

半雅半粗器具，半华半实庭轩。衾裳半素半轻鲜，肴馔半丰半俭。

童仆半能半拙，妻儿半朴半贤。心情半佛半神仙，姓字半藏半显。

一半还之天地，让将一半人间。半思后代与沧田，半想阎罗怎见。

酒饮半酣正好，花开半时偏妍。帆张半扇免翻颠，马放半缰稳便。

半少却饶滋味，半多反厌纠缠。百年苦乐半相参，会占便宜只半。

这首《半半歌》曾被林语堂先生在其妙文《中庸的哲学：子思》中引用，说明儒家的中庸之道提倡的"过犹不及"精神。有此心境，便是"君子中庸"，否则就是"小人反中庸"。

第三章

子曰："中庸其至矣乎①，民鲜②能久矣！"

◎ **注释** ①〔中庸其至矣乎〕其，语气副词，表示推测、估计；至，极致、完备。②〔鲜（xiǎn）〕很少。

◎ **大意** 孔子说："中庸是最高的道德吧？民众能做到的已经很少了。"

◎ **释疑解惑**

　　子思在这里引用孔子的话，与《论语·雍也》中所说的"中庸之为德也，其至矣乎！民鲜久矣"十分相似，大约是对孔子当时谈话记录的不同版本。这句话虽然非常简短，但是内涵十分深刻，所以子思专门将其拿出来作为一章，以便突出"中庸"作为一种道德的重要性。这段话主要可以从两个方面进行理解。第一，"中庸"是道德的最高境界，所以孔子称其为"至"。朱熹注释说："过则失中，不及则未至，故惟中庸之德为至。"中庸之道表面上看很简单，就是坚持适度，无过不及，但是如果能够时时处处都做到这一点是十分困难的。至于随着时代的变化，事物的变化，使得中庸之道"费而隐"，"致广大而尽精微"，更不容易。至于使中庸之道的使用和阐述要做到"极高明而道中庸"，就更是难上加难。第二，民众中能够坚持实行中庸之道的人，当时已经十分少有了。春秋战国是一个社会大变革的时期，"王纲解纽""道统中绝"，民众缺乏教化。朱熹解释说："然亦人所同得，初无难事，但世教衰，民不兴行，故鲜能之，今已久矣。"中庸虽然是民众须臾不可离的日用常行之道，偶尔做到几次也不难，但是由于社会教化体系的中断，民众不了解中庸的深刻含义，所以能长久坚持的人就十分罕见了。

◎ **知识拓展**

吕端大事不糊涂

　　吕端是宋朝一个有名的宰相，看起来他是笨笨的，其实并不笨，这恰恰是他的修养，在处理大事的时候，他是绝不马虎的。其实吕端的糊涂，就是他为人处世的中庸哲学。《宋史·吕端传》："太宗欲相端。或曰：'端为人糊涂。'太宗曰：'端小事糊涂，大事不糊涂。'决意相之。"公元 995 年，吕端被宋太宗任命为宰相。对这个一人之下、万人之上的位置，吕端并不觉得有多了不起，他想的是如何调动全体臣僚的积极性。当时和他有同样声望的还有一位名臣寇准，办事干练，很有才能，但是性子有些刚烈。吕端担心自己当了宰相后寇准心中会不平衡，如果耍起脾气来，朝政会受到影响，于是就请太宗另下了一道命令，让担任参知政事（副宰相）的寇准和他轮流掌印，领班奏事，并一同到政事堂中议事。这一命令得到了太宗的批准，也平和了寇准的情绪。后来，太宗又下诏说：朝中大事要先交给吕端处理，然后再上报给我。但吕端遇事总是与寇准一起商量，从不专断。过了一段时间，吕端又主动把相位让给了寇准，自己去当参知政事。这种主动让权，在世人的眼中自然是"糊涂"的举动。

在吕端刚刚担任参知政事（副宰相）的时候，他从文武百官面前经过，一个小官由于平时听多了吕端"糊涂"的传闻，以为他真的很糊涂，很不服气，以很不屑的口吻来了一句："这个人竟然也当了副宰相？"吕端的随行人员听后觉得很气愤，准备去问问那个人的姓名，看他是干什么的。吕端制止说："不要问，你问了他就得说，他说了我也就知道了，而我一知道，对这种公然侮辱我的人便会终生难忘。恶意地去报复对我来说是肯定不会的，但以后如果有什么事涉及他，撞到我手里，想做到公正对待也一定很难。所以，还是不知道的好。"这种君子不念恶，揣着明白装糊涂的举动对吕端来说，是一种反映自我修养的高尚境界，但在世人眼中，自然又被看成了"糊涂"。

公元 997 年，宋太宗病危，因此在太宗病危的敏感时期，吕端每天都陪着太子（后来的宋真宗）到太宗的床前探望。当时得宠的宦官王继恩担心太子继位后对自己不利，就先与皇后串通好，又暗中勾结参知政事（副宰相）李昌龄、殿前都指挥使（掌管御林军）李继勋、知制诰（管草拟诏书）胡旦等人，图谋拥立楚王赵元佐（太宗的长子），一场宫廷政变在紧锣密鼓地筹备着。太宗一咽气，皇后马上就派王继恩召见吕端，打算逼吕端同意立楚王为君。其实在他们刚开始谋划的时候，吕端已经有所耳闻了，现在听到皇后召他入宫，知道局势可能有变，就果断地把王继恩锁在了自己家的书房中，派人严加看守，然后入宫晋见。果然，皇后向他提出了立楚王为君的问题，吕端毫不客气地顶了回去：先帝在的时候已经立了太子，我们怎么能不听他的话呢？由于谋变的关键人物王继恩已经被控制起来，皇后一时也没了主意。吕端趁热打铁，率领大臣共同拥立太子（真宗）继位。真宗登基后，坐在大殿上垂帘接受群臣的朝拜，吕端站在底下不肯下跪，要求卷起帘子来，然后登上台阶察看确实是真宗本人，才走下台阶，率领群臣磕头跪拜。接着，又把那几个犯上作乱的大臣发配到外地，彻底平息了这场事端，确保了政权的稳固。

南怀瑾《论语别裁》引用："诸葛一生唯谨慎，吕端大事不糊涂。"这是一副名联，也是很好的格言。毛泽东晚年也曾用这一名言评价叶剑英元帅。

第四章

子曰："道之不行也①，我知之矣，知者过之②，愚者不及也③。道之不明④也，我知之矣。贤者过之⑤，不肖者⑥不及也。人莫不饮食也，鲜能知味也⑦。"

◎**注释**　①〔道之不行也〕道，指中庸之道；之，结构助词，用于主语与谓语之间，取消句子的独立性，使本句成为下一句"我知之矣"的主语；行，践行、施行。全句指：道不能通行。②〔知者过之〕知，同"智"；知者即智者。他们做事往往超过道的要求。③〔愚者不及也〕愚者，智能较差的人，他们做事往往达不到要求。④〔道之不明〕指中庸之道在社会上并不显明。⑤〔贤者过之〕贤能的人，他们做事往往超过道的标准。⑥〔不肖者〕原指子不如父贤者，这里泛指所有才能、道德不足者，他们做事往往达不到要求。⑦〔鲜（xiǎn）能知味也〕鲜，很少。人们都要吃饭，但是很少有人真正懂得品尝食物的滋味。

◎**大意**　孔子说："中庸之道没有被民众广泛地践行，其原因我是知道的，智慧高的人办事往往超过限度，而蠢笨的人办事则往往达不到要求。中庸之道在社会上没有彰显、明达，其原因我是知道的。贤能的人办事往往超过限度，智能不足的人往往达不到要求。这就如同人人都要吃饭，但是很少有人能够品尝出食物的滋味。"

◎ 释疑解惑

儒家认为，中庸之道是自然的规则，也出于人性的根本，所以应当普遍实行。可是中庸之道没有被社会广泛践行，主要原因就是智者、贤者办事太过，愚者、不肖者办事不及。朱熹曾说："知愚贤不肖之过不及，则生禀之异而失其中也。知者知之过，既以道为不足行；愚者不及知，又不知所以行，此道之所以常不行也。"智、愚、贤、不肖，主要指人的智能差异，但是人除了智能，还有品性道德。朱熹认为人们的气禀不同，如果不注意修养，祛除心中的杂念，在办事时就不能秉持中道。智者、贤者会认为中庸之道很简单，不值得去做，而愚者、不肖者则自认为自己能力不行，做不到，就干脆不做。所以社会上中庸之道"民鲜久矣"，没有人再去践行。这也告诉我们一个很重要的道理，即人们的智力差异，不是拒绝进行道德修养的托词。《大学》说："自天子以至于庶人，壹是皆以修身为本。"不论身份地位、智力水平的高低，都要注重道德修养，不然智慧高的人也会做出违反中庸之道的事。对于那些缺乏道德修养的人，其智慧也只是小聪明而已。

孔子说："人莫不饮食也，鲜能知味也。"这里的"味"可以作广义的解释，泛指饮食的道理。饮食是人维持生命的第一要素，古往今来没有人可以不吃饭，但是如何维持健康的饮食习惯，却是人类生存发展的大问题。古代由于生产技术落后，保证足够的营养是饮食的根本。但是在现代社会，生产发达了，食物丰富了，可是，由于营养过剩，肥胖、"三高"又成了困扰人们生活的大问题，这里边也存在一个如何秉持中庸之道的问题。当代也有人从反对营养过剩走向了另一个极端。人适当地节制饮食，少欲知足，对于身体和品德修养都是有好处的；但矫枉过正，主张越瘦越好，什么都不吃，因减肥导致了厌食症，结果也会影响身体健康。

◎ 知识拓展

画蛇添足

一般说愚者、不肖者做不到中庸之道，这一点容易理解，但是为什么智者、贤者也难以坚守中庸的原则呢？《战国策》中有一个小故事，叫作"画蛇添足"，讲的就是那些自以为聪明的人所犯的错误。故事说：古时候，楚国有一家人，祭完祖宗之后，将祭祀用的一壶酒，赏给手下的门客们喝。参加的人很多，这壶酒如果大家都分着喝是不够的，若是让一个人喝，那才能喝个痛快。这一壶酒到底给谁喝呢？这时有人建议：每个人在地上画一条蛇，谁画得快又画得好，就把这壶酒给谁喝。大家认为这个办法好，都同意这样做。于是，大家在地上画起蛇来。有个人画得很快，一转眼就画好了，他就端起酒壶要喝酒。但是他回头看看别人，还都没有画好呢。心里想：他们画得真慢。于是想显示一下自己的本领，他便左手提着酒壶，右手拿着一根树枝，给蛇画起脚来，还扬扬自得地说："你们画得好慢啊！我还能给蛇画几只脚呢！"正在他一边画着脚，一边说话的时候，另外一个人也画好了。那个人马上把酒壶从他手里夺过去，说："你见过蛇吗？蛇是没有脚的，你为什么要给它添上脚呢？所以第一个画好蛇的人不是你，而是我了！"说罢，那个人就仰起头来，咕咚咕咚把酒喝下去了。后来人们根据这个故事引申出"画蛇添足"的成语，比喻有的人自作聪明，常做多余的事，反而弄巧成拙，把事情办糟了。

愚人吃盐

在佛教文学作品《百句譬喻经》中有这样一个故事："愚人吃盐"。讲的是从前有个愚人，到别人家作客，吃菜嫌淡而无味。主人知道后，给他加了一点盐，他吃了后便觉得味道很美。而后他想，味道好是因为有盐，加了那么一点点盐就那么好吃，多加一点岂不更好吃吗？于是他就在菜里加了很多盐，其结果是菜又咸又涩。

第五章

子曰："道其不行矣夫^①！"

◎**注释** ①〔道其不行矣夫（fú）〕其，表示推测的语气助词；夫，语尾词，表示感叹。

◎**大意** 孔子说："道大概不能实行了吧！"

◎**释疑解惑**

这是《中庸》一书中最短的一章，只有一句话。但是朱熹在注解"四书"时，将其单独列为一章，以突出其重要性。朱熹自己注释也仅仅一句话，"由不明，故不行"，依然是说世上了解中庸之道的人太少了。理解本章的深刻含义，笔者认为至少有两个方面。其一，说明了中庸之道的超越性。孔子晚年经常哀叹自己的思想不被世人理解，不能得到统治者赞同并贯彻执行。如他说："凤鸟不至，河不出图，吾已矣夫！"（《论语·子罕》）又说："甚矣吾衰也！久矣吾不复梦见周公！"（《论语·述而》）世人以为儒学不能得到各国诸侯的赞赏和施行，是因为儒学"迂远而阔于事情"（《史记·孟子荀卿列传》）。但实际情况是，孔子的思想超越了当时统治者争霸天下的狭隘目光，乃治国安邦的长久之策。中庸之道也是一样，在日常生活中，一些目光短浅的人往往认为办事中庸是"折中主义""无原则""和稀泥"，这恰恰是他们不懂"持中守正"乃天地自然之道。朱熹在《中庸章句·序》中开门见山地说："中庸何为而作也？子思子忧道学之失其传而作也。"从而也突出了传承《中庸》"为往圣继绝学，为万世开太平"的时代价值。其二，从结构上看，这一章虽然短，但是单独成章也有深意。因为其上几章谈的都是中庸之道的重要性，以及在现实生活中的缺乏。而后边几章，则是详细分析中庸之道所以难以推行的原因，以及推行中庸之道的具体方法，起到了承上启下的作用。

第六章

子曰："舜其大知也与①！舜好问而好察迩言②，隐恶而扬善③，执其两端④，用其中于民⑤，其斯以为舜乎⑥！"

◎**注释** ①〔舜其大知也与〕舜，传说中的圣王，名重华，因其为有虞氏部落的首领，也被尊称为虞舜。史称舜受尧的禅让，又禅让于禹，他们都是原始社会的部落首领。知，同"智"。此句意谓大舜是有大智慧的人。②〔好（hào）察迩（ěr）言〕好，喜好；迩，近也；迩言，指浅显的言论，泛指一般民众的舆论。③〔隐恶而扬善〕隐，隐瞒、隐藏；扬，发扬、宣扬；恶，不好的东西；善，好的东西。整句话是指舜提倡好的、压抑坏的。④〔执其两端〕执，把握；两端，两方面极端的东西。执其两端，即把握事情两方面极端的情况。⑤〔用其中于民〕将两方面极端的意见折中，取其中道用于民。⑥〔其斯以为舜乎〕其，语气词，表示推测；斯，代词，这；乎，文言叹词，表示赞叹。整句话的意思是这就是舜之所以成为贤明圣王的原因吧。

◎ **大意**　孔子说："舜是个有大智慧的人。他喜欢发问，并且特别注意访察普通百姓的言论。隐去其中不好的东西，宣扬其中好的东西，掌握舆论各方面的极端言论，取其中道用于治民。这也许就是舜成为伟大圣王的原因吧？"

◎ **释疑解惑**

用今天的观点解读《中庸》这一章的思想，颇有一些管理学的意味。从儒学发展史的角度看，子思是将孔子的认识论发展成了方法论。孔子说："吾有知乎哉？无知也。有鄙夫问于我，空空如也。我叩其两端而竭焉。"（《论语·子罕》）也就是说，孔子在调查时，善于通过比较、推论获得新知。本来自己没有这方面的知识，不过通过对对方两方面极端言论的诘难，综合分析而获得新知。子思这段话，既包括认识方法，同时又产生出符合中庸之道的工作方法。其中至少包括三方面的内容。

其一，"舜好问而好察迩言"。朱熹注释说："舜之所以为大知者，以其不自用而取诸人也。迩言者，浅近之言，犹必察焉，其无遗善可知。""好问"就是在了解事物的时候，首先要放下主观成见，多听多问，看看民众是如何想的，对事物有什么看法。儒家一向认为："天视自我民视，天听自我民听。"（《尚书·泰誓中》）所谓的"天命""天道"，都是通过民众的眼睛看到的，通过民众的耳朵听到的。敬畏天命、遵循天道，首先必须尊重民意，倾听民众的呼声。舜帝不仅"好问"，而且特别"好察迩言"，即聆听普通民众浅显的言论。只有保持这种谦逊的态度，才能真正听到来自社会最底层的声音，把握社会发展的最深层的问题。

其二，"隐恶而扬善"。朱熹注释说："然于其言之未善者则隐而不宣，其善者则播而不匿，其广大光明又如此，则人孰不乐告以善哉。"对于民众意见中善良的、美好的事物要大力提倡；对于其中恶劣的、庸俗的东西则要压抑、隐藏，不使之流传。传说舜在传位给禹的时候曾经说："人心惟危，道心惟微，惟精惟一，允执厥中。"这里所说到的"允执厥中"，也包含了在善和恶之间的把握。因为"人心惟危"，故民众的意见不会是完全正确的，如果让那些负面的东西得以流传，就丧失了圣王"道统"导民向善的宗旨。

其三，"执其两端，用其中于民"。朱熹注释说："两端，谓众论不同之极致。盖凡物皆有两端，如小大厚薄之类，于善之中又执其两端，而量度以取中，然后用之，则其择之审而行之至矣。"也就是说，对于收集到的民众的言论，特别要注意其中两方面极端的言论，只有把握了两端才能把握全面的。但是对于差异极大的极端言论，不能都简单地当成民意全面用于施政。孟子说："夫物之不齐，物之情也。"（《孟子·滕文公上》）而百姓更是千差万别，利益要求悬殊。因此在施政的时候不仅要善于体察民情，并能够在两端之间保持中道，把握多方的利益平衡，用其中道于民，这样才能得到大多数民众的欢迎。朱熹又说："此知之所以无过不及，而道之所以行也。"

总之，通过这"三步思维法"，我们可以看到古代圣王的明道之法、行道之规。它不仅反映了舜帝认识事物时的精细审慎，也反映了舜帝处理事物时的辩证明达。我们可以将其作为一种良好的认识论和方法论借鉴吸收。

◎知识拓展

墨子与杨朱

孟子曰："杨子取为我，拔一毛而利天下，不为也。墨子兼爱，摩顶放踵利天下，为之。子莫执中，执中为近之，执中无权，犹执一也。所恶执一者，为其贼道也，举一而废百也。"（《孟子·尽心上》）战国时期，道家的杨朱和墨家的墨翟，都是社会上很有名气的学者。杨朱讲"贵生"，不为天下之大利损失自己的一根汗毛，后人往往将其视为极端个人主义的流派。墨翟则主张兼爱天下之人，为了他人的利益而不惜磨秃了头顶走破了脚，后人将其视为大公无私的代表。但是在正统的儒家学者看来，这两种观点在当时的社会里都有失中道。因为在当时的自然经济状态下，人既不能离开他人而生存，也不能完全不顾自己的利益。所以杨朱、墨翟的学说都是极端言论，虽然立意很高，但是没有实现的可能性。所以《颜氏家训》说："墨翟之徒，世谓热腹，杨朱之侣，世谓冷肠。肠不可冷，腹不可热，当以仁义节文尔。"在古代以小农经济为基础的宗法社会中，人际关系还是要以儒家的"仁义礼智信"五伦进行调节。所以经过对春秋战国诸子百家的比较，汉武帝最终选定以儒家思想治国。

第七章

子曰："人皆曰予知^①，驱而纳诸罟、攫、陷阱之中^②，而莫之知辟^③也。人皆曰予知，择乎中庸，而不能期月^④守也。"

◎**注释**　①〔人皆曰予知〕予，我；知，同"智"，聪明。整句话的意思是很多人都说自己很聪明。②〔驱而纳诸罟（gǔ）、攫（huò）、陷阱之中〕驱，驱使；纳，收入、进入；诸，"之于"之意；罟，打鱼的渔网；攫，带有机关的捕野兽的笼子。此句话泛指被驱赶进入各种网笼陷阱之中。③〔辟〕同"避"，指不知道躲避。④〔期（jī）月〕指一个整月。

◎**大意**　孔子说："有些人自认为很有智慧，但是往往被一些利益诱惑进入各种网笼陷阱而不知躲避。有些人自认为聪明，但是选择了中庸之道却连一个月都坚持不下来。"

◎**释疑解惑**

这一章是引用孔子的话，来说明为什么中庸之道"民鲜久矣"。中庸之道本来是人们日用常行、须臾不可离的根本大道，理解它也不困难，但是能够坚持它的人则是很少的。原因之一就在于，大多数人难以摆脱物质利益的诱惑，无法使自己从功利境界上升到道德境界。特别是一些自以为聪明的人，靠着自己的小聪明为人处世。这样的小聪明往往会让人只看到眼前的蝇头小利，而做出舍弃个人、社会、国家根本大利的事情。这就像一些动物，因为只看到了一些饵料的诱惑，就陷入为它们设计的渔网、兽笼、陷阱之中。小聪明蒙蔽了他们的双眼，使他们在这些巨大的危机面前不知躲避。

原因之二在于，很多人了解中庸之道，也愿意实行中庸之道，但是心中缺乏对于中庸之道真正的诚敬之心。因此在实行的过程中将信将疑、犹豫踌躇、摇摆不定，最终半途而废。所以《中庸》一书第三大部分集中讲"诚"的问题，"诚者天之道也，诚之者人之道也""诚则明矣，明则诚矣"，要想达到中庸的境界，必须经过长期的道德修养过程。

◎**知识拓展**

螳螂捕蝉，黄雀在后

"螳螂捕蝉，黄雀在后"的故事出自刘向的《说苑·正谏》。故事说吴国国王寿梦准备攻打荆地（楚国），遭到大臣的反对。吴王很恼火，在召见群臣的时候警告："胆敢劝阻出兵的人，我将他处死！"这时，有一个少年，自知人微言轻，劝告必定没有效果，甚至会被处死。每天早晨，他拿着弹弓、弹丸在王宫后花园转来转去，露水湿透了他的衣衫，一直这样过了三天。吴王很奇怪，问道："这是为何？"少年道："园中的大树上有一只蝉，它一面放声鸣叫，一面吸饮露水，却不知已有一只螳螂在它的后面；螳螂想捕蝉，但不知旁边又来了黄雀；而当黄雀正准备啄螳螂时，它又怎知我的弹丸已对准它呢？它们三个都只顾眼前利益而看不到后边的灾祸。"吴王一听很受启发，随后取消了这次军事行动。

螳螂捕蝉，黄雀在后，这个成语讽刺了那些只顾眼前利益，不顾身后祸患的人；也是对鼠目寸光、利令智昏、不顾后患的人提出的警告。

第八章

子曰："回之为人也①，择乎中庸，得一善②，则拳拳服膺而弗失之矣③。"

◎**注释**　①〔回之为人也〕回，颜回，字子渊，故也称颜渊，是孔子的得意门生。在《论语》中，孔子多次表扬颜回，颜回被孔子认为是道德最高尚的学生。为人，做人。全句指：颜回的为人。②〔得一善〕得到一个好的道理。善，好的。③〔拳拳服膺（yīng）而弗失之矣〕拳拳，忠诚恳切的样子，形容颜回的至诚之心；服膺，服指吞下，膺指胸，服膺即装在胸中。朱熹注释说："拳拳，奉持之貌。服，犹着也。膺，胸也。奉持而着之心胸之间，言能守也。"

◎**大意**　孔子说："颜回在为人处世方面，选择了中庸之道作为自己的行动指南，就像他得到任何一个好的道理一样，牢牢地记在心中，不再将它失去。"

◎**释疑解惑**

上一章是说中庸之道难于坚持的原因，这一章则是用颜回的例子，说明怎样才能坚持中庸之道。

其一，在孔门弟子中，颜回的突出优点就是"安贫乐道""信守至善"。孔子在《论语·雍也》中这样称赞颜回："贤哉，回也！一箪食，一瓢饮，在陋巷。人不堪其忧，回也不改其乐。贤哉，回也！"颜回家境贫寒，生活艰苦，但是他不为物质利益所诱惑，宁愿居住在穷街陋巷，满足于简单的饮食和居住条件，仍然坚持学习，坚守善道，并保持乐观的情绪。这与上一章讲到的那些自以为很有智慧，但是"驱而纳诸罟、擭、陷阱之中"而不知躲避的人，形成了鲜明的对比。这说明坚守中庸之道，首要的条件是抵制物欲的诱惑，不为眼前利益、短期利益所动。

其二，孔子认为，颜回之所以能够坚守中庸之道，还在于他一个重要的品质，即对于自己认准了的事情就要"拳拳服膺"，坚持到底。这和那些"不能期月守也"的小聪明人，形成了鲜明的对比。那些在行动中游移不定的人，关键是他们的心中对自己秉持的学说、信仰不够坚定，他们心中缺少一颗至诚之心。而颜回能够做到"拳拳服膺而弗失之矣"，其核心就是一个"诚"字。《中庸》一书突出"诚"的重要性，实际涉及了儒家的信仰问题。现在人们往往以为只有宗教才有信仰，其实信仰是指对某种理论超越经验的坚持和信守，这种理论可能是宗教的，也可能是人文的。儒家虽然对彼岸世界持一种"存疑"态度，但是儒家可以通过诚意、正心、尽性、知天的路径，达到一种内心的超越，获得终极价值。

第九章

子曰："天下国家可均也①，爵禄可辞也②，白刃可蹈也③，中庸不可能也。"

◎**注释** ①〔天下国家可均也〕天下，相对于国而言，指周天子所统辖的区域，包括王畿和各诸侯国；国，指诸侯所统治的区域，按照西周的分封制度，天子将天下的土地分封给自己的兄弟、子侄和功臣管理；家，指卿大夫的统治区域，诸侯将自己国内的土地分封给兄弟、子侄、功臣管理，大夫封地也是如此层层分封；均，治理、平定，泛指对于天下、国家的管理合理，实现大治。②〔爵禄可辞也〕爵禄，即爵位和俸禄。按照周制，天子封公、侯、伯、子、男五等之爵，每一等级的爵位都有相应的俸禄；辞，推辞、谢绝，指谢绝天子分封的爵位与俸禄。③〔白刃可蹈也〕白刃，闪着寒光的刀子；蹈，赤脚踏着锋利的刀刃走过去。

◎**大意** 孔子说："治理天下国家虽然很难，但是仍然有人可以管理好；高官厚禄虽然诱人，但是有人却可以谢绝；面对寒光闪闪的刀子虽然害怕，但还是有人敢于赤脚走过去。可是坚持中庸之道，却是很难有人做到的。"

◎**释疑解惑**

本章仍然是在讲实行中庸之道的困难。中庸之道是孔子提倡的重要道德之一，孔子说："中庸之为德也，其至矣乎！民鲜久矣。"（《论语·雍也》）但是孔子还提倡其他很多道德品质，如智、仁、勇。孔子说："知者不惑，仁者不忧，勇者不惧。"（《论语·子罕》）智、仁、勇是君子之达德，孔子自谦自己都不一定做到，可见这是很高尚的道德。但是孔子认为，即使做到了智、仁、勇，也未必能够坚持和运用中庸之道，再一次凸显了中庸作为道德"其至矣乎"的地位。

在这一章中，孔子举了几个运用智、仁、勇的最高成就的例子。"天下国家可均也"，是说管理国家，天下之广，国家之大，人民众多，事务繁杂，因此能够将天下国家事务管理得井井有条、均等平衡，是一件需要极高智慧的事情。高官厚禄对于任何人都是极大的诱惑，但是仁者要区分这些利禄是否符合仁义礼乐的标准，孔子说："富与贵是人之所欲也，不以其道得之，不处也。"（《论语·里仁》）又说："不义而富且贵，于我如浮云。"（《论语·述而》）对于不合乎道德的地位、金钱、利益，一个真正的仁者是必须拒绝的。面对寒光闪闪的利刃，任何人都会感到畏惧，但是一个真正的君子，要有不畏强暴的勇气，在危险面前绝不退缩。如孟子所言："富贵不能淫，贫贱不能移，威武不能屈。此之谓大丈夫。"（《孟子·滕文公下》）不过在孔子看来，即使具备了智、仁、勇这些道德品质的人，也不一定能够具备中庸之德，由此可见实行中庸之道的困难。

表面看中庸之道只是"无过不及"，即办事要注意分寸和尺度，没有什么难度，不过是百姓日用常行之道。但恰恰就是这种日用常行、须臾不可离之道，却是哲学、宗教智慧的结晶。只有具备了深刻辩证思维和坚定不移信仰的人，才可能在复杂的社会关系中，把握这种"不偏不倚"的尺度。特别是本书后边要讲到"和而不流""中立而不倚""明哲保身"等中庸智慧，如果不具备儒者最高的"中庸"智慧，"智"就会变成狡诈，"仁"就会变成懦弱，"勇"就会变成鲁莽，这也是中庸之道被一些自认为高尚的人视为"无原则""滑头""折中主义""和稀泥"的原因，也是中庸之道"民鲜久矣"的原因。正如朱熹注释所说："三者亦知仁勇之事，天下之至难也，然不必其合于中庸，则质之近似者皆能以力为之。若中庸，则虽不必皆如三者之难，然非义精仁熟，而无一毫人欲之私者，不能及也。三者难而易，中庸易而难，此民之所以鲜能也。"朱熹这里所说到的"义精仁熟"，就是灵活运用"极高明而道中庸"的哲学智慧，"无一毫人欲之私"就是《中庸》所说的"拳拳服膺"，是坚定的信仰。所以一些虽不能达到中庸水平、但是道德资质近似的人，也可以做到智、仁、勇。

◎知识拓展

范蠡功成身退，文仲恋位丧生

公元前496年，越国国君勾践即位后不久，即打败吴国。两年后，吴王夫差攻破越都，勾践率领残兵败将退守会稽，最终被迫屈膝投降，并随夫差至吴国，臣事吴王，后被赦归返国。勾践自战败以后，时刻不忘会稽之耻，日日卧薪尝胆，反躬自问："汝忘会稽之耻邪？"他重用范蠡、文种等贤人，经过"十年生聚，又十年教训"，使越之国力渐渐恢复起来。可是吴国对此却毫不警惕。前482年，吴王夫差为参加黄池之会，尽率精锐而出，仅派太子和老弱留守。勾践遂乘虚而入，大败吴师，杀吴太子。夫差仓促与晋定盟而返，连战不利，不得已而与越议和。前473年，越军再次大破吴国，吴王夫差被围困在吴都西面的姑苏山上，求降不得而自杀，吴亡。越王勾践平吴，乃声威大震，成为春秋时期最后一位霸主。

勾践灭吴称霸，范蠡居功至伟，封上将军，但是范蠡深知"大名之下难久居""久受尊名不祥"，所以明智地选择了功成身退，"自与其私徒属乘舟浮海以行，终不反"。传说范蠡改名陶朱公，后以经商致富。范蠡曾遣人致书勾践的另一位功臣文种，谓："飞鸟尽，良弓藏；狡兔死，走狗烹。越王为人长颈鸟喙，可与共患难，不可与共乐，子何不去？"文种没有听从。有一次，文种生病了，没有去上朝，越王左右嫉恨文种的人趁机向勾践进谗言道："文种自认为功高盖世，现在大王不封赏他，他心中不满，所以不上朝。"勾践了解文种的才干，觉得吴国已灭，他对自己已经无用，更害怕文种有朝一日作乱，无人能制，现听群臣这么说，就有了杀文种之心。

有一天，越王突然到文种家中探病，随手解下宝剑，放在文种床边，对他说："你教我七条计谋，我用了三条就已灭吴，剩下的四条你帮我到地下去告诉先王如何？"说完就走了，文种把宝剑拿过来一看，马上就明白了越王的意思，于是仰天长叹道："我不听范蠡的话，今日终被越王所杀，我真后悔呀！"说完拔剑自刎而死。

第十章

　　子路问强①。子曰:"南方之强与? 北方之强与? 抑而强与②? 宽柔以教③,不报无道④,南方之强也,君子居之⑤。衽金革,死而不厌⑥,北方之强也,而强者居之。故君子和而不流⑦,强哉矫⑧! 中立而不倚⑨,强哉矫! 国有道,不变塞焉⑩,强哉矫! 国无道,至死不变,强哉矫!"

◎**注释**　①〔子路问强〕子路,姓仲名由,字子路,又字季路,春秋鲁国人,孔子的学生。子路在孔门弟子以性格直率、勇敢、好勇而著名。强,坚强、勇敢、刚毅。②〔抑而强与〕抑,选择连词,相当于"或者""还是"。而,代词,同"尔",你,这里指子路。整句意思是:还是你所问的"强"? ③〔宽柔以教〕用宽柔的道德教化人们。④〔不报无道〕对于无道的人也不报复。这里所说的无道,指的是违背道德,强横凶暴。⑤〔君子居之〕君子,道德高尚的人;居,生活、停留;之,代词,这里的意思。⑥〔衽(rèn)金革,死而不厌〕衽,卧席,这里指枕卧;金,武器;革,盔甲。整句话是说北方游牧民族勇敢英武,即使生活艰苦,死于战场也不畏惧。⑦〔和而不流〕处事平和但不随波逐流,这是君子应当具有的品格。⑧〔强哉矫〕朱熹注释说:"矫,强貌。《诗》曰:'矫矫虎臣'是也。"形容真正强者的样子。⑨〔中立而不倚〕朱熹注释说:"倚,偏着也。"指君子办事不偏不倚。⑩〔不变塞焉〕朱熹注释说:"塞,未达也。国有道,不变未达之所守。"塞指受阻,人不因仕途受阻而改变自己的志向。

◎**大意**　子路向孔子请教什么是强? 孔子反问道:"你问的是南方的强,还是北方的强? 或者是你所谓的强呢? 用宽宏仁和的道德去教育人民,对于凶狠野蛮的人也不报复,这是南方强的特点,也是道德君子愿意选择的一种强。枕戈待旦,死而无憾,这是北方人的强,是那些逞强者所选择的强。因此说,君子应当做到处事平和但不随波逐流,这才是真正的强啊! 在社会上不被形势所左右,办事坚持中立的立场,这才是真正的强啊! 国家政治清明,不因个人的仕途受阻而改变做人的原则,这才是真正的强啊! 国家政治混乱,仍然坚持良好的道德品质至死不渝，这才是真正的强啊！"

◎释疑解惑

子路是孔门弟子中最英勇果敢的一位，甚至可以说有些直率鲁莽。他一向以强人自居，因此他也想知道老师心目中的强者是什么样子。孔子这段话就是针对子路的提问而发的，指出有三种"强"。

第一种是南方人所具有的"强"，朱熹注释说："宽柔以教，谓含容巽顺以诲人之不及也。不报无道，谓横逆之来，直受之而不报也。南方风气柔弱，故以含忍之力胜人为强，君子之道也。"中国自古就是一个多民族国家，南方居住的多是农耕民族，他们生活在气候温和、潮湿多雨的地区，每年四季的变换很规律，他们通过辛勤的劳作来换得一家老小安稳的生活。这样平定安稳的生活方式造就了他们温柔和顺的民族性格。"巽顺"一词就是对这种性格的一种描述。"巽"与"逊"同，表示谦逊和顺。注重道德教化，即使碰到了强横无道之人，也不使用暴力进行报复。忍辱负重也是南方人性格中强的性质，他们往往能够以柔克刚，以弱胜强。所以孔子说君子多如同这样的南方之强，是以"宽柔以教"来维持自己的生存权利。

第二种是北方人所具有的"强"，朱熹注释说："北方风气刚劲，故以果敢之力胜人为强，强者之事也。"这里所说的北方，泛指居住在北方的汉族，也应当包括生活在北方草原上的游牧民族。这里天干物燥，四季分明，北风凛冽，气候寒冷，生活在这里的人们，经常要与大自然进行搏斗。艰苦的自然环境造就了北方人刚毅果敢、英勇顽强的民族性格。特别是北方的游牧民族，常年在大草原上游走驰骋，更是居无定所，四海为家，尚武好斗，不畏生死。所以孔子说这里是强者居之，是强人的生存场所。

北方之强不畏生死，强横勇猛，但缺乏道德指引，往往很难长久维持。其后历史上入主中原的少数民族虽然具有强大的军事实力，但是最终都被融入汉族的文化之中。因此这种北方之强肯定不是孔子所倡导的。表面看来，孔子是在推崇"南方之强"，因为这里是君子之居。在儒家的语境中，君子与小人对立，指具有高尚道德的人。但是如果仅此，那孔子就不用再说一种"抑而强与"了。在中庸的哲学视野下，"南方之强"和"北方之强"都是不完善的。南方之强虽然宽容有余，但是刚强不足，所以历史上南方农耕民族经常受到北方游牧民族的侵扰，生命财产安全遭到巨大威胁。作为一个民族、一个国家，这样的"君子"

是当不得的。孔子不但这样看，而且也这样实践。历史记载，"定公与齐侯会于夹谷，孔子摄相事，曰：'臣闻有文事者，必有武备。有武事者，必有文备，古者诸侯并出疆，必具官以从，请具左右司马。'定公从之。"（《孔子家语·相鲁》）这个故事是说，鲁定公十年（公元前500年），鲁定公与齐景公会于夹谷。齐国依仗军事实力强大，试图在宴席间绑架鲁定公，然后迫使鲁国承认齐国占领的土地合法化。孔子看出了齐国的阴谋，因此坚持政治谈判虽是"文事"，但是一定要有"武备"作为保障。于是他们带着掌管军队的"两司马"前往，挫败了齐国的武力绑架阴谋。因此真正的强，一定是结合了南北方的优点，既具有南方的宽厚道德，也具有北方的刚勇精神。所以孔子后边所说的第三种，正是这种"中庸之强"。

"中庸之强"有四种表现形式，是对人们精神境界的极高要求。朱熹认为，"抑而强与"就是孔子认为子路"此四者，汝之所当强也"。孔子知道子路的缺点是偏于北方之强，故说了真正强者的四项要求，"夫子以是告子路者，所以抑其血气之刚，而进之以德义之勇也"。在孔子看来，这种"德义之勇"，是要远远强过"血气之刚"的。

第一，"和而不流"，即真正的君子应当是外表温和谦逊，但骨子里坚定刚强，面对世上各种不良风气，绝不随波逐流，更不与之同流合污。要做到这一点其实是很难的，因为简单地对各种不良势力说"不"是容易的，逞一时"匹夫之勇"的结果只能是断送自己，失去君子在社会上教化民众、匡正时弊的机会。而按照中庸之道，则要坚持君子和蔼可爱、和睦相处的原则与社会上的人与事相交往，但是要坚守道德的底线，决不做违背原则的事情，这也需要极强的定力和极大的勇气，非真正的强者不能为。孟子说："柳下惠，圣之和者也。""柳下惠不羞污君，不辞小官。进不隐贤，必以其道。遗佚而不怨，厄穷而不悯。与乡人处，由由然不忍去也。'尔为尔，我为我，虽袒裼裸裎于我侧，尔焉能浼我哉？'故闻柳下惠之风者，鄙夫宽，薄夫敦。"（《孟子·万章下》）柳下惠与各种人都能和谐相处，但又不失自己做人的原则，可以说是"和而不流"的典型注解。

第二，"中立不倚"，即真正的强者办事时要做到不偏不倚，这样才能算是"不流"。君子不仅要修己，还要济世，在行为上要立于中道，无过不及。要做到在不断变化的形势中"执两用中""不偏不倚"，不仅需要极高的智慧，更需要不为利益所诱惑，有勇气和决心战胜自己的私心杂念，也是非真正的强者所莫为。

第三，"不变塞焉"，即在国家政治清明时，不会因个人仕途的通否而改变为人处世的原则，这也是中庸之道的要求。一般缺乏道德修养和意志磨炼的人，情绪往往受境遇的影响，处顺境时志得意满，不可一世，遭逆境时垂头丧气、消极遁世。这种情况也都是由于在利益面前患得患失所导致的，因此朱熹认为："此则所谓中庸之不可能者，非有以自胜其人欲之私，不能择而守也。"所以克服一己之私欲的道德修养，也是维持中庸之道的重要保障。

第四，"至死不变"，即在国家政治混乱时，因坚守自己的社会理想，绝不为了短时期利益出卖原则。孔子认为："邦有道，则仕；邦无道，则可卷而怀之。"（《论语·卫灵公》）孟子则说："穷则独善其身，达则兼善天下。"（《孟子·尽心上》）即一个道德君子，只有在国家政治清明时才可以出来做官，实现自己的政治抱负。但是在国家政治混乱时，则应当退守民间，著书立说，教学传道，绝不为了利益改变自己的信仰。孔子、孟子奠定了儒学发展的基础，但是他们的学说在春秋战国年间并没有得到哪一个诸侯国国君的重用。面对这样的局面，他们"笃信好学，守死善道。危邦不入，乱邦不居。天下有道则见，无道则隐"（《论语·泰伯》），"至死不变"地坚守，而不是因一时之需而放弃学术的原则。儒家学说正是因为其"至死不变"的中庸之强，最终以其合理性得到社会的"独尊之术"地位。

通过对这一章全部内容的理解，可以说孔子心目中的真正强者，既不是南方的"宽柔以教，不报无道"式的柔弱忍耐，也不是北方铁马金戈、死而无憾式的刚猛奔放，而应当是坚守原则，处事不变，和而不流，中立不倚。这才是当时中原动荡时代中最急需的中庸之道，孔子以此教诲子路，他自己也是这样做的。

◎ 知识拓展

孔子去陈过蒲

《史记·孔子世家》记载："（孔子去陈）过蒲，会公叔氏以蒲叛，蒲人止孔子。弟子有公良孺者，以私车五乘从孔子……斗甚疾。蒲人惧……与之盟，出孔子东门。孔子遂适卫。"这段话的大意是：孔子周游列国时，有一次离开陈国，经过一个叫蒲的地方，正好碰到了公叔氏发动叛乱。蒲人挡住孔子，不让他们离开。孔子弟子中有一个叫公良孺的，带着自己家的五辆车，载着孔子向外冲。一路上他们与蒲人发生了激烈的战斗，战斗非常凶狠，蒲人畏惧了，给孔子打开了东门，孔子一行从这里到了卫国。这个故事告诉我们，孔子也不总是一副谦谦君子、温良恭俭让的样子。在面对叛军、土匪的时候，孔子和他的弟子们也非常勇敢，有一种"衽金革，死而不厌"的勇敢精神。因为面对这些匪徒，"宽柔以教，不报无道"的君子之风没有作用，还是要使用不畏生死的战斗精神来说话。如果不是司马迁将"斗甚疾"载之史册，谁也不会相信孔子也有这样"好勇斗狠"的时候。这才是真正的"强"啊！

第十一章

子曰："素隐行怪①，后世有述焉②，吾弗为之矣③。君子遵道而行，半涂而废，吾弗能已矣④。君子依乎中庸，遁世不见知⑤而不悔，唯圣者能之。"

◎**注释**　①〔素隐行怪〕素，朱熹注释说："按汉书当作索，盖字之误也。索隐行怪，言深求隐僻之理，而过为诡异之行也。""素隐行怪"指一些学者探索一些怪异的事物，行为失常古怪，以此沽名钓誉。②〔后世有述焉〕后代有人记述那些索隐行怪的人和事，借以流传后代。③〔吾弗为之矣〕意为"我不这样做"，表示对"索隐行怪"的否定。④〔吾弗能已矣〕已，停止，表示自己不能半路停止。⑤〔遁世不见知〕遁世，遁指逃避，遁世指隐居世间，逃避现实社会的问题。不见知：见指被，不见知即不被人知晓。

◎**大意**　孔子说："搜寻和探索那些隐僻失正的学问，做一些怪异失常的举动，借以达到被后人记述以沽名钓誉的目的，这样的事情我是不做的。依据中庸之道而作为，有人会半路上停下来，我是决不会停止的。真正的君子一旦选择了中庸之道作为自己的指南，即使终生不被别人知晓也绝不后悔，只有达到圣人境界的人才能如此啊！"

◎**释疑解惑**

这里孔子分析了在现实社会遇到困境后的三种人生态度，即是否实行中庸之道的三种人生表现。

第一种态度是"素隐行怪"。即在社会上遇到困难后，就放弃了中庸之道，而靠走极端的方法博取社会的关注。"素隐"是指一些学者不去研究紧迫的社会现实问题，而是在一些怪异偏僻的问题上下功夫。如朱熹所说："素隐行怪，言深求隐僻之理，而过为诡异之行也。然以其足以欺世而盗名，故后世或有称述之者。"为什么会出现这样的现象？主要是由于研究现实的社会问题有一定的风险，容易被否定，而且短时间内难有成效。而做那些偏僻古远的问题，既可以绕过尖锐的社会矛盾，又可以欺世盗名，吸引眼球。例如战国时期的大儒荀子在批评名家时指出："不法先王，不是礼义，而好治怪说，玩琦辞，甚察而不惠，辩而无用，多事而寡功，不可以为治纲纪；然而其持之有故，其言之成理，足以欺惑愚众；是惠施邓析也。"（《荀子·非十二子》）荀子认为名家的"离坚白""合同异""白马非马"，都是逃避现实的"怪说""琦辞"，因为它们对于社会"察而不惠""辩而无用"，没有任何积极作用，都是"欺惑愚众"的奇谈怪论。"行怪"则是指行为放荡怪癖，以自己不符合社会伦理规范的行动来引起社会的关注，其实这也是一种违反中庸之道的逃避行为。例如魏晋时期的"竹林七贤"，指三国时期曹魏正始年间（240—249），嵇康、阮籍、山涛、向秀、刘伶、王戎和阮咸七人。当时社会处于动荡时期，司马氏和曹氏争夺政权的斗争异常残酷，导致民不聊生。文士们不但无法施展治世的理想，而且时时担忧生命，因此崇尚老庄哲学，从虚无缥缈的神仙境界中去寻找精神寄托，用清谈、饮酒、佯狂等形式来排遣苦闷，"竹林七贤"成了这个时期文人的代表。从正统的儒家立场看来，"素隐行怪"的作风是不符合中庸之道的。

第二种态度是"半涂而废"。涂通"途"，"半涂而废"即半途而废。朱熹注释说："遵道而行，则能择乎善矣；半涂而废，则力之不足也。"也就是说一些人开始正确选择了中庸之道，但是行至半途力不能及，所以放弃了。当然"力之不足"有多种情况，可能只是实力的不足，但可能更多的是定力不足，在外界欲望的诱惑下而放弃中庸之道，自暴自弃，随波逐流。夫子自谓："吾弗能已矣"，就是说我是不会停止的。朱熹注释说："圣人于此，非勉焉而不敢废，盖至诚无息，自有所不能止也。"因为孔夫子能够做到"率性至诚"，因此可以"志诚无息"，坚守中庸之道不辍。

第三种态度是"遁世不见而不悔"。这被认为是正确的人生态度。孔子生逢春秋战国的乱世，终生坚守中庸之道不易。但是孔子宁愿不为世人知晓，也不用"素隐行怪"的方式哗众取宠，盗取功名。同时坚持实行中庸之道，即使没有得到社会的认可也决不做半途而废的事情。因此在当时的社会上孔子及其学生们显得落落寡合，不合时宜，被一些世俗之人看成"知其不可而为之者"（《论语·宪问》），"累累若丧家之狗"（《史记·孔子世家》）。但是孔子本人对此只是一笑置之，仍然以无怨无悔的精神坚守善道，并通过著书立说，教育学生使之发扬光大，因此，孔子才成为中华文化的圣人。

◎知识拓展

孔子行道

《史记·孔子世家》记载："孔子适郑，与弟子相失，孔子独立郭东门。郑人或谓子贡曰：'东门有人，其颡似尧，其项类皋陶，其肩类子产，然自要以下不及禹三寸。累累若丧家之狗。'子贡以实告孔子。孔子欣然笑曰：'形状，末也。而谓似丧家之狗，然哉！然哉！'"故事的大意是：孔子到郑国去，路上和学生们走散了。（于是）孔子独自站在城郭东门口。有个郑国人对孔子的学生子贡说："东门口站着的那个人。他的额头像尧，他的后颈像皋陶，他的肩膀与子产类似，但是腰部以下比大禹矮三寸，疲劳得像失去主人、到处流浪的狗。"子贡将这些话如实地告诉了孔子。孔子不仅没有生气，反而开心地笑了，说："讲我的外形像谁，是小事。然而说我类似失去主人、到处流浪的狗，确实是这样啊！确实是这样啊！"

刘伶醉酒

刘伶绝对算得上最爱酒之人，只怕酒量在文人之中也是无人能出其右。这种人，是为了酒可以连命都不要了的。《晋书·列传十九·刘伶》记载刘伶常驾鹿车，携美酒，一路痛饮。还带了个仆人，让仆人扛把锄头，吩咐仆人说："死便埋我。"爱酒至斯，如此放浪形骸，可见其洒脱。刘伶不只是以酒为名，简直也以酒为命。每天晚上，他都先狂饮五斤酒，然后才呼呼大睡，有时半夜醒来，还要再喝，他的夫人对他日夜狂饮的恶习深表不满，把家中的酒和所有的盛酒器皿以及酒壶、酒杯全丢掉了。有一天，当夫人劝他别再喝时，他就对夫人说："那就让我先祭神，祈神灵保佑后再说，我要拜神，何不先帮我买五斤酒和一些肉回来，让我有酒肉来祭神？"夫人听了照办，有了酒肉，刘伶兴致勃勃地吟起诗来："天生刘伶，以酒为名。一饮一斛，五斗解醒（chéng，指酒醉不醒）。妇人之言，且不可听。"然后咕噜咕噜地把五斤酒一饮而尽！其夫人听了哭笑不得。世人争论竹林七贤之事，评之"无稽"。还有一个刘伶来客不着衣的故事。时值刘伶任建威参军，一日于家中一丝不挂地饮酒，有客人来访，他也不回避穿衣，还狂笑道："我以天地为栋宇，屋室为裤衣。诸君何为入我裤中？"刘伶此举难免有荒唐之嫌，但若来客是友，必然不会感到惊讶，老友了解刘伶，自然习惯于他的"荒唐"之举；即使是生人，若能释怀，也必是可结交一番的友人。若来客非友，且不是志同道合之人，这句话就成了绝妙的讽刺，是漂亮的逐客令。

对于竹林七贤的怪异行为，可以说是为了颓丧避祸，可以说是故意以违反名教的行为对提倡名教的贵族们虚伪行为的抗议。但是他们的怪异行为，是与儒家提倡的中庸之道背道而驰的，最终也无法引导社会走向正轨。

第三部分　行道篇

从第十二章到第二十章，是讲实行中庸之道的方法。孔子曾经说过："吾道一以贯之。"这个"一以贯之"的"道"，就是儒学最基本的思想方法——"忠恕之道"。因此我们认为：忠恕之道也是实行中庸之道的根本方法。朱熹在《中庸章句》中指出，这一章的内容"杂引孔子之言以明之"，也就是说，这一篇主要是引用孔子的话，说明行道的方法。君子无论修身、齐家、治国、平天下，都是从自反本心、以己推人的方法开始的。本篇的文字在全书中最长，具有丰富的哲学、宗教、政治、经济、文化思想，是儒学重要的理论著作。本篇的最后又讲到了"诚者，天之道也；诚之者，人之道也"，为下一篇留下了衔接的契合点。

第十二章

君子之道费而隐①。夫妇之愚②，可以与知③焉，及其至也④，虽圣人亦有所不知焉；夫妇之不肖，可以能行焉，及其至也，虽圣人亦有所不能焉。天地之大也，人犹有所憾⑤。故君子语大，天下莫能载⑥焉；语小，天下莫能破⑦焉。《诗》云："鸢飞戾天，鱼跃于渊⑧。"言其上下察⑨也。君子之道，造端乎夫妇⑩；及其至也，察乎天地。

◎**注释**　①〔费而隐〕费，朱熹注释说："费，用之广也"，指广大、广泛。隐，朱熹注："隐，体之微也"，指隐蔽、深奥、精微。整句话是说君子之道（即中庸之道）的道体隐蔽而精微，用途广大、广泛。②〔夫妇之愚〕指普通的夫妇比较愚笨。③〔与知〕与，给予；知，了解。整句话是说中庸之道可以被智能一般的夫妇了解、掌握。④〔及其至也〕及，等到、到达；至，顶点、极致。指完全搞清楚。⑤〔憾〕遗憾、不够满意。⑥〔载〕承载、承受。⑦〔破〕分开，指破解、分析。⑧〔鸢（yuān）飞戾（lì）天，鱼跃于渊〕鸢，一种鹰；戾，至。这句话出自《诗经·大雅·旱麓》，子思引用《诗经》说明：中庸之道极为高深。朱熹注释说："子思引此诗以明化育流行，上下昭著，莫非此理之用，所谓费也。然其所以然者，则非见闻所及，所谓隐也。"⑨〔察〕显著、明显。⑩〔造端乎夫妇〕造端，起始、开始；乎，在，介词。指中庸之道开始于人们日常的家庭生活。

◎ **大意** 君子所行的中庸之道，广大而又精微。即使是文化水平不高的一般夫妇，也可以教育他们了解。不过要掌握中庸的最高境界，即使是圣人也很难做到。不太贤良的普通夫妇，也可以践行中庸之道；但是要把中庸之道贯彻到底，即使是圣人也有所不能。天地如此广大，但是人们还对其有所不满。所以君子说中庸之道非常广大，天下没有什么东西可以承载它；说中庸之道非常精微，没有什么东西可以剖析它。《诗经》说："鹰在高天飞翔，鱼在深渊游弋。"这就是说，中庸之道像天空中的老鹰和深渊中的鱼儿一样，从上到下都是很明显的。中庸之道是从普通夫妇的居家生活开始的，但是要达到最高的境界，唯有明察天地万物的运行规则。

◎ **释疑解惑**

　　朱熹注释《中庸》讲到第十一章时指出："子思所引夫子之言，以明首章之义者止此。盖此篇大旨，以知仁勇三达德为入道之门。故于篇首，即以大舜、颜渊、子路之事明之。舜，知也；颜渊，仁也；子路，勇也：三者废其一，则无以造道而成德矣。"也就是说，第十一章是《中庸·明道篇》的终结，对《明道篇》的全部内容进行了一个简单的概述。回顾整个《明道篇》的十一个章节，子思引孔子的话，对中庸之道的性质进行了全面阐述。朱熹认为：实行中庸之道必须有智、仁、勇这"三达德"，因此《明道篇》各章分别以舜、颜回、子路三人为例，因为他们是人们心目中智、仁、勇的代表性人物。"舜其大知也与……""回之为人也，择乎中庸，得一善，则拳拳服膺而弗失之矣""子路问强……"这些我们在前边都已经详细分析过。

　　第十二章的内容并不是孔子说的，而是子思说的，是对整个"明道篇"的一个回顾性概述。子思对中庸之道的精微高深进行了总括性的概述，从而表明"明道篇"终止于第十一章，而本章又引出了后边的"行道篇"，属于一个过渡性的章节。

　　"君子之道费而隐"，这是对中庸之道性质的一个根本性的判断。中庸之道绝不是高高在上、遥不可及的，而是一种"致广大而尽精微"的日用常行之道，就在我们每个人身边。比如说我们每天都要做饭炒菜，炒菜放盐就是一种"日用常行"的中庸之道，放多一点菜就咸了，放少一点菜就淡了，都不好吃。只有不多不少，分寸适中，才能做出一盘好菜。其中的道理就是"过犹不及"的中庸之道。这样的中庸之道，当然"夫妇之愚"也可以掌握的，因为大家都要学会做饭做菜。所以说中庸之道"造端乎夫妇"，是从日常生活开始的。但是要想成为一个大饭店的名厨，却又不那么简单。难就难在中庸之道没有一个固定的标准，不是几斤菜放几克盐的固定公式，而是根据客人的口味随时变化的。中国人的口味南甜北咸，东辣西酸，要成为一名烹饪大师，必须对各地的民俗特点、地域民风都有所了解，同时又要适时变动，这就是"君子之中庸，君子而时中"。然而南来北往的客人众多，众口难调，要想满足所有客人的口味，即使是国际名厨"亦有所不能焉"。

本章最后引用《诗经》的话说，中庸之道如同"鸢飞戾天，鱼跃于渊"一样无高不居，无深不在。从大处讲，天下之物莫之能载；从小处讲，中庸之道精微深奥，没有什么语言能够完全分析破解。于此可见，掌握中庸之道是非常难的，圣人亦有所不知、不能。在人们心目中，圣人都是无所不知、无所不能的，但那是宗教中的神仙，儒家不是宗教，儒家所说的圣人也是常人，都是在日常生活中通过学习和实践形成的能力超群之人。正因为他们也是人而不是神，所以也会有所不知，有所不能。朱熹说："圣人所不知，如孔子问礼问官之类；所不能，如孔子不得位，尧舜病博施之类。"孔子自称："吾非生而知之者"，他的知识都是从学习中获得，所以"子入太庙，每事问"。他年轻的时候，曾向当时为周朝守藏室之官（管理藏书的官员）的老子问礼。同时，圣人们也有力所不及的事情，如孔子周游列国而不得位，没有哪一诸侯国肯用孔子的学说，任命他为重要官员。孔子说："修己以安百姓。修己以安百姓，尧舜其犹病诸！"（《论语·宪问》）天下百姓众多，即使圣人治世，也很难让所有百姓都得到很好的安顿，因此说"尧舜其犹病诸"。总之，子思通过一难一易两个方面说明，中庸之道就在我们身边，是"须臾不可离"的至道。他特别强调愚夫愚妇也能够掌握，以便鼓励人们的信心，使大家不至于因为中庸之道难于把握而放弃了学习践行的信心。另一方面，他又反复强调中庸之道即使是圣人也很难完全把握，也有难以做到的时候，这样教育人们不断学习和实践，不断提升自己掌握中庸之道的能力，而不能故步自封或半途而废。这正是儒家理论"亲切体贴"之处，也是儒家学问本身之"中庸"。

◎ 知识拓展

宋玉论美人

有一次楚王问大臣宋玉，美人应当是什么样子？宋玉回答说："天下之佳人莫若楚国，楚国之丽者莫若臣里，臣里之美者莫若臣东家之子。东家之子，增之一分则太长，减之一分则太短；著粉则太白，施朱则太赤；眉如翠羽，肌如白雪；腰如束素，齿如含贝；嫣然一笑，惑阳城，迷下蔡。"这几句话的大意是说，天下的美女，没有谁比得上楚国女子，楚国女子之美丽者，又没有谁能超过我那家乡的美女，而我家乡最美丽的姑娘还得数我邻居东家那位小姐。东家那位小姐，论身材，若增加一分则太高，减掉一分则太短；论其肤色，若涂上脂粉则嫌太白，施加朱红又嫌太赤，生得真是恰到好处。她那眉毛有如翠鸟之羽毛，肌肤像白雪一般莹洁，腰身纤细如裹上素帛，牙齿整齐有如一连串小贝，甜美地一笑，足可以使阳城和下蔡一带的人们为之迷惑和倾倒。

这个故事告诉我们，美人并没有一个具体标准，关键就是适度。胖一点好还是瘦一点好？其实最好的是不胖不瘦；高个子好还是矮个子好？最好是不高不矮。这就是人们审美上的中庸之道。

第十三章

子曰："道不远人①，人之为道而远人，不可以为道。《诗》云：'伐柯伐柯，其则不远②'。执柯以伐柯③，睨而视之，犹以为远④。故君子以人治人⑤，改而止。忠恕违道不远⑥，施诸己而不愿，亦勿施于人⑦。君子之道四，丘未能一焉：所求乎子，以事父⑧，未能也；所求乎臣，以事君⑨，未能也；所求乎弟，以事兄⑩，未能也；所求乎朋友，先施之⑪，未能也。庸德之行，庸言之谨⑫，有所不足不敢不勉⑬，有余不敢尽⑭，言顾行，行顾言，君子胡不慥慥尔⑮？"

◎**注释** ①〔道不远人〕指中庸之道离人不远，就在人们的身边。朱熹注释说："道者，率性而已，固众人之所能知能行者也，故常不远于人。"即只要能够按照自己的真性情率性而行，自然是符合道的。②〔伐柯伐柯，其则不远〕这两句话出自《诗经·豳（bīn，古地名）风·伐柯》，讲一个樵夫去山中伐木，试图寻找一根适宜做斧子把的木材。柯，斧柄。则，法则、式样。③〔执柯以伐柯〕拿着一柄斧子去砍削一把新的斧子柄，其实样式就在自己眼前。孔子引用《诗经》中的这句诗说明道不远人，就在身边。④〔睨（nì）而视之，犹以为远〕睨，斜视之意。指斜眼看一下手中的斧柄，并没有看清楚，以为样式差别很大。⑤〔故君子以人治人〕治人，管理民众。有道德的君子根据民众的不同情况采取不同的治理方法。⑥〔忠恕违道不远〕忠，尽己。朱熹注释说："尽己之心为忠。"忠的本意是对自己意愿的反思，能够彻底反思自己意愿的行为就是"忠"。恕，以己推人，朱熹注释说："推己及人为恕"，就是将自己的意愿推及于人。这句话是说：如果能够做到忠恕之道，离道的要求也就不远了。⑦〔施诸己而不愿，亦勿施于人〕这是对忠恕之道的具体解释。反思自我的意愿，如果我不能接受的事物，也不要强加于人。施，施加、施行。朱熹注释说："施诸己而不愿，亦勿施于人，忠恕之事也。以己之心度人之心，未尝不同，则道之不远于人者可见。"⑧〔所求乎子，以事父〕所求，要求。即要求自己儿子的事情，首先要对自己的父亲做到。父母是子女最好的老师，传承孝道要以身作则。⑨〔所求乎臣，以事君〕要求自己臣下的事情，首先要对自己的君主做到。要求下级忠诚于自己，就必须先忠诚于上级。如孔子所说："其身正，不令而行"。⑩〔所求乎弟，以事兄〕要求弟弟对自己恭敬，首先要恭敬地对待自己的兄长。⑪〔所求乎朋友，先施之〕施，给予。要求朋友慷慨、讲信用，首先要自己做到对朋友慷慨、讲信用。自己这样做了，朋友也会这样对待你。⑫〔庸德之行，庸言之谨〕庸德，平凡、细小的道德。庸言，普通的言论。对于平凡细小的道德要认真践行，对于平常的言论要谨慎出口。⑬〔有所不足不敢不勉〕勉，努力。实践平常的道德还有不足的地方，不敢不继续努力。此句解释庸德之行。⑭〔有余不敢尽〕指言谈有所保留，这是君子谨慎的态度。此句解释庸言之谨。⑮〔君子胡不慥慥（zào）尔〕慥慥，朱熹注释说："笃实貌"，形容君子忠厚诚实的样子。

◎**大意** 孔子说："道是不会远离人的。人在实行道的过程中如果远离了'人'这个根本原则，那就不可能实行道了。《诗经》说：'砍制斧头把、砍制斧头把，斧头把的式样就在眼前。'人们手握斧头把去砍树木来做新的斧头把，而如果乜斜着眼睛不仔细看的话，还以为很远呢。所以君子治理百姓，就是要根据民众的不同情况采取不同的治理方法，只要能够改正就可以了。有了忠恕之道，离掌握中庸之道就不远了。别人施加于我而我不情愿，那我也不要如此施加于人。君子待人之道有四项，我孔丘一样也没有做到：要求儿子的事情，首先要这样对待自己的父亲；要求臣下对待自己做到的事情，首先要这样对待自己的君上；要求弟弟做的事情，首先要这样对待自己的兄长；要求朋友对自己做到的事情，首先要对朋友这样做。这些我都没有做到呀！对于日常一些细小的道德，应当认真践行，日常生活中的一些普通言论，要谨慎出口。道德上有所不足，要努力践行；言谈要留有余地，不能言过其实。所说的要照顾到所行的，所行的要照顾到所说的。真正的君子应当是一个忠厚笃实之人。"

◎ 释疑解惑

此章主要是介绍践行中庸之道的方法。上一章子思引用孔子的话，说明了中庸之道的重要性，同时也指出把握中庸之道的难度。如果仅仅到此为止，那么就会为学者留下一个难题：这样难以把握的道理，如何能够变成现实的行为呢？第十三章为我们提供了一个践行中庸之道最可靠、最便捷的通道，就是儒家"吾道一以贯之"的根本方法——忠恕之道。所以朱熹说："尽己之心为忠，推己及人为恕……言自此至彼，相去不远，非背而去之之谓也。道，即其不远人者是也。"

《论语·里仁》记载："子曰：'参乎！吾道一以贯之。'曾子曰：'唯。'子出。门人问曰：'何谓也？'曾子曰：'夫子之道，忠恕而已矣。'"有一次孔子讲课，说自己的学问有一个原则可以一以贯之。曾参回答说："知道了。"下课后众弟子仍然不解，问曾参说："老师讲的是什么意思？"曾子回答说："孔夫子之道，就是忠恕而已。"也就是说，儒家的学问虽然广大精微，但只要掌握了忠恕之道，就可以掌握儒家"一以贯之"之道，可以把握儒家思想体系的根本了。忠恕之道用于人际是推己及人、仁者爱人；用于政治是仁政德治、协和万邦；用于自然是仁民爱物、万物一体，由此构成了儒家完整的思想体系。因此我们要掌握中庸之道，必须持续深入研习、把握忠恕之道。

什么是"忠恕之道"？朱熹在注释这段话的时候讲的一句话，被认为是对忠恕之道最好的解释。他说："尽己之心为忠，推己及人为恕。""忠"的涵义不仅仅是对上级的忠诚，忠诚只是忠的一个意义。忠的本意是指"尽己"，即对自己意愿的彻底反思。如《论语·学而》所说："为人谋而不忠乎？"这里的"忠"就是彻底反省自己的意思。我们办任何一件事情，都要反思一下这样做是不是自己也能够接受。如果自己可以接受，那么就是可行的。那么，什么是"恕"道呢？就是把自己认为正确的原则推行于他人。孔子说："施诸己而不愿，亦勿施于人。"也就是说：自己不愿意、不能接受的事情，就不要强加于别人。关于"恕"道的论述，《论语》中有多处记载，"子贡问曰：'有一言而可以终身行之者乎？'子曰：'其恕乎？己所不欲，勿施于人。'"（《论语·卫灵公》）这是"恕"之道禁止的方面，《中庸》不过是这句话的不同说法。《论语·雍也》记载孔子说："夫仁者，己欲立而立人，己欲达而达人。能近取譬，可谓仁之方也已。"这是"恕"之道提倡的方面，自己希望达到的目标，就要帮助其他人达到。比如人们都希望生活富足、安定，那最好的办法就是帮助别人都过上富裕、安定的生活。朱熹最后全面阐述注释说："施诸己而不愿，亦勿施于人，忠恕之事也。以己之心度人之心，未尝不同，则道之不远于人者可见。故己之所不欲，则勿以施之于人，亦不远人以为道之事。张子所谓'以爱己之心爱人，则尽仁'是也。"

忠恕之道的提出，为人们的道德行为提供了一个放之四海而皆准的普遍原则。德国近代哲学家康德将普遍的道德规律和最高行为准则称为"绝对命令"。他认为："不论做什么，总应该做到使你的意志所遵循的准则永远同时能够成为一条普遍的立法原则。"（《实践理性批判》，第30页）所谓普遍的立法原则，就是可以用来对别人，也可以用来对自己。这样的原则，其实就是基督教伦理中的"道德黄金律"，即"你们愿意人怎样待你们，你们也要怎样待人"（《圣经·马太福音》）可见，彻底地反省自我意愿，并以自己能够接受的原则对待他人，在全世界都是通用的"人性"。

为了进一步说明忠恕之道，本章引孔子的话讲了"君子之道四"，指的是"孝悌忠信"四项人生最重要的道德，这也是儒家"忠恕之道"外推的出发点。孔子自谦说自己这四项道德都没有机会实行，是非常遗憾的。"所求乎子以事父，未能也。"这就是说人们生儿养女，就是为了儿女在自己的晚年能孝敬自己。但是应当如何教育子女行孝呢？最根本的方法就是首先孝敬自己的父母，以身作则为子女做出表率。在孝道的教育中，父母是子女最好的老师。孔子说自己未能尽到儿子的孝道，主要是因为在他幼年的时候他的父亲就去世了，是由他的母亲把他抚养成人。因此未能对父亲尽孝是他终生的遗憾。他曾说："夫树欲静而风不停，子欲养而亲不待。"这是人生的最大悲哀。"所求乎臣以事君，未能也。"要求臣下对自己忠诚，首先需要对自己的君主忠诚。在现代生活中，虽然没有君主和臣下了，但是上下级关系还是普遍存在的，个人与组织的关系也没有改变。一个人能够忠诚于组织，努力完成上级交办的一切事物，他的下属自然也会效仿他的榜样，忠实地完成他下达的命令。孔子说他没有能够尽到这项义务，主要是说他非常希望能够为自己的祖国——鲁国尽忠。但是当时在位的鲁定公是一个傀儡君主，鲁国的大权旁落"三桓"（孟孙、叔孙、季孙）之手，使孔子强公室、弱私权的计划无法执行。因此孔子去鲁，没有实现为国尽忠的心愿。"所求乎弟以事兄，未能也。"孔子的哥哥孟皮，有先天残疾。年轻时兄弟没有生活在一起，可能后来孟皮早卒，所以孔子说没有能够为哥哥尽恭顺的"悌道"，甚为遗憾。但是孔子还是关照哥哥的家庭，将哥哥的女儿嫁给了自己的得意门生——南宫适。（《论语·先进》："南容三复白圭，孔子以其兄之子妻之。"）"所求乎朋友先施之，未能也。"这里所指是哪一位朋友，史书记载不详。但是交友之道在于"先施"则是肯定的。人们交友都希望能够交患难与共的真朋友，那么这样的朋友在哪里呢？关键还在于自己。如果自己能够在别人遇到困难的时候伸手相助，那这人就有可能成为今后生死与共的挚友。总之一句话，忠恕之道是儒家为人处世的根本之道。

用忠恕之道来推行中庸之道，人们就有了可靠的着力点。孔子用《诗经·豳风·伐柯》的诗句形容，"伐柯伐柯，其则不远"，用斧头去砍一根木头，打算做一把新的斧柄，其实斧柄的样子就在自己手中。人们在社会生活中，行为的原则与"伐柯"一样，就在自己手中，就是将心比心，以己推人。如果不认真反省、思考，可能就像樵夫仅仅也斜着眼睛打量一下手中的斧头把，仍然认为样式还差很远。孔子用这个例子，说明反省自我必须真诚、认真，否则仍然得不到为人处世的原则。如朱熹所说："以己之心度人之心，未尝不同，则道之不远于人者可见。"君子修己就是治人，进行道德修养就是发现自己心中的善性，人同此心，心同此理。

行中庸之道难在把握"分寸"，如何才能做到"无过不及"呢？关键还是要运用自反本心的忠恕之道。比如，"故君子以人治人，改而止。"这里谈到了

"以人治人"，就是以对待自己的人道来对待他人。"以人治人"就是用人道的原则治人，这样对方才能够乐意接受。朱熹注释说："若以人治人，则所以为人之道，各在当人之身，初无彼此之别。"这种"各在当人之身"的人道是相通的，并无彼此的分别，是可以通行人间的。因此也可以说是："故君子之治人也，即以其人之道，还治其人之身。"朱熹这里所说，不是以恶制恶的意思，而且《中庸》的原意，即将心比心。那么"治人"到什么程度呢？孔子说："改而止。"朱熹注释说："其人能改，即止不治。"这是一个分寸问题，治人之恶是为了改造人、帮助人，不是为了将对方整死。因此其是否能够改正错误就是一个尺度，"过之"就不符合忠恕之道，因为我们也不能接受别人过分地对待自己。

最后是如何对待日常生活中的"庸德""庸言"问题。在贯彻忠恕之道、践行中庸之道的时候，经常会发现一些人对自己身边的一些所谓的"庸德""庸言"不够重视。举例来说，我们身边常会有一些小道理、小道德没有引起我们的注意。例如注意公共场合的交往礼仪，往往被一些人所忽视。在公共场所大声说话，表面看是个人问题，可是在人口拥挤的大城市中，人声嘈杂就是社会的公共污染，就会影响大家的生活质量。我们如果不想降低自己的生活质量，那最好也不要用自己的行为影响他人的生活质量。刘备说："勿以恶小而为之，勿以善小而不为。惟贤惟德，能服于人。"贤德君子要管理好众人，就要从这样一点一滴的小事做起。"庸言"问题更是要注意，即使是一些普通的言论，说出口的时候也要注意分寸、场合。孔子说："庸言之谨……言顾行，行顾言。"就是说一定要言行一致，不说过头的话。这也是中庸之道的一种重要表现。正因为君子行道"有所不足，不敢不勉"，君子言谈："有余不敢尽"，所以真正的君子往往表现为"君子胡不慥慥尔"，一副笃实诚恳的样子。《周易》谦卦的象辞说："谦谦君子，卑以自牧也。"低调务实正是君子的中庸之风。

◎知识拓展

管鲍分金

管仲二十来岁时就结识了鲍叔牙，起初二人合伙做点买卖，因为管仲家境贫寒，就出资少些，鲍叔牙出资多些。生意做得还不错，可是有人发现管仲用挣的钱先还了自己欠的一些债，这钱还没入账就给花了。更可气的是到年底分红时，鲍叔牙分给他一半的红利，他也接受了。这可把鲍叔牙手下的人气坏了，有个人对鲍叔牙说："他出资少，平时他开销又大，年底还照样和您平分效益，显然他是个十分贪财的人，要我是管仲的话，我一定不会厚着脸皮接受这些钱的。"鲍叔牙斥责他手下道："你们满脑子里装的都是钱，就没发现管仲的家里十分困难吗？他比我更需要钱，我和他合伙做生意就是想要帮帮他，我情愿这样做，此事你们以后不要再提了。"

后来兄弟二人又一起当兵，更是相依为命。有一次齐国和邻国开战，双方军队展开了一场大厮杀，冲锋的时候管仲总是躲在最后，跑得很慢，而退兵的时候，管仲却飞一样地奔跑。当兵的都耻笑他，说他贪生怕死，领兵的也想杀一儆百，拿管仲的头吓唬那些贪生怕死的士兵。关键时刻又是鲍叔牙站了出来（此时鲍已为军官），他替管仲辩护道："管仲的为人我是最了解不过了，他家有80多岁的老母亲无人照顾，他不能不忍辱含羞地活着以尽孝道。"管仲听了鲍叔牙的这番话，感动得流下了热泪，他哭诉道："生我的是父母，而了解我管仲的，唯有鲍叔牙啊！"

后来在鲍叔牙的推荐下，管仲成为齐桓公的宰相，他把鲍叔牙当成自己的重要助手，共同成就了齐桓公"九合诸侯，一匡天下"的霸主事业，管仲也成为著名的政治家、军事家、思想家。管仲的一切成就，都与他的朋友鲍叔牙的帮助、推荐、提携有关。因此后人将这段故事称为"管鲍分金"，当成朋友之间真诚互助的典范。

第十四章

君子素其位而行①，不愿乎其外②。素富贵，行乎富贵；素贫贱，行乎贫贱；素夷狄③，行乎夷狄；素患难，行乎患难。君子无入而不自得焉④。在上位不陵下⑤，在下位不援上⑥，正己而不求于人，则无怨。上不怨天，下不尤人⑦。故君子居易以俟命⑧，小人行险以徼幸⑨。子曰："射有似乎君子⑩，失诸正鹄⑪，反求诸其身。"

◎**注释** ①〔素其位而行〕素，现在。朱熹注释说："素，犹见在也。"即以现在所居之位，行所在之职责。②〔不愿乎其外〕愿，希望、羡慕；外，他人、外界。朱熹注释说："言君子但因见在所居之位而为其所当为，无慕乎其外之心也。"言君子当安其本分，做好分内的事情。③〔夷狄〕指中原之外的少数民族。④〔君子无入而不自得焉〕君子无论处于什么地位都会相安自得。⑤〔在上位不陵下〕陵，欺凌。指在上位之人不欺凌在下位之人。⑥〔在下位不援上〕援，攀缘、攀附、投靠。指处于下位之人不应攀附在上位之人。⑦〔下不尤人〕尤，尤怨、埋怨。指对下不应埋怨别人。⑧〔故君子居易以俟命〕易，平；俟，等待。指君子应当安居现状，等待天命的安排。⑨〔小人行险以徼（jiǎo）幸〕行险，冒险；徼幸，希求非分之福。指缺乏道德的人希望通过冒险来获得非分之福。⑩〔射有似乎君子〕射，射箭。全句指射箭的道理与君子的行为相似。⑪〔失诸正鹄（gǔ）〕诸，介词，之于；鹄，射箭的靶子。全句指没有射中靶子。

◎**大意**　君子按照自己所处的地位和职责去处事，不羡慕本分之外的东西。现在是富贵之人，就按富贵的方式生活、行事；处于贫贱地位的人，就按照贫贱的方式生活、行事；生活在夷狄地区的人，就按照夷狄的方式生活、行事；处于患难境遇的人，就按照患难的方式生活、行事。君子的生活态度是，不论处于什么样的境遇都相安自得。在上位的时候，不欺凌下属；在下位的时候，不攀附上司。端正自己而不要求他人，这样就不会招来怨愤。上不抱怨天命不公，下不抱怨别人对自己不好。所以君子安居现状，等待天命的安排，小人则希图通过冒险获得非分之福。孔子说："射箭的道理和君子的行为相似，没有射中靶心，就要反思自己的功夫。"

◎**释疑解惑**

本章是子思阐述自己的观念，所以仅仅在最后才引证了一句孔子的话。本章的思想比较集中，主要谈一个主题："君子素其位而行"，这也是中庸之道的一个重要组成部分。

"素其位而行"的内容是：每个人都要安于自己的身份、地位、职业，行所当行之事。这是一个教人们如何立身处世的态度问题，也是保证社会和谐安稳的大问题。孔子说"中庸之为德也，民鲜久矣"，即认为缺乏中庸之德是社会混乱的原因。

《中庸》提出了"素富贵，行乎富贵"，"素贫贱，行乎贫贱"。社会存在富贵、贫贱，这是一个现实的问题，对于这个问题，可以有不同的态度。有人愤愤不平，有人怨天尤人，有人试图取而代之，有人主张赢家通吃……儒家的立场不同于这些观点。儒家并不认为富贵都是合理的，孔子说："不义而富且贵，于我如浮云。"

（《论语·述而》）关键要看富贵是如何获得的，必须取之有道。子曰："富而可求也，虽执鞭之士，吾亦为之。如不可求，从吾所好。"（《论语·述而》）当社会上很多"富且贵"不可求的时候，儒家主张"素其位而行"，要安贫乐道。孔子说："贤哉，回也！一箪食，一瓢饮，在陋巷。人不堪其忧，回也不改其乐。贤哉，回也！"（《论语·先进》）颜回的快乐，绝不是对贫困的生活快乐，而是因为自己信守了道义的原则，不为原则出卖灵魂的快乐。子思说："君子无入而不自得焉"，就是讲君子的一种职业道德，就是要有干一行爱一行的良好心态，在每一个行业的奉献中找到成功的快乐。

儒家这种"素其位而行"的观念，与某些现代观念很不一致，因此容易引起很多人的误解。西方近代资本主义革命之后，"自由、平等、博爱"的观念成为社会的主流意识形态，似乎凡是有违平等的观念都是反动的，都应当在"革命"中被推翻。但是如果深入理解西方的价值观念，那么我们就会看到，西方所说的"平等"不是结果的平等，而是机会的平等，并不是说每一个人都应当获得平等的财富，而是说每一个都有平等的创造财富的机会。而社会的发展，需要一个渐进的量变过程。只有当社会生产力积累到一定程度，社会才会发生质变。那种"杀富济贫"式的"不断革命论"，并不能自动带来生产力的发展，而只能在不断的动乱中破坏社会生产力的发展。而在社会发展的积累阶段，创造一种和谐安定的秩序才是最重要的事情。儒家"素其位而行"的观念，正好适应了社会稳定发展时期的需要。

"素其位而行"的具体做法是："在上位，不陵下；在下位，不援上。"所以子思说："君子居易以俟命，小人行险以徼幸。"君子在社会中，要找到自己的安身立命之所，努力完成自己的使命，坦然面对命运的决定。而那些没有道德的小人，则希图通过投机取巧获得侥幸的成功。因此说：君子中庸，小人反中庸。儒家不像墨家那样否定命运的存在，墨子说："自古以及今，生民以来者，亦尝见命之物，闻命之声者乎？则未尝有也。"（《墨子·非命上》）同时儒家也不像道家那样主张顺从天命，庄子说："知其不可奈何而安之若命，德之至也。"（《庄子·人间世》）儒家主张在社会大形势不可改变的情况下，君子应当努力为善，按道德的标准行事，孟子说："若夫成功，则天也。君如彼何哉？强为善而已矣。"（《孟子·梁惠王下》）"君子行法，以俟命而已矣。"（《孟子·尽心下》）孟子的这些思想，就是对子思"君子居易以俟命"思想的发挥。儒家的命运观，是在客观大环境无法人为改变的前提下，应当尽量发挥个人的主观能动性，努力按规则行事，最终等待命运的裁决。后来这个思想就被通俗地演绎成一句俗话："尽人事而听天命。"在承认"天命"的前提下，孟子还特别指出："莫非命也，顺受其正。是故知命者，不立乎岩墙之下。"（《孟子·尽心上》）"不立乎岩墙之下"就是"君子居易"的另一种说法，强调道德君子不干铤而走险的事情。

这一章还强调"素其位而行"对于个人的精神状态也有好处。子思说："正己而不求于人，则无怨。"这是说君子之行，主要是高标准要求自己，而不是事事看着别人。孔子说："君子求诸己，小人求诸人。"（《论语·卫灵公》）凡是发生了事情，君子总是从自己身上找原因，小人相反，则是把责任都推给别人。子思又说："上不怨天，下不尤人。"这一段话可以说是对孔子论述的发挥，孔子说："不怨天，不尤人，下学而上达，知我者其天乎！"（《论语·宪问》）孔子本人就是君子之行的表率，不怨不尤，下学上达，自信其心可对苍天，反映了一个君子的正直、豁达、乐观的人生态度。

最后子思引用孔子一句话说，君子的行为应当像射箭一样，射不中靶心，就应当从自己的方面找原因。引申到今天的社会生活中，那些在社会各个领域取得卓越成就的人，往往都是安心本职工作、干一行爱一行的人，而那些好高骛远、见异思迁的人，也许偶尔能够得手几次，但最终都会因为投机取巧、不择手段而被社会抛弃。因此细读这一章，可以给我们很多的人生智慧，"素位而行""无入而不自得""居易以俟命""反求诸其身"等，可以给我们以启示。

◎知识拓展

沈万三劳军惹祸

沈万三是600多年前元末明初的江南首富，可以说他是中国最早从事国际贸易生意的商人。他没有出生在大富大贵的官宦家庭，而是生在一户穷苦人家中，但沈万三最后的财富却可用"富可敌国"来形容。他究竟富到什么程度呢？明洪武六年（1373年）前后，当他得知京师（今南京）要筑城墙，就主动承担三分之一的费用，修筑洪武门至水西门一带城墙，还向朱元璋进贡了龙角，并献有白金二千锭，黄金二百斤，甲士十人，甲马十匹，同时在南京建造了廊庑一千六百五十四楹，酒楼四座。此外，沈万三甚至还表示愿意捐资犒赏军士。谁知朱元璋大发雷霆，要将沈万三处死：一个平民百姓竟敢劳军，这不是要造反吗？幸亏马皇后劝阻：我听说法律只杀违法的，不杀不吉祥的。沈万三一介平民却富可敌国，是他自已不吉祥，这种人老天爷会降下灾祸，何必由陛下去杀呢？朱元璋这才免他一死，改为发配云南。沈家的财产自然全部被查抄，据说光田地就有数千顷。

第十五章

君子之道，辟如行远必自迩①，辟如登高必自卑②。《诗》曰："妻子好合，如鼓瑟琴③。兄弟既翕④，和乐且耽⑤。宜尔室家，乐尔妻帑⑥。"子曰："父母其顺矣乎⑦！"

◎**注释** ①〔辟如行远必自迩（ěr）〕辟，同譬，比如；迩，近。就像行远路必从近处开始。②〔辟如登高必自卑（bēi）〕卑，低下。就像登高必须从低处开始。③〔妻子好合，如鼓瑟琴（sè qín）〕瑟琴是两种古代乐器。整句话是说一家人妻子儿女和谐欢乐，如同琴瑟和鸣。这句诗出自《诗经·小雅·常棣》。④〔兄弟既翕（xī）〕翕，和顺、和睦。指兄弟和睦相处。⑤〔和乐且耽（dān）〕耽，沉溺、入迷。指沉浸在欢乐中。⑥〔乐尔妻帑（nú）〕帑，同"孥"，指子女。整句话是说使得妻子儿女快乐。⑦〔父母其顺矣乎〕一家人能够如此，父母也就会顺心了吧？朱熹注释说："夫子诵此诗而赞之曰：人能和于妻子，宜于兄弟如此，则父母其安乐之矣。"

◎**大意** 君子践行中庸之道，就像走路一样，出远门必先从近处开始走，登高山必须从低处开始攀登。《诗经》说："与妻子儿女和谐生活，如同弹奏琴瑟一样协调共鸣。兄弟和睦相处，沉浸在快乐之中。使你家庭快乐平安，就可以使妻子儿女高兴。"孔子说："（一家人能够如此）父母也就会顺心如意了吧！"

◎**释疑解惑**

第二部分"明道篇"说明，要达到中庸之道的境界是非常困难的，所以才会出现"民鲜久矣"的局面。而在"行道篇"，子思又努力说明，中庸之道也不是高不可及的。如果一个理论过于高远，则会使实践者丧失达到目的的信心。中庸之道的践行有据可循，就是从容易之处开始，从身边开始。朱熹在本章的注释最末尾说："子思引诗及此语，以明行远自迩、登高自卑之意。"这样就会使人们真切地感到"道不远人"，有切实可行的入手门径。

儒家认为，君子的道德修养不仅仅是为了个人的精神解脱，更是为了"修己以安人"和"修己以安百姓"。（《论语·宪问》）对这个由内而外的社会理想，《大学》做了最为完整的解释。"物格而后知至，知至而后意诚，意诚而后心正，心正而后身修，身修而后家齐，家齐而后国治，国治而后天下平。"这就是儒家格物、致知、诚意、正心、修身、齐家、治国、平天下的所谓"八条目"。子思的《中庸》也是延续这个由内而外的思路展开。本章集中讲的就是"齐家"的方法，此后几章都是沿着这一思想，逐步展开由齐家到治国，再到平天下的路径。第十六章讲"至诚"，第十七章讲"尽孝"，第十八章讲"行道"，第十九章讲"守礼"，第二十章讲"治国"。

本章主要是引用《诗经·小雅·常棣》的诗句，用艺术的语言形容了家庭和睦的情景。夫妻恩爱，如同乐师用琴瑟奏出最美的和弦。兄友弟恭，和睦相处，令人沉浸在融融的欢快之中。因此人们的行为，应当有利于自己的家室，有利于妻儿。如何才能使家庭和睦团结呢？关键还在于君子要加强自身的修养，公平公正地处理家庭成员之间的关系。曾子在《大学》中说："欲齐其家者，先修其身。"那么怎样修身呢？《大学》接着说："人之其所亲爱而辟焉，之其所贱恶而辟焉，之其所畏敬而辟焉，之其所哀矜而辟焉，之其所敖惰而辟焉。故好而知其恶，恶而知其美者，天下鲜矣。"此处的"辟"作偏好、偏爱讲。一个家庭有很多成员，每个成员又各有特点，家长对每一个成员很难做到绝对公平地对待。爱憎不同、敬畏不同、哀矜不同、敖惰不同，因此产生出不同好恶。有了好恶上的差异，对待家庭成员就可能产生不公平，不公平就会造成矛盾。曾子认为，要克服这些情感上的不公，就需要进行修养。对某一成员比较喜爱，也要看到他的缺点。对某一成员感到厌恶，更要看到他的优点，这样才能在家庭中维持中庸之道。这里实际又回到了第一章中讲的性与情的关系问题。"喜怒哀乐之未发，谓之中；发而皆中节，谓之和。"人的各种情感如果所发不得其中，那么就会失去先天本性天然至正的属性，导致行为有所偏失。因此"齐家"的根本还在于"修身"，即用理性克制情感上的偏失。

第十六章

子曰："鬼神之为德①，其盛矣乎②！视之而弗见，听之而弗闻，体物而不可遗③。使天下之人齐明盛服④，以承祭祀⑤。洋洋乎⑥如在其上，如在其左右。《诗》曰：'神之格思⑦，不可度思⑧！矧可射思⑨！'夫微之显⑩，诚之不可揜⑪，如此夫！"

◎**注释**　①〔鬼神之为德〕鬼神，本指宗教中各种超自然的存在，但是儒家学者对其进行了人文化的解释，如程子曰："鬼神，天地之功用，而造化之迹也。"德，指功用，朱熹注释说："为德，犹言性情功效。"②〔其盛矣乎〕盛，意为兴盛、繁盛、盛大隆重，形容鬼神的功用巨大。③〔体物而不可遗〕体物，体现于物。遗，遗漏。指鬼神对于万物的作用，没有遗漏。④〔齐明盛服〕齐，同"斋"，斋戒；明，洁净；盛服，盛装。⑤〔以承祭祀〕祭祀，敬拜神灵的仪式。指参加祭祀活动。⑥〔洋洋乎〕朱熹注释说："流动充满之意。"⑦〔神之格思〕格，来到；思，语气词。整句为神的到来。引自《诗经·大雅·抑》。⑧〔不可度（duó）思〕度，计算、猜测。⑨〔矧（shěn）可射（yì）思〕矧，况且、何况。射，朱熹注释说："厌也。"整句意思是：况且又怎么能够怠慢不敬呢？⑩〔夫微之显〕微妙作用的显现。⑪〔揜（yǎn）〕通"掩"，捕取、袭取之意。

◎**大意**　孔子说："鬼神的作用真是伟大啊！虽然看不到它的形体，听不到它的声音，但是它的功德表现在万物上却又没有遗漏的地方。它能够使天下之民都斋戒沐浴，穿上隆重的服饰举行祭祀仪式。鬼神的灵气洋溢飘动，好像就在祭祀者的头上，又好像在他们的左右。《诗经》说：'鬼神的降临，我们很难揣测，又怎么能够怠慢不敬呢？'鬼神的威力虽然微妙，但一定可以表现出来，确实是不可能被掩盖的。就是这样吧！"

◎**释疑解惑**

儒学不是宗教，但是儒学的经典中还是有少量关于鬼神的议论，这个问题是初学者准确理解儒学的难点之一。这既需要对于中国古代文化的深入了解，也需要一定的哲学、宗教学知识。不然就很容易把儒学简单地看成一种宗教，或者认为儒学就是一种无神论。这方面，拙作《中国宗教通史》① 可以为读者提供参考。

鬼神观念产生于古代原始宗教中。原始人类因为对自己身边的自然、社会以及自己的精神现象不理解，因此感到巨大的异己力量的压迫。在生命焦虑和社会焦虑的双重压迫下，人们幻想着每一种自然、社会现象的背后，都会有某种神灵支配着。在中国古人类发展的旧石器时代后期，就开始出现了最初的宗教观念。此后随着社会生产力的进一步发展，人类进入了奴隶社会，也逐渐形成了夏商周三代发达的古代宗教。夏代宗教目前由于出土文物的稀少尚停留在传说阶段，而商代宗教，则随着殷墟甲骨的大量发掘而越来越清晰地展现在人们面前。在商王朝已经出现了非常精致的宗教祭祀仪式、极为庞大的宗教组织、十分复杂的宗教观念。武王伐纣，以周代商之后，周公对传统的宗教进行了一次深刻的改革。他取消了商代过于复杂、铺张的宗教仪式，同时建立了完善的祭祀礼仪系统。更为根本的变革在于，周公为古代宗教注入了道德伦理的内容，在夏商宗教的"君权神授"中增加了"天命不于常""革命""以德配天""敬德保民"等等人文主义和理性主义的内容，开辟了中国宗教伦理化的道路。

春秋时期孔子开创的儒学，进一步发展了周公理性主义的大方向，对古代宗教进行了进一步的改造。当时社会上关于鬼魂世界是否存在的问题正在进行激烈的争论，《论语·先进》记载："季路问事鬼神。子曰：'未能事人，焉能事鬼？'敢问死。曰：'未知生，焉知死？'"孔子对彼岸世界的存在给予了存疑式的回答，实际否定了其存在。但是孔子又主张"复周礼"，希望通过严格执行周公创立的祭祀礼仪促使社会恢复西周的稳定秩序。这样儒家就难免陷入"执无鬼而学祭礼……是犹无鱼而为鱼罟也"（《墨子·公孟》）的两难境地。因此《论语》提出："祭如在，祭神如神在。"孔子强调："吾不与祭，如不祭。"（《论语·八佾》）这实际上是一种主观型的宗教观。鬼神是否存在，关键在于是信仰者是否认为它们存在。换句通俗的话叫作"信则有，不信则无"。对于宗教的功能，《周易·观卦·象辞》引述孔子的话说："圣人以神道设教，而天下服矣。""神道"不是世界的主宰，而成为圣人教化民众的工具。这样，儒家的宗教观不在于论证鬼神是否存在，而主要考察宗教的社会功能。最后，孔子把宗教观问题提升到政教关系的高度，他说："务民之义，敬鬼神而远之。"（《论语·先进》）因此可以说，儒家的宗教观既不是西方的有神论，也不是无神论，而是一种"远神论"，这才是

---

① 牟钟鉴，张践著：《中国宗教通史》，中国社会科学出版社 1999 年版。

儒家宗教观的本质。

在孔子宗教观的指导下，战国时期的儒家学者对古代传统宗教进行了人文化、理性化、伦理化的改造，把古代宗教变成了具有一定宗教性的社会礼俗。这样的成果集中于《礼记》中，《中庸》也是其中一篇。《礼记·祭义》载："宰我曰：'吾闻鬼神之名，而不知其所谓。'子曰：'气也者，神之盛也；魄也者，鬼之盛也；合鬼与神，教之至也。众生必死，死必归土：此之谓鬼。骨肉毙于下，阴为野土；其气发扬于上，为昭明，焄蒿凄怆，此百物之精也，神之著也。因物之精，制为之极，明命鬼神，以为黔首则。百众以畏，万民以服。'"《礼记》的作者利用当时的社会文化知识，对鬼神观念进行了完全理性化的说明。当时的中医学已经有了一定程度的发展，根据医生对人的生命现象的观察，生命的存在是与呼吸的存在相联系的，所以口中的"气"也就是人的"神"。中医还将人的视听思虑能力称为"魄"。故陈澔注《礼记·祭义》说："如口鼻呼吸是气，那灵处便是魂；视听是体，那聪明处便是魄。"鬼的称谓即是说其归。圣人将鬼神的观念相结合，成为教化的根本，并把这些神秘的现象制定教义，成为百姓的规则。百姓畏惧鬼神，故服从教化。

战国时期儒者关于鬼神就是人们生理上气的变化的理论，在宋明时期得到了进一步的发挥，朱熹注释说："程子曰：'鬼神，天地之功用，而造化之迹也。'张子曰：'鬼神者，二气之良能也。'愚谓以二气言，则鬼者阴之灵也，神者阳之灵也。以一气言，则至而伸者为神，反而归者为鬼，其实一物而已。"他们非常理性化地把传统经典文献中的"鬼神"观念，变成了万物造化的痕迹。他们又运用中文形声的造字规则，把"神"解释成气在生成过程中"伸"的过程，而"鬼"则是气化运行"归"的过程。因此鬼神的"存在"并不神秘，是元气运行的轨迹，是根据人的需要产生教化民众的社会工具。故朱熹在注释"鬼神之为德，其盛矣乎"时，主要强调鬼神教化"为德"的功效极为巨大。战国时期的儒学大师荀子关于祭祀礼仪的一段论述，也很好地说明了儒家对于古代宗教鬼神观念人文化利用的特质。他说："祭者，志意思慕之情也。忠信爱敬之至矣，礼节文貌之盛矣，苟非圣人，莫之能知也。圣人明知之，士君子安行之，官人以为守，百姓以成俗；其在君子以为人道也，其在百姓以为鬼事也。"（《荀子·礼论》）祭祀鬼神的目的，就是为了教化百姓，并非真有鬼神存在。《增广贤文》说："劝君做事休瞒昧，举头三尺有神明"，就是这个道理。

《中庸》作者子思，显然也是在传播这种"圣人明知之，士君子安行之"，"君子以为人道"，"百姓以为鬼事"的圣贤"心传"，其诀窍在于"言明"与"不言明"之间。关于鬼神之德的教化作用，子思说："视之而弗见，听之而弗闻，体物而不可遗。使天下之人齐明盛服，以承祭祀。洋洋乎！如在其上，如在其左右。"这种看不见、听不到，但又能够表现出巨大功能且神秘存在，"如在其上"，"如在其左右"。这里用的两个"如"字，如同孔子"祭神如神在"，"吾不与祭，如不祭"的两个"如"字。正如郭沫若先生所说："但我们要看重那两个'如'字，鬼神是如像在，并不是真正的存在。他的肯定祭祀是求得祭祀者的心理满足，并不是认定被祭祀者的鬼神之真正存在。"[①] 对于具备高度哲学思维能力的学者，"尽心、知性、知天"的内在超越之路是可以满足他们心灵的需求的，但是对于大量没有多少文化的民众，则需要通过各种祭祀礼仪进行教化，而仪式背后的"鬼神"则是教化功效有无、大小的关键因素。对此既不能明言其有，也不能直说其无。直接肯定鬼神的存在，就会使儒学走向宗教化，不符合"敬鬼神而远之"的传统；明确否定鬼神的存在，将会使祭祀仪式失去神化的作用。在"有神""无神"之间把握一种平衡，就是"敬而远之"的"中庸"。历史上统治者要处理好与各种宗教的关系，就是要把握这种"中庸之道"。

◎ 知识拓展

杨震"四知"的故事

杨震，字伯起，东汉时弘农郡华阴县人。他为人公正廉洁，不谋私利，是难得的清官。杨震从少年起就聪明好学。他通晓经传，博览群书，对各种学问都深入钻研。杨震未当官前非常热心教育事业，在家乡办学，来自四方的求学者络绎不绝。他教学有方，坚持有教无类，不分贫富，因此名气大、学生多。当时，人们都称赞杨震为"关西孔子杨伯起"。杨震办学多年，为国家培养了大量人才，因此声名大噪。当时的大将军邓骘也听说了，他很敬重杨震的学识、贤能，就征召杨震到自己府内任职。上任不久，杨震又被推举为茂才，出任地方官，先后升迁为襄城令、荆州刺史、东莱太守、涿郡太守，再调升为九卿之一的太仆、太常，后又晋升为三公的司徒、太尉。杨震在赴任东莱太守途中，路经昌邑。当时的昌邑县令王密，是他任职荆州刺史时举茂才提拔的官员。王密听说杨震路过本地，为报答当年杨震的提携之情，于是白天去谒见杨震，晚上又准备了白银

---

① 郭沫若：《先秦天道观之进展》，《中国古代社会研究》，河北教育出版社 2002 年版，第342 页。

十斤想赠送给杨震。杨震对他说："我们是老朋友，我很了解你的为人，你却不了解我，为什么呢？"王密说："现在是深夜没有人知道。"杨震说："天知、神知、我知、你知，怎么能说没有人知道呢？"王密听完后，惭愧地离开了。后来，杨震调任涿郡太守，为官清廉公正，不接受私人请托、谒见。他的子孙和平民百姓一样，常吃蔬菜，出门步行，生活简朴。有老朋友、长辈想让他为子孙购置产业，杨震不肯，他说："让以后的世人称他们是清官的子孙，我把这个留给他们，不是也很丰厚吗？"杨震自大将军邓骘征召入府任职，到被罢免太尉止，共出仕了二十多年。他为人刚正不阿，为官克尽职守，公正、廉能，他的品德因此为世人所称赞。因他拒收王密贿礼，说出了"天知、神知、我知、你知"这"四知"的千古名句，被称赞为清廉自持、不接受非义馈赠的典范。

第十七章

　　子曰："舜其大孝也与！德为圣人，尊为天子，富有四海之内，宗庙飨之①，子孙保之②。故大德必得其位，必得其禄，必得其名，必得其寿。故天之生物③，必因其材而笃焉④。故栽者培之⑤，倾者覆之⑥。《诗》曰：'嘉乐君子，宪宪令德⑦。宜民宜人，受禄于天⑧。保佑命之，自天申之⑨。'故大德者必受命⑩。"

◎**注释**　①〔宗庙飨（xiǎng）之〕宗庙，祭祀祖宗的场所；飨，指宴享，此处指向祖灵奉献饮食祭品。②〔子孙保之〕子孙都得到保佑。③〔故天之生物〕天地生养万物，使万物得以生长。④〔必因其材而笃焉〕笃，厚实。整句话指一定会根据它的材质而厚待它。⑤〔故栽者培之〕栽，朱熹注释说："栽，植也。"培，朱熹注释说："气至而滋息为培。"即对于生长正直的树木一定会滋养栽培它。⑥〔倾者覆之〕倾，歪倒；覆，颠覆。朱熹注释说："气反而游散则覆。"上天会使歪倒的树木死亡。⑦〔嘉乐君子，宪宪令德〕嘉乐，令人快乐；宪宪，《诗经》原文作"显显"，指显著的样子；令德，美好的道德。⑧〔宜民宜人，受禄于天〕宜，适宜；民，通"氓"，指下层民众；人，在西周时期人和民不通用，人指贵族。⑨〔保佑命之，自天申之〕得到上天的保佑与任命，这是天意的申明。⑩〔故大德者必受命〕受命，得到天命。指具有大德之人必然得到天命的佑护成为天子。

◎**大意** 孔子说："舜是最具有孝道美德的人！其德行称得上'圣人'，故被尊为天子，富有四海，其家族宗庙世代承袭祭享，子孙都得到保佑，所以具有大德之人，必定会得到应有的地位，必定会得到应有的福禄，必定会得到应有的名声，必定会得到应有的年寿。因此，上天创造万物，必然会因其材质而厚待它。对于生长正直的树木，上天会滋养培养它，对于已经倾倒的树木，上天会让它倒下自然死亡。《诗经》说：'那些令人快乐的君子，一定会有彰显的美德。他的政策既适合上层贵族，也适合下层民众。他得到了上天的保佑，接受上天的重大使命。'可见，具有大德的人，一定会得到天的授命而成为天子。"

◎**释疑解惑**

第十五章讲到实行"费而隐"的中庸之道，必须从近处做起，从身边做起。那么对于上至天子、下至庶民的近处和身边在哪里呢？就是"妻子好合""兄弟既翕""乐尔妻孥"，从家庭和谐开始。中国古代的传统家庭是以父子关系为轴心的链式家庭，孝道就是连接整个家庭的枢纽。因此在讲到"齐家之道"时，《中庸》连用了几个章节详细地讲述了孝道的故事。

本章首先讲舜帝行孝的故事。舜是传说中"大同之世"的圣王，姓姚，名重华，号有虞氏，史称虞舜。当时"大道之行也，天下为公，人不独亲其亲，不独子其子"，没有私有财产，没有个人私利，一切行为出于公心。尧没有把江山留给自己的儿子丹朱而是禅让给了舜，舜也没有把江山留给儿子商钧而是禅让给了禹。"禅让"是古代圣王至公无私的体现，实际是原始社会原始民主制度的表现。舜不仅是大同之世的圣王，而且留下了大量孝道的故事，成为他最重要的美德。后世弘扬孝道的《二十四孝图》，把舜帝的故事排在第一个，叫作"孝感动天"。相传他的父亲瞽叟、继母及异母弟象，多次想害死他：让舜修补谷仓仓顶时，从谷仓下纵火，舜手持两个斗笠跳下逃脱；让舜掘井时，瞽叟与象却下土填井，舜掘地道逃脱。事后舜毫不记恨，仍对父亲恭顺，对弟弟慈爱。他的孝行感动了天帝。舜在历山耕种，大象替他耕地，鸟代他锄草。帝尧听说舜非常孝顺，有处理政事的才干，把两个女儿娥皇和女英嫁给他；经过多年观察和考验，选定舜做他的继承人。舜登天子位后，去看望父亲，仍然恭恭敬敬，并封象为诸侯。史传"舜百年有十岁"，年老时禅让于治水有功的大禹，南巡时死于苍梧。舜的子孙传承不绝，今日山西运城号称舜帝故乡，舜帝子孙组成了庞大的宗亲会，分布海内外四方。因此《中庸》说舜帝是有大德之人，必有位、必有福、必有禄、必有寿，子孙受祐，宗庙香火不绝。

《中庸》的作者为什么要用大量的篇幅讲孝道呢？表面上看，孝道似乎与中庸不相关，一个是家庭伦理，一个是思想方法，没有什么交叉点。但是如果我们联系《中庸》全文来看，就会感到子思的深意。笔者认为至少可以看到这样几点：

首先，孝道是率性至诚的最直观表现。《中庸》首章就提出："天命之谓性，率性之谓道，修道之谓教"，说中庸之道是发自人们内心的至诚至正之道，是源于本心的。如孟子所说："仁义礼智，非由外铄我也，我固有之。"（《孟子·告子上》）而"孝"这种美德，就是人先天本性最直观、最真诚、最先表现出来的。孟子又说："人之所不学而能者，其良能也；所不虑而知者，其良知也。孩提之童，无不知爱其亲者；及其长也，无不知敬其兄也。亲亲，仁也；敬长，义也。无他，达之天下也。"（《孟子·尽心上》）孟子所说的"良知""良能"，就是上天赋予人们道德品质的"四端"。这种端倪的发显，就是爱其亲，敬其兄，爱亲就是仁，敬兄就是义。所以孔子说："夫孝，德之本也。"（《孝经·开明宗义》）孝道是一切道德的根本。中庸之道"费而隐"，但是入手之处则在于"夫妇之愚，可以与知焉"，就是从家庭开始，从行孝开始。孝道是非常具体的，这又体现了"道不远人""可离非道"的特点。因此讲中庸之道从孝道开始，便于后学掌握。

其次，孝道是齐家的根本。孔子说："忠恕违道不远，施诸己而不愿，亦勿施于人。"忠恕之道是儒家的"一以贯之"之道，是处理一切问题的根本思想方法。人为什么要孝敬父母？一是为了报答父母的养育之恩，二是为了自己老了的时候也希望能够得到子女的照顾。进行孝道教育的方法还是将心比心、以己推人的忠恕之道。"所求乎子以事父"，"所求乎弟以事兄"，"所求乎朋友先施"，希望自己的儿子孝敬自己，最好的方法就是孝敬自己的父母，所以儒家的忠恕之道，具有一种将利他转化成利己的内在动机，使生活于"小康"之世的人们，为了个人利益也要顾及群体利益。上面我们说到，孝道发自人们内心，是一种"良知""良能"，但是为什么还需要忠恕之道的转换？这是由于社会利益关系的引诱，使一些不注意道德修养的人容易丧失先天具有的善良本性。例如孝道，社会为什么会有不孝的行为呢？孟子分析说："人少，则慕父母；知好色，则慕少艾；有妻子，则慕妻子；仕则慕君，不得于君则热中。"（《孟子·万章上》）人在少年都知道爱自己的父母，但是到了青年则开始追求其他异性，将爱父母之心转移了一部分；有了妻子就有了自己的家庭，在利益上就与父母有了矛盾；做了官便爱慕君王，得不到君王的赏识便内心焦急得发热。这时候爱父母之孝心还剩下多少呢？所以孟子紧接着讲："大孝终身慕父母。五十而慕者，予于大舜见之矣。"舜帝终身爱父母，这才是最大的孝子啊！

再次，孝道也是推及于其他道德的依据。《中庸》一书讲中庸之道，把齐家作为一个必经的环节，其后才有治国、平天下。孔子说："其为人也孝弟，而好犯上者，鲜矣；不好犯上，而好作乱者，未之有也。"（《论语·学而》）在家尽孝之人，出门也会尊重长上，不会干违法作乱的事情。孔子又说："孝慈则忠。"（《论语·为政》）这就是儒家"移孝作忠"的理论。曾子说："忠臣出于孝子之门"；《大学》说："所谓治国必先齐其家者：其家不可教，而能教人者，无之。故君子不出家而成教于国，孝者所以事君也，弟者所以事长也。"在家庭内部进行孝道教育，就可以培养国家的栋梁之材，这也是平天下的"絜矩之道"。《大学》又说："所谓平天下在治其国者：上老老而民兴孝，上长长而民兴弟，上恤孤而民不倍。是以君子有絜矩之道也。"将孝亲之心用于对待人民，就是要尊重、保护国内的老人，将敬兄之道用于上下级的关系，就能建立社会的上下和谐关系。其实天下之民都是人同此心，心同此理的，都是讲孝道的。《圣经》中上帝为信徒立了"十戒"，其中第五条是："当孝敬父母"。《古兰经》第四章第三十六节："你当事奉安拉，不要以任何物与他同等，当善待父母。"依此处理与其他民族国家的关系，就是儒家所向往的"克明俊德，以亲九族。九族既睦，平章百姓。百姓昭明，协和万邦"（《尚书·尧典》)的天下大同世界。

最后，孝道也为中庸之道提供了一个把握"无过不及"尺度的终极标准。中庸之道是教人们把握社会、人生的"中""正""善"。程子说："不偏之谓中，不易之谓庸。中者，天下之大本也；庸者，天下之达道也。"朱熹说："中者，不偏不倚，无过不及之名；庸者，平常也。"但是这个标准又不是死的，需要辩证地分析掌握，有很大的难度，因此才会出现"民鲜久矣""道之不行"的困难局面。故此在行道的过程中要知道"于止，知其所止"（《礼记·大学》)。那么在人际关系中当"止于何处"呢？孔子给出了答案："为人君止于仁，为人臣止于敬，为人子止于孝，为人父止于慈，与国人交止于信。"（《礼记·大学》）在家庭关系中，把握中庸之道就是要止于孝，孝体现了"中""正""善"，是齐家之道的根本准则，也是行中庸之道的题中应有之意。本章所讲的舜帝，就是这方面的楷模。

◎ **知识拓展**

孝廉曹操

东汉末年的曹操，是个纵横天下的军事家、政治家、文学家。他从小深受儒家思想的影响，崇拜子路刚正不阿、习武忠君的精神，以及"负米养亲"的孝行事迹。他对自己的父母十分孝顺，未入仕途之前，就专程到顿丘子路墓前拜谒。他认为向前代圣贤学习，也是一种积德表现。曹操饱读诗书，满腹经纶，能文善辩，从小就很招人喜欢，常用他的巧嘴向当地父老乡亲讲述历代感天动地的孝行故事。因此举荐孝廉时，他成了最佳人选，曾有"巧嘴孝廉"的称呼。步入仕途之后，起初在朝里做官，但他仍怀念孝风浩荡的中原顿丘，于是主动向皇上奏表，一心要到中原为官，建安三年，他终于出任顿丘县令。任职期间，他调拨银两对子路墓地进行修整，并亲笔题写"仲墓寒烟"四个大字。作为一位伟大的政治家，曹操是一位能够用孝道事亲，并善于治理国家的人。

第十八章

子曰："无忧者其惟文王①乎！以王季②为父，以武王③为子。父作之，子述之。

武王缵大王、王季、文王之绪④，壹戎衣⑤而有天下。身不失天下之显名，尊为天子，富有四海之内，宗庙飨之，子孙保之。

武王末受命⑥，周公成文武之德⑦，追王大王⑧、王季，上祀先公以天子之礼。斯礼也，达乎诸侯大夫，及士庶人。父为大夫，子为士，葬以大夫，祭以士⑨。父为士，子为大夫，葬以士，祭以大夫⑩。期之丧⑪，达乎大夫。三年之丧，达乎天子。父母之丧，无贵贱一也。"

◎**注释** ①〔文王〕即周文王，姓姬名昌，是西周王朝的奠基之君。西周建国前分封之地在陕西岐山，文王被称为"西伯"。②〔王季〕周文王的父亲，名季历，古公亶父之子，西周建国后被追封为王季。③〔武王〕即周武王，姓姬名发，周文王的儿子。继承了文王的事业，举兵伐纣，推翻商王朝，建立了周王朝，是西周的开国之君。④〔武王缵（zuǎn）大王、王季、文王之绪〕缵，继承；大王，大同太，即太王古公亶父，是王季之父；绪，事业。⑤〔壹戎衣〕戎衣，铠甲。即一穿上戎装，就推翻了商纣王，获得了天下。史书记载，周武王十一年正月甲子，周武王亲自率兵到殷郊牧野，商纣王仓促应战。两军对阵，纣王部队中兵士们倒戈起义，周武王顺利攻入殷都朝歌，四月就胜利班师了。⑥〔武王末受命〕末，朱熹注释说："末，犹老也"，指武王晚年受命，成为天子。⑦〔周公成文武之德〕周公，姓姬名旦，周文王之子，周武王的弟弟。武王灭商后不久去世，儿子成王年幼，周公摄政。周公继承了文王、武王的道德和事业。⑧〔追王大王〕追王，追封为王，指周公追封古公亶父为大（太）王。⑨〔父为大夫，子为士，葬以大夫，祭以士〕根据周礼的规定，如果父亲是大夫，而儿子为士，那么其父死后，应当以大夫之礼安葬他，但是其子只能以士人之礼祭祀他。⑩〔父为士，子为大夫，葬以士，祭以大夫〕根据周礼的规定，如果父亲为士人，而儿子为大夫，其父死后应当以士人之礼安葬，但是要以大夫之礼祭祀他。⑪〔期（jī）之丧〕期，一整年。指守丧一年通行于大夫。

◎**大意** 孔子说："没有忧虑的人恐怕只有周文王了！他的父亲是王季，他的儿子是周武王。父亲开创的事业，儿子继续发扬光大。

周武王继承了太王、王季、文王的事业，一披上铠甲就平定了天下。他本身没有失掉显赫的声望，而成为尊贵的天子，拥有四海的财富。他建立了宗庙使世代祖先得到祭享，世代子孙得到保佑。

周武王在晚年被授予天命，周公继承了文王、武王的道德，追封太王、王季，以天子之礼祭祀祖先。他制定的这种礼制，推及于诸侯、大夫以及士和庶人。（按照周礼）如果父亲是大夫，儿子只是士，那么他死的时候丧礼是用大夫之礼，但是儿子祭祀他的时候则只能用士礼。如果父亲是士，儿子却成了大夫，那么他死后则要按士的礼仪举行葬礼，但儿子却可以用大夫之礼祭祀他。守丧一年的礼仪，通行于士大夫。守丧三年的礼仪，通行于天子。为父母守丧的礼仪，不分贵贱，都是相同的。"

◎ 释疑解惑

本章主要介绍了周文王、武王、周公三位圣王行孝、治国、制礼的事迹。表面上看，这些事迹与中庸之道并没有直接的联系，但是子思将其安置在此处，也是深有用心的。朱熹在本章之前注释说："此由庸行之常，推之以极其至，见道之用广也。而其所以然者，则为体微矣。后二章亦此意。"中庸之道是中正、不偏、不易、庸常之道，在人们的日用常行之间，不可须臾离也。但是推而广之，放之四海而皆准，又是弥纶天地，致广大而尽精微的。本章和下面的第十九章，就是讲中庸之道如何推而广之。

按照儒家的思路，"家齐而后国治"，而联系家与国之间的"道"就是"孝"。上一章我们分析了儒家如何论证"移孝作忠"，这一章就是将这个过程具体化，用西周开国圣王的故事，告诉人们周王室姬氏家族如何将"孝道"变成了"德治"，从而也为第二十章的"为政"之道做好了衔接。

周文王姬昌（前1152—前1056），季历之子，周朝奠基者。其父死后，继承西伯之位，故称西伯昌，在位50年，是历史上的一代明君。孔子说："无忧者其唯文王乎！"为什么说文王是"无忧者"？因为他不仅有一个好父亲、一个好儿子，还有一个好祖父、两个好伯父。根据西周的历史，周文王的祖父是古公亶父，也就是后来被追封的太王。当时他有三个儿子，即泰伯、仲雍、季历（后来追尊为王季）。按照当时社会的习惯，三个儿子都有资格继承王位。可是古公亶父发现，季历的儿子姬昌非常优秀，有望将西周的事业发扬光大，便准备把王位传给季历，再由季历传给姬昌。这时周文王的伯父泰伯、仲雍非常高尚，主动要求把江山让给弟弟季历。可是这一举动不符合古制，因此季历坚决不接受。为了使父亲的愿望得以实现，也为了使西周的江山稳固、强大，泰伯、仲雍主动离家出走，率领自己的族人迁徙到偏远的荆蛮之地，开辟新的领地。这样古公亶父就可以如愿将江山传到季历手中，然后由文王继承。孔子称赞泰伯说："泰伯，其可谓至德也已矣！三以天下让，民无得而称焉。"（《论语·泰伯》）文王生长在这样一个仁爱孝悌的家庭中，有这样卓越的祖父、伯父、父亲，后来又有了武王那样优秀的儿子，当然"无忧"了。《中庸》还特别引用周礼关于祭祀制度的规定，说明文王之"无忧"。"父为大夫，子为士，葬以大夫，祭以士。父为士，子为大夫，葬以士，祭以大夫。"也就是说，当儿子的地位高于父亲时，祭祀父亲的礼仪就可以提高到儿子的等级。太王、王季、文王生前都是殷朝的诸侯，是以诸侯之礼下葬的，但是他们的后代成为周王朝的天子，所以西周祭祀他们的时候，就可以用天子之礼了。对于重视宗法祭祀的古人，这也是一种莫大的荣幸！

周文王本人也没有辜负太王、泰伯、王季的希望，他在自己管理的西岐之地推广仁政，得到了百姓的真诚欢迎。孟子说："所谓西伯善养老者，制其田里，教之树畜，导其妻子，使养其老。五十非帛不暖，七十非肉不饱。不暖不饱，谓之冻馁。文王之民，无冻馁之老者，此之谓也。"（《孟子·尽心上》）周文王通过井田制度的建设，保证了大多数人民的生活保暖，因此得到国内人民的坚定支持。周的国力增强壮大，引起商王朝的不安。商纣王的亲信谗臣崇侯虎，暗中向纣王进谗言说，西伯侯到处行善，树立自己的威信，诸侯都向往他，恐怕不利于商王。纣王于是将姬昌拘于羑里（今河南汤阴县）。文王在囚禁中，精心致力"演易之六十四卦，各为彖"。周臣闳夭等人设计营救文王出狱，文王出狱后下决心灭商。出猎在渭水河边巧遇年已垂老、怀才不遇的姜尚在水边钓鱼。文王同他谈话，两人谈得很投机，文王了解姜尚确有真才，便让姜尚与他同车而归，立以为师，共同筹划灭商策略。第二年出兵伐犬戎，战败西戎诸夷，灭了几个小国。第三年攻打密须（在今甘肃灵台县），解除了北边和西边后顾之忧。第四年戡黎（在今山西黎城县），第五年伐邘（在今河南沁阳市）。戡黎、伐邘实际上是构成了对商都朝歌的直接威胁。第六年灭崇国（在今陕西户县境）。将周的都城由岐山周原东迁渭水平原，建立沣京（在今陕西长安区沣河西岸）。此时正若孔子所说："三分天下有其二，以服事殷。周之德，其可谓至德也已矣。"（《论语·泰伯》）周文王的"至德"就是《中庸》所说的"素位守常"之德，在商纣王没有暴虐到疯狂的地步，文王仍然持守着臣子的本分。

周武王（约前1087—前1043）姓姬，名发，周文王姬昌与太姒的嫡次子，西周王朝开国君主，在位13年。姬发因其兄伯邑考被商纣王所杀，故得以继位。武王继承父亲遗志，于公元前1046年推翻商朝，夺取全国政权，建立了西周王朝，表现出卓越的军事、政治才能，成为中国历史上的一代明君。武王受命十一年（约前1046年），商纣王穷兵黩武，持续发动征讨东南夷的战争，把商朝弄得国困民乏。武王见时机已到，便联合庸、蜀、羌、髳、卢、彭、濮等部族，亲率战车300辆，虎贲3 000人，甲士45 000人，进攻朝歌，在牧野大败商军后攻入朝歌。《中庸》说周武王"壹戎衣而有天下"，形容周武王威武雄健的样子。根据《尚书·牧誓》记载：在甲子日黎明时分，周武王率领军队来到商国都城郊外的牧野，在那里举行盛大的誓师。《牧誓》是一篇雄壮威武的战争誓词，即使今天的人们读起来，仍然会感到激动人心，热血沸腾。《牧誓》为我们展现了周武王威风凛凛的王者之象。他左手拿着象征王权的黄斧，右手拿着饰以白色羽毛的令旗，一位卓越军事家的形象跃然纸上。根据史书记载，周武王当时只有"戎车三百两（辆），虎贲三千人"，但是能够以弱胜强，关键在于西周一向施行仁政，使得民心归向。商纣王虽然有人数众多的军队，但是他实行暴政，人心丧尽。所以两军相交，殷朝军士们纷纷倒戈，纣王大败。孟子说，武王伐纣是"仁人无敌于天下，以至仁伐至不仁"（《孟子·尽心下》），因此所向披靡。

西周的第三位圣王是周公。周公，姓姬名旦，是周文王第四子，武王的弟弟。武王伐纣建立西周王朝后两年就去世了。当时周武王的儿子成王（姓姬名诵，约前1055—前1021）很小，年仅12岁，不能独立执政。本来按照古代的习俗，可以根据"兄终弟及"的传统，由周公成为新的国王。但是考虑到商朝施行"兄终弟及"制度，经常发生兄弟争夺王位的内乱，影响了国家的稳定，因此周公主张废除"兄终弟及"这种反映原始氏族社会继承制度的旧习俗，代之以和宗法制社会相适应的"嫡长子继承制"。与"兄终弟及"和"诸子选择"的继承体制相比，"嫡长子继承制"不一定能够把最优秀的接班人推举出来，但是却可以使那些非嫡长的王子们没有争夺王位的合法性，减少了政变的机会。"嫡长子"或贤或愚，但是可以通过宗法家族势力、朝廷文官体制加以辅佐和限制，有助于朝廷权力的交接稳定。为此，周公设计出一套完整的宗法祭祀体系，明确宗法家族中每一个人的身份和地位，从而保证权力交接的平稳运行。本章所引关于父子丧葬、祭祀制度，大夫、天子守丧制度，为父母守孝的制度，只是周公制定的礼仪制度的几条，通过这几条制度的细致设计，就可以推想周礼对社会的指导和保证作用。所以孔子说："周监于二代，郁郁乎文哉，吾从周。"（《论语·八佾》）周公被尊为"元圣"和儒学先驱。周公摄政七年后，扶持成王亲政，以身作则，保证了"嫡长子继承制"的顺利执行。

◎ 知识拓展

尚书·牧誓

武王戎车三百两，虎贲三千人，与商战于牧野，作《牧誓》。时甲子昧爽，王朝至于商郊牧野，乃誓。王左杖黄钺，右秉白旄以麾，曰："逖矣，西土之人！"王曰："嗟！我友邦冢君，御事：司徒、司马、司空，亚旅、师氏、千夫长、百夫长，及庸，蜀、羌、髳、微、卢、彭、濮人。称尔戈，比尔干，立尔矛，予其誓。"王曰："古人有言曰：'牝鸡无晨；牝鸡之晨，惟家之索。'今商王受，惟妇言是用，昏弃厥肆祀，弗答；昏弃厥遗王父母弟不迪，乃惟四方之多罪逋逃，是崇是长，是信是使，是以为大夫卿士，俾暴虐于百姓，以奸宄于商邑。今予发，惟恭行天之罚。今日之事，不愆于六步、七步，乃止，齐焉。勖哉夫子！不愆于四伐、五伐，六伐、七伐，乃止，齐焉。勖哉夫子！尚桓桓，如虎如貔，如熊如罴，于商郊。弗御克奔，以役西土，勖哉夫子！尔所弗勖，其于尔躬有戮。"

《尚书·牧誓》译文

在甲子日黎明时分，周武王率领军队来到商国都城郊外的牧野，在那里举行盛大的誓师仪式。武王左手持黄色的大斧，右手拿着系有牦牛尾巴的白色旗帜指挥全军。他说："多么遥远啊，我们这些从西方来伐纣的人！"武王说："哦！我们友邦的国君们和执事的大臣们，司徒、司马、司空，亚旅、师氏，千夫长、百夫长们，以及庸、蜀、羌、髳、微、卢、彭、濮等国的人们，举起你们的戈，排列好你们的盾，竖立起你们的长矛，我要发布誓词。"武王说："古人说：'母鸡是没有在清晨报晓的；若母鸡报晓，说明这户人家就要衰落了。'现在商纣王只听信妇人的话，对祖先的祭祀不闻不问，轻蔑废弃同祖兄弟而不任用，却对从四方逃亡来的罪恶多端的人，推崇尊敬，又是信任任用，以他们为大夫、卿士。这些人施残暴于百姓，违法作乱于商邑，使他们残害百姓。现在，我姬发奉天命进行惩讨。今天的决战，我们进攻阵列的前后距离，不得超过六步、七步，要保持整齐，不得拖拉。将士们，奋勇向前啊！在交战中少则四五个回合，多则六七个回合，就要停下来整顿阵容。奋勇向前啊，将士们！希望你们个个威武雄壮，如虎如貔、如熊如罴，前进吧，向商都的郊外。在战斗中，不要攻击制服从敌方奔来投降的人，要让他们为我们自己服役。奋勇前进啊，将士们！你们如果不奋力向前，你们自身就会被杀。"

第十九章

子曰："武王、周公，其达孝①矣乎！夫孝者，善继人之志，善述②人之事者也。

春秋修其祖庙③，陈其宗器④，设其裳衣⑤，荐其时食⑥。宗庙之礼，所以序昭穆也⑦。序爵⑧，所以辨贵贱也。序事⑨，所以辨贤也。旅酬下为上⑩，所以逮贱⑪也。燕毛⑫，所以序齿⑬也。践⑭其位，行其礼，奏其乐，敬其所尊，爱其所亲，事死如事生，事亡如事存，孝之至也。

郊社之礼⑮，所以事上帝也。宗庙之礼，所以祀乎其先也。明乎郊社之礼，禘尝之义⑯，治国其如示诸掌乎⑰！"

◎**注释** ①〔达孝〕达，通达、通晓，指武王、周公通达孝道。②〔述〕循，顺行。③〔春秋修其祖庙〕春秋，指春秋两季。全句指在春秋两季修缮祖庙。④〔陈其宗器〕陈，陈列；宗器，祭祀祖先的祭器。⑤〔设其裳衣〕裳衣，祖先遗留的衣服。指让在祭祀仪式上装扮祖先亡灵的人（尸），穿上祖先留下的衣服。⑥〔荐其时食〕荐，奉献。时食，不同季节的食物。⑦〔所以序昭穆也〕昭，向阳；穆，背阴。古代帝王的宗庙，太祖坐西朝东，其后辈帝王死后分别为其建立庙位，太祖左方二代、四代、六代……为昭，右方三代、五代、七代……为穆，父子依次向下排列，表明历代帝王的辈分关系。如下图：

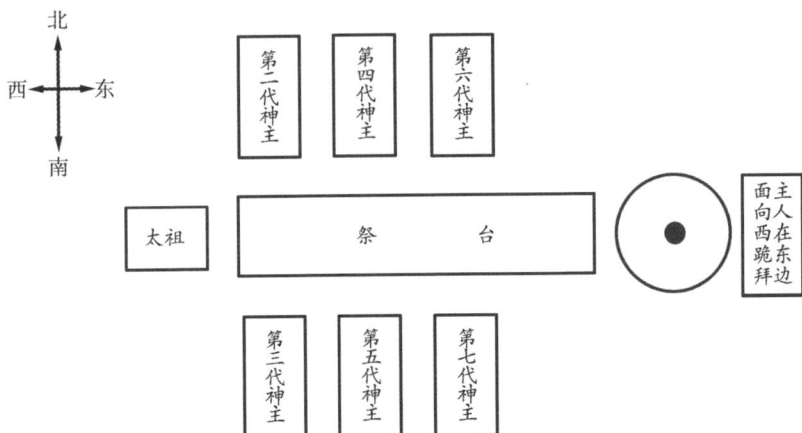

⑧〔序爵〕按照爵位高低排列顺序。⑨〔序事〕事，指参加祭祀活动的职务。⑩〔旅酬下为上〕旅，众人；酬，敬酒；下，年轻的人；上，年长的人。指宴席中年轻人向年长者敬酒，也可指身份低的人向身份高的人敬酒。⑪〔逮贱〕及贱。朱熹注释说：

"盖宗庙之中以有事为荣，故逮及贱者，使亦得以申其敬也。"指宗庙祭祀活动中身份低的人可以向身份高的人表达敬意。⑫〔燕毛〕燕，同宴，宴毛指按照头发黑白的程度区分长幼排列宴会座次。⑬〔序齿〕序，排列；齿，牙齿，指代年龄。指按照年龄大小排序。⑭〔践〕登上。⑮〔郊社之礼〕郊，南郊、北郊的神坛；社，社稷坛。古代在南郊建坛，举行仪式祭祀上帝。⑯〔禘（dì）尝之义〕禘，古代帝王、诸侯举行的各种大祭的总名。尝，天子、诸侯在秋季举行的祭祀祖先的仪式。⑰〔治国其如示诸掌乎〕朱熹注释说："示，与视同。视诸掌，言易见也。"整句话指搞好了周礼规定的各种祭祀仪式，治理国家就如同看自己的手掌一样容易。

◎**大意** 孔子说："周武王、周公大概是最懂得孝道的人了！孝道就是要善于继承祖先的志愿，发扬他们开创的事业。

在春秋两个季节定期修缮祖庙，陈列祭祀祖先的祭器，准备好祖先留下的衣服，供奉上时鲜的果品和食物。宗庙祭祀的礼仪，是为了按照昭穆次序排列宗族人员的辈分。按照官爵的大小排列，是为了分清社会成员身份地位的高低。按照职事的高低排列，是为了体现才能的高低。在宗庙宴会上年轻、地位低的人向德高望重的人敬酒，是为了让他们有一个表达敬意的机会。按照头发的黑白排列座次，是为了区分年龄的大小（该句在现在社会已不适用）。祭祀时尸（扮演祖先之灵的人）登上受祭的位置，众人都要向其行礼，演奏音乐，表达对祖先的尊敬。人们爱其亲人，就要像他们生前一样服侍他们的亡灵，像对待生者一样对待亡者，这样的孝道才是完善到位的。

郊社祭祀的礼仪，是为了祭祀上帝的。宗庙祭祀的礼仪，是为了祭祀祖先的。明白了郊社之礼、祭祖礼仪的真正含义，治理国家就如同看自己的手掌一样容易了。"

◎**释疑解惑**

本章从周公创立的宗庙之礼入手，全面论述了周礼的社会意义。周公是西周初期杰出的政治家、军事家、思想家、教育家，被尊为"元圣"和儒学先驱。周公一生的功绩被《尚书·大传》概括为："一年救乱，二年克殷，三年践奄，四年建侯卫，五年营成周，六年制礼乐，七年致政成王。"周公摄政七年，提出了各方面带根本性的典章制度，完善了宗法制度、分封制、嫡长子继承制和井田制。这些制度的最大特色是以宗法血缘为纽带，把家族和国家融合在一起，把政治和伦理融合在一起，这一制度的形成对中国封建社会产生了极大的影响，为周王朝八百年的统治奠定了基础。

本章开篇就讲："武王、周公，其达孝矣！"中国传统文化所主张的孝，不仅仅是孝敬父母，照顾好他们的晚年生活。《孝经》说："夫孝，始于事亲，中于事君，终于立身。"在家侍奉父母只是孝之始，到了成年之后，还要继承、光大父母开创的事业，使家道兴旺，这也是孝道的重要内容。《中庸》说："夫孝者，善继人之志，善述人之事者也。"武王、周公不仅继承了太王、王季、文王开创的西周祖业，而且发扬光大，诛除暴君商纣王，为民除害，并统一了全国。在当时的古代社会里，贵为天子，富有四海已经是成功的最高标志了，也可以说武王、周公尽了最大的孝。

周公不仅辅佐武王夺得天下，他更重要的功业还在于建立了一套适合当时社会发展需要的政治、经济、宗教、文化制度，从而保证西周的江山长治久安。西周本是商代岐山脚下的一个属国，地不过百里。武王、周公伐纣实现了以周代商，要巩固周王朝的统治，首先必须消化、吸收商人全部的先进文化。他采取了"周因于殷礼"的政策，继承了商代的宗法制度和以上帝崇拜、祖先崇拜为核心的宗教信仰以及职业的巫觋队伍。同时他也对"殷礼"加以"损益"，进行改革。周公的宗教改革最根本之处就是在原来商代人的宗教中加入了大量的伦理内容，使之变成一种人文的宗教、伦理的宗教。周公提出了"以德配天"的思想，周公说："皇天无亲，唯德是辅。"（《尚书·蔡仲之命》）老天只辅助有德之君。"惟克天德，自作元命，配享在下。"（《尚书·吕刑》）相反，暴民丧德则会失去天命。周公告诫他的子侄们："我不可不监于有夏，亦不可不监于有殷，……惟不敬厥德，乃早坠厥命。"（《尚书·召诰》）修德首先要求统治者加强自身的道德修养，如"文王维克厥宅心，……以克俊有德"（《尚书·立政》），"德裕乃身""聿修厥德""其德克明"等等。更根本的是，修德要落实在"保民"上。《尚书·无逸》说："怀保小民，惠鲜鳏寡。"像对待子女一样爱护人民，保护人民，教育人民，使他们能够安居乐业，子孙繁盛。

为了使"以德配天"的政治理念得到贯彻执行，周公建立了一套完整的礼仪祭祀制度，从而使周礼成为西周政治、经济、文化、教育、宗教制度的整体体现。这一特点被后来孔子开创的儒家所继承，"以礼治国""礼法合治""重礼轻法"成为中国政治的特色。本章讲到的宗庙之礼、郊社之礼，都突出反映了周公"以礼治国"的精神，所以孔子最后得出结论：只要掌握了礼的意义，治理天下如同示诸掌上。

　　首先是宗庙之礼，我们需要向现代读者解释一下儒家重视各种祭祀礼仪的价值和目的。西周的宗法分封制度是实行政治管理最为成功的典范，以致儒家学者千百年后仍然以此作为理想的社会范型。"亲亲、尊尊、长长，男女之有别，人道之大者也。"（《礼记·丧服小记》）在亲亲、尊尊、长长、男女这四项基本原则中，前两项最为根本，构成了宗法社会内部的基本张力。宗法社会没有亲亲的原则不行，那样将导致社会的分崩离析；没有尊尊的原则也不行，那样将导致社会的混乱无序。而在西周社会里，古代宗教的各项祭祀仪式，就成为维系亲亲、尊尊原则的主要力量。丧葬和祭祖活动，是表现尊卑有等、血缘有亲的最好场合，也是传播孝道、调整人际关系的最佳环境。本章讲到宗教祭祀活动中"序昭穆""序爵""序事"，都是在强调宗庙之礼中"尊尊"的一面，人们通过自己在祭祀活动中所站的位置、从事活动的内容、奉献祭品的多寡，就明确了个人在家族中的地位及其相互的从属关系。对于尊者、长者、贤者，当然是要服从的，不然就是忤逆。但是仅有赤裸裸的"尊尊"要求，把人际关系都建立在利益的交换之上，尊者完全依靠"法、术、势"来压制卑者，这样的社会秩序也很难长期维持，秦始皇建立的秦王朝迅速走向灭亡就是明证。所以还要在人际关系上增加各种有利于团结、融合的因素。而在中国古代的宗法社会中，宗族内部的血缘亲情就是最好的连接纽带。本章所说"逮贱""序齿"就是凸显宗族内部"亲亲"的原则。宗族内部年轻人，地位低者也可以向年长者、地位高者敬酒，加强其情感的沟通。有的时候宴席排座次不是"序爵"而是"序齿"，显示了血缘身份更高于社会身份，有助于宗族内部成员的团结。因此周礼中所包含的宗庙之礼就成为政治统治的最好工具。汉代明确提出了"以孝治天下"的口号，以宗法伦理中所蕴含的"亲亲""尊尊"之道，为等级私有制度进行辩护。正如《汉书·哀帝纪》所说："汉家之制，推亲亲以显尊尊。"

　　其次，宗庙之礼有助于社会上的孝道教化。孝道是维护宗法家族的根本原则，为了维护宗法家族的稳定，儒家学者设计很多方法，其中祭祖制度就是最重要的方法之一。曾子说："慎终追远，民德归厚矣。"（《论语·学而》）"慎终"指隆重办理好刚刚逝去的亲人的丧礼，"追远"指每年定期举行逝去久远先人的祭礼。坚持办好这两种礼仪，人民的道德就会增加。孔子是从弘扬孝道教育的角度出发，主张严格执行周礼规定的宗庙之礼。大家知道，孔子并不肯定鬼神的存在，那么祭祀所奉献的祭品还有什么意义呢？王充解释说："丧祭礼废，则臣子恩泊；臣子恩泊，则倍死亡先；倍死亡先，则不孝狱多。"（《论衡·薄葬》）儒家提倡孝道，对于民众进行孝道教育有两种方法，一种是在学校中进行文化教育，但那只能适合少数读书人。当时的社会大量民众是没有能力进学校的，所以各个家族定时的祭祖仪式就是传播孝道的最好场所。在隆重的祭祖仪式上，奏乐、上祭品、献酒、宣读祭文、焚烧冥币等等，就是创造一种祖灵"洋洋乎，如在其上，如在其左右"的场景，使人感到祖先又回到了我们的身边。那些参加祭祖仪式的儿孙，因担心故去祖先亡灵的惩罚，就会更加孝敬在世的长辈。《礼记·大传》载："人道，亲亲也。亲亲故尊祖，尊祖故敬宗，敬宗故收族，收族故严宗庙，严宗庙故重社稷，重社稷故爱百姓。"祖先崇拜的宗教观念，可以使人际之间的亲情从家庭扩大为宗族，又从宗族扩展为全社会，达到凝聚人心的目的。

最后是"郊社之礼"，是用来祭祀上帝的。在中国古代的传统宗教中，祭祀上帝不是任何人都可以参与的，那是天子的特权。在古代宗法家族中，祭祀祖先的主祭者必须是家族的嫡长子。将家庭中尽孝的原则用于社会，那么可以祭祀皇天上帝的主祭者，当然只能是被称为"天子"的周王，到了封建社会就只有皇帝。《礼记·曲礼下》规定："天子祭天地、祭四方、祭山川、祭五祀，岁遍。诸侯方祀、祭山川、祭五祀，岁遍。大夫祭五祀，岁遍。士祭其先。"在古代社会里，祭祀的对象是与祭祀者的身份、地位、管辖权限紧密相关的。超出了自己的祭祀权限，就说明祭祀者有夺取更大权力的野心。春秋时期的鲁国，秉政的大夫季孙氏用天子仪仗"八佾舞于庭，子曰，'是可忍也，孰不可忍也'"（《论语·八佾》），就是由于季氏僭越了天子的权力。因此了解了"郊社之礼""禘尝之义"，就是把握了治理国家的根本原则，其治理国家自然也就容易了。

本章的内容是"守礼"，讲的还是齐家的内容，但是已经由文王、武王、周公这些政治家的家庭开始展开，通过周礼"亲亲尊尊"的原则运用，讲到了治理国家"以孝治天下"的问题，为下一章讲述治国之意做好了铺陈。

◎ 知识拓展

善继人之志：结草报恩

《左传·宣公十五年》："魏武子有嬖妾，无子。武子疾，命颗（魏武子之子）曰：'必嫁是。'疾病，则曰：'必以为殉。'及卒，颗嫁之，曰：'疾病则乱，吾从其治也。'及辅氏之役，颗见老人结草以亢杜回，杜回踬而颠，故获之。夜梦之曰：

'余，而所嫁妇人之父也。尔用先人之治命，余是以报。'"春秋时，晋国的大夫魏武子在生病时，曾嘱咐他的儿子魏颗，在他死后，把一个他特别宠爱的妾嫁出去。后来武子病重了，又告诉魏颗，在自己死后让这个妾陪葬。武子死了以后，魏颗觉得父亲病危时的语言可能是神志不清时的胡言乱语，便依照他以前的吩咐把武子的爱妾嫁出去了。后来，魏颗领兵和秦国打仗，看见战场上有个老人把地上的草都打成了结子，缠住秦军的战马，使秦军兵将纷纷坠马，魏颗因此获胜并俘虏了秦将杜回。当夜，魏颗做了个梦，梦见在战场上结草的老人自称是那位出嫁妾的父亲，是以此来报答魏颗不把自己女儿拿来陪葬之恩的。这个故事告诉我们，后人继承先辈的遗志，也要和生前对待他们一样，要分辨是非，不能盲从。魏颗就是这样，他分辨了父亲两次遗嘱，正确判断第一次是父亲在清醒时候留下的，后一次则是临终前神志恍惚的时候留下的，因此应当执行父亲清醒的时候留下的遗嘱。至于后来的"善报"，则是当时人宗教观念的反映。

第二十章（一）

《中庸》第二十章主要讲述儒家的为政之道，由于内容丰富，所以篇章也很长，超过了其他章节很多倍。为了更好地解析第二十章的内容，我们将其分成了五个部分分别讲解。

哀公问政①。子曰："文武之政②，布在方策③。其人存，则其政举④；其人亡，则其政息⑤。人道敏政⑥，地道敏树。夫政也者，蒲卢也⑦。故为政在人，取人以身，修身以道，修道以仁。仁者人也⑧，亲亲为大⑨。义者宜也⑩，尊贤为大。亲亲之杀⑪，尊贤之等，礼所生也⑫。在下位不获乎上，民不可得而治矣⑬。故君子不可以不修身。思修身，不可以不事亲；思事亲，不可以不知人⑭；思知人，不可以不知天⑮。"

◎**注释** ①〔哀公问政〕鲁哀公（？—前468），姬姓，名将，鲁定公之子，春秋时期鲁国第二十六任君主，在位凡27年。问政，请教为政之道。②〔文武之政〕文武，周文王、周武王。"文武之政"指文王、武王的美政。③〔布在方策〕布，陈列；方策，即方册，指文化典籍。④〔其人存，则其政举〕其人，指周文王、周武王；存，存在；举，实施。⑤〔其人亡，则其政息〕亡，逝去；息，停止、止息。⑥〔人道敏政〕敏，迅速。指人所行之道会迅速反映到国家政治上。⑦〔蒲卢也〕蒲卢，芦苇。朱熹注释说："蒲卢，沈括以为蒲苇是也……而蒲苇又易生之物，其成尤速也。"⑧〔仁者人也〕儒学所说仁道就是人道，行人道就是仁者爱人。⑨〔亲亲为大〕第一个亲是动词，指亲近；第二个亲是名词，指亲人。整句话的意思是仁者以亲近自己的亲人为大事。⑩〔义者宜也〕义，道德规范，含有正义、合理、情谊、责任等含义；宜，适宜、正当、合适。儒家解释"义者宜也"，合时适宜就是"义"。⑪〔亲亲之杀（shài）〕第一个亲是动词，指亲近；第二个亲是名词，指亲人；杀，指差等。⑫〔礼所生也〕礼，周礼。"礼所生也"指周礼产生的根据。⑬〔在下位不获乎上，民不可得而治矣〕朱熹注释说，"郑氏曰：'此句在下，误重在此。'"郑玄认为，这句话在下边还有讲解，这里可能是传抄过程中产生的赘文。⑭〔不可以不知人〕人，人性。⑮〔不可以不知天〕天，天命、天意。

◎ **大意** 　鲁哀公向孔子请教为政之道。孔子说："周文王、周武王的美德善政都记录在西周的文献典籍中。圣人在位的时候，好的政策就得到执行；圣人辞世了，好的政策也就终止了。社会治理的情况，可以敏感地体现在国家政治中，就如同土地的好坏，可以敏感地体现在树木和庄稼的生长中。政治就像速生的芦苇一样，可以很快地反映出来。所以说为政之要在于得人，选人主要看他的自身修养。修身之道就在于实行仁道。实行人道的本质就是爱人，而爱人首先是爱自己的亲人。义的本质就是合乎时宜，适宜之道首要的任务就是尊敬贤人。人们亲近自己的亲人是有差等的，尊贤也是分先后的，这就是周礼产生的根据。如果贤人在低下的地位，而得不到在上层的地位，人民便得不到好的治理了。因此，君子不可以不修身。若想修身，不能不首先侍奉好自己的亲人；若想服侍好自己的亲人，不能不了解人性；若想了解人性，不能不了解天命。"

◎ **释疑解惑**

　　儒学不是宗教，其学术宗旨不仅在于个人的道德修养，更重要的是通过个人的道德修养，造就大批管理国家的人才，最终促使国家社会由小康进入大同。"老安少怀"的社会目标才是儒学的终极价值，本章就是连接修身与治国的一个过渡环节。

　　鲁哀公向孔子请教为政之道，孔子说：西周文王、武王的良好政治都记录在西周的文化典籍中，总结他们的经验，关键的一条就是为政在得人。"其人存，则其政举；其人亡，则其政息。"这是孔子根据历史总结的第一条经验。当代社会已经进入了法制社会，特别是反思中国两千年封建社会的君主专制制度，更是让人感到儒家提倡的"人治社会"与现代的"法治社会"格格不入。其实对这些思想要放到当时的历史环境中具体分析。首先，与孔子之前的"神治社会"相比，"人治社会"是一个进步。夏商周三代，都是以神治国，祭祀、奉献、祈祷成为政治合法性的依据。尽管周公进行了一定程度的宗教改革，为古代宗教增加了道德伦理的内容，但是西周的政治仍然在三代"神权政治"的大框架下运行。春秋之后，神权动摇，宗教瓦解，传统的神权政治不可能再推行下去了。诸子百家提出了不同的政治主张，孔子提出"以德治国"的政治主张，比起"神权政治"，"人治社会"是一种历史的进步。其次，人存政存、人亡政息的政治理念，在今天也有一定程度的合理性。即使在建立了完整的法律制度之后，法律的执行也是要靠人的。孟子说："徒善不足以为政，徒法不能以自行。"（《孟子·离娄上》）荀子说："故法不能独立，类不能自行；得其人则存，失其人则亡。"（《荀子·君道》）因此官员的选择，仍然是政治建设的大问题。

进而孔子讲到了选拔人才的标准问题。孔子说"为政在人，取人以身"，就是说选拔人才关键要看他的修身，即道德。孔子认为："骥不称其力，称其德也。"（《论语·宪问》）也就是说千里马最重要的品德，是它忠诚于主人的品德。"知及之，仁不能守之，虽得之，必失之。"（《论语·卫灵公》）个人即使有很高的才学，但是如果他的品德不行，虽然也许可以暂时得到一些成绩，但是很难长久。"如有周公之才之美，使骄且吝，其余不足观也已。"（《论语·泰伯》）这句话讲得更彻底，即使有周公那样的才华，但是品行不好，也是不足挂齿的。战国时期的大儒荀子认为："知而不仁，不可；仁而不知，不可；既知且仁，是人主之宝也，而霸王之佐也。"（《荀子·君道》）荀子的这一标准，反映了德才兼备的要求。修身的方法，就是修身以道，修身以仁，以人道的方法进行自我修养。

那么什么是"仁"？什么是"义"？什么是"礼"？这里孔子给予了经典式的回答。仁就是亲亲。在《论语》和其他儒学经典中，孔子对于仁的论述很多，不用一一列举。但是仁道的入手之处则在于"亲亲"。孔子说："君子务本，本立而道生。孝弟也者，其为仁之本与！"（《论语·学而》）与仁道那些复杂、高深的原理相比，孝敬自己的父母就是仁的出发点和入手处。孟子说："孩提之童，无不知爱其亲者……亲亲，仁也。"(《孟子·尽心上》)如果一个人连孝敬自己的父母都做不到，还谈何仁道呢？在儒家的经典中，"义"的含义比较广泛，包含正义、公义、情义、义务等等诸多含义，但是这些内容往往在不同时代有不同的解释，让人难以把握。所以《中庸》在这里为"义"下了一个简单的定义："义者，宜也。"就是适宜。朱熹注释说："宜者，分别事理，各有所宜也。"而在政治上，最重要、最适宜的事情，就是"尊贤"。儒家提倡的三代善政，关键就是要发现贤才。《论语·子路》记载："仲弓为季氏宰，问政。子曰：'先有司，赦小过，举贤才。'"孔子把"举贤才"当成为政的头等大事。他又说："君子尊贤而容众，嘉善而矜不能。"(《论语·子张》)也就是说，君子要尊重贤人，但是也容纳众多凡人，鼓励他们好的行为，怜悯那些能力不足的人。那么"亲亲之杀，尊贤之等，礼之生也"是什么意思呢？朱熹注释说："礼，则节文斯二者而已。"这句话实际上就是在政治上的中庸之道。孔子说："弟子入则孝，出则弟，谨而信，泛爱众，而亲仁。"(《论语·学而》)君子亲亲而爱人，但是天下之人无数，不可能做到同等之爱，因此只能区分亲疏远近，由近及远。孟子曰："君子之于物也，爱之而弗仁；于民也，仁之而弗亲。亲亲而仁民，仁民而爱物。"这叫作"爱有差等"，礼就是为了反映这种"差等"而设立。《礼记·祭统》言简意赅地阐明了祭祀之礼的意义："夫祭有昭穆，昭穆者，所以别父子、远近、长幼、亲疏之序而无乱也。"儒家的"爱有差等"表面上看不如墨子的"兼爱"更具有博爱精神，也更平等。但是要考虑到，在中国古代的宗法家族社会里，墨子的"兼爱"说只是一种空谈，根本没有实现的可能性。而儒家的"泛爱众，而亲仁"和"亲亲而仁民，仁民而爱物"在将心比心、以己推人的忠恕之道推动下，则是有可能的、现实的。

最后孔子谈到君子的道德修养，又回到了开篇第一章的"天命之谓性，率性之谓道，修道之谓教"。君子修身首先要孝亲，孝亲则首先要反思自己的人性。为什么这样说？儒家认为人必须尽孝，一方面是报答父母的养育之恩，另一方面则是出于对子女的孝道教育。我们生儿养女，就是为了自己老了得到子女的孝养，这就是"所求乎子以事父"的道理。中年人孝敬自己的父母，就是对儿女最好的孝道教育。反之，如果我们不孝敬父母，将来我们的子女有可能也会不孝敬我们，这其中的人性都是一样。反省自我的人性，就可以获得家庭伦理的最高原则，儒家把自然、社会运行的最高规则定为"天理"，并不是宗教者的"神意"。

第二十章（二）

　　天下之达道五①，所以行之者三。曰：君臣也，父子也，夫妇也，昆弟②也，朋友之交也。五者，天下之达道也。知、仁、勇三者③，天下之达德④也。所以行之者一也⑤。或⑥生而知之，或学而知之，或困而知之，及其知之一也⑦；或安而行之⑧，或利而行之⑨，或勉强而行之⑩，及其成功一也。子曰："好学近乎知，力行近乎仁，知耻近乎勇。知斯⑪三者，则知所以修身；知所以修身，则知所以治人；知所以治人，则知所以治天下国家矣。"

◎**注释**　①〔天下之达道五〕达道，人所共由之路，也就是人类共通、普遍的伦理道德。即孟子所说"父子有亲，君臣有义，夫妇有别，长幼有序，朋友有信"这五种美德。②〔昆弟〕昆，兄。昆弟，即兄弟。③〔知、仁、勇三者〕知，同"智"。此"三者"即孔子所说"知者不惑，仁者不忧，勇者不惧"三种人类共同的美德。④〔天下之达德〕朱熹注释说："谓之达德者，天下古今所同得之理也。"即天下之共同的道德。⑤〔所以行之者一也〕即"智、仁、勇"三达德要得以推行，关键要靠一种力量。朱熹注释说："一则诚而已矣。达道虽人所共由，然无是三德，则无以行之。"没有真诚之心，三达德都是空谈。⑥〔或〕代词，有的人。⑦〔及其知之一也〕知，知道，了解。就是说达到"智、仁、勇"三达德的结果是一样的。朱熹注释说："所以至于知之成功而一者勇也。"⑧〔或安而行之〕朱熹注释说："则生知安行者知也。"即生而知之，心安理得地去做，是一种智慧的行为。⑨〔或利而行之〕朱熹注释说："学知利行者仁也。"即学而知之，为了名利去做，是一种仁的行为。⑩〔或勉强而行之〕朱熹注释说："困知勉行者勇也。"意即困而学之是一种勇敢的行为。⑪〔斯〕代词，此。

◎**大意**　天下共通的人伦大道有五条，用以实行这五条人伦大道的德行有三种。君臣有义，父子有亲，夫妇有别，兄弟有序，朋友有信，这是天下共同的五种达道。智慧、仁爱、勇敢是天下三种永恒的美德。推行这五种达道、三种美德的根本在于真诚专一。这些道理有些人生下来就知道，有些人是需要学习以后才获得的，还有的人是在遇到困惑后获得的。能够得到这些知识，是最终一致的结果。

对于这些知识的践行，有些人是自然而行，有些人是因其利而行，有些人是勉强而行，但是对于最后的成功来说是一样的。孔子说："好学就接近智了，努力实行就接近仁了，知道耻辱就接近勇了。知道智、仁、勇三者，就知道怎样修身了；知道怎样修养自己，就知道怎样治理他人了；知道怎样治理民众，就知道怎样治国了。"

◎ 释疑解惑

第二十章第二部分，主要讨论修身、治人、治国的根本方法，《中庸》将其概括为"达道五""达德三"。而获取这些根本方法的途径，则可分成"生知""学知"和"困知"。但是不论通过哪种方式获得这些"达道""达德"，效果都是一样的。

首先我们谈谈"达道五"，儒家认为这是治理国家的根本方法。孟子说："后稷教民稼穑。树艺五谷，五谷熟而民人育。人之有道也，饱食、暖衣、逸居而无教，则近于禽兽。圣人有忧之，使契（xiè）为司徒，教以人伦：父子有亲，君臣有义，夫妇有别，长幼有序，朋友有信。"（《孟子·滕文公上》）儒家对于君臣、父子、夫妇、昆弟、朋友五伦关系的考察，是从历史的发展着眼的。远古时代，人禽不分，人的行为近乎禽兽。后来圣人出现，后稷教人们种植五谷，使生活得到了改善。但是在没有人伦教化之前，人与动物还是没有差别。舜帝命令商朝的先人契教育人们了解人伦的道理，从此人们知道君臣之间应当有义，父子之间应当有亲情，夫妇之间应当有分别，昆弟之间应当有长幼之序，朋友之间应当讲信用。这样人才与动物有了分别，加速了进化。孟子的这些观点，从当代人类学的研究成果看，是非常符合人类发展规律的。原始人群没有人伦规则，没有上下次序，群婚群居，因此几百万年之间进化速度很慢。但是从旧石器时代中期以后，人类开始创造文化，建立了氏族外婚制度，人类无论在体质上还是智力上都获得了长足的发展。"五伦"是当时社会最根本的五种人际关系，而儒家概括出来的亲、义、别、序、信，则是具有超越意义的文化价值。即使到了今天，只要这五种关系在，这些"达道"都有现实的启发意义。

特别指出的是，先秦儒家的"五伦"，与汉代之后的"三纲"是不同的。"君为臣纲、父为子纲、夫为妻纲"主要强调的是主导与服从的关系，并且与天地、阴阳关系相对应，突出了这些关系的绝对性。而先秦儒家的"五伦"，则主要强调关系的相对性。例如对于君臣关系，孟子没有使用"纲"的概念，而是使用了"义"的概念。"纲"是什么？就是渔网中的主要绳索。挥动这根绳索，整个渔网就张开了，叫作"纲举目张"。至于什么"榜样""责任""义务"等等，都是其延伸意义，不是其主要意义。那些延伸意义都不会改变"纲"和"目"之间主导与服从的绝对关系。先秦时期的孔子认为："君使臣以礼，臣事君以忠。"（《论语・八佾》）"君子之仕也，行其义也。"（《论语・微子》）君臣关系是相对的，必须以"礼""义"等更高的概念加以调节，绝没有"愚忠愚孝"的概念在其中。

其次，"三达德"指智、仁、勇，源出于孔子："智者不惑，仁者不忧，勇者不惧。"（《论语・子罕》）如果说"五伦"是从关系说的，那么"三达德"则是从个人品质说的。《中庸》多处讲到"三达德"，如"天下可均也"是智，"爵禄可辞也"是仁，"白刃可蹈也"是勇。有了智、仁、勇这"三达德"，才能够在复杂的人际关系中，很好地处理"五伦"关系。处理好君臣关系的原则是礼和义，当"邦无道"的时候，真正的忠臣不是同流合污，而是应当努力劝谏，使君改善。而当国君一意孤行的时候，具有良知的大臣应当"和而不流"，甚至"爵禄可辞"，弃官而去，"无道则隐"，这需要极高的智慧，坚定的仁心，极大的勇气。处理好父子关系也不是绝对的愚忠愚孝就可以了，最大的问题在于父亲有过的时候。孔子提倡孝道，但绝不是不讲原则地一味顺从父母的意志，使其可以为所欲为。他说："生，事之以礼；死，葬之以礼，祭之以礼。"（《论语・为政》）"事父母几谏，见志不从，又敬不违，劳而不怨。"（《论语・里仁》）父母有了错误，子女有义务劝谏。不过态度要和善、委婉，以不伤害父子亲情和家庭和睦为尺度，这仍然是需要极高的智慧、坚定的仁心、极大的勇气的。

最后是得到"五达道""三达德"的方法问题。《中庸》借鉴了孔子关于知识获得四种途径的说法。孔子说："生而知之者，上也；学而知之者，次也；困而学之，又其次也；困而不学，民斯为下矣。"（《论语・季氏》）孔子承认有"生而知之者"，但是他马上说："我非生而知之者，好古，敏以求之者也。"（《论语・述而》）实际将"生而知之"变成了虚玄一格，只是一种可能性。到了宋明时期，理学家们用"天命之性"和"气质之性"来说明人的本性和知识来源。朱熹注释说："盖人性虽无不善，而气禀有不同者，故闻道有蚤莫，行道有难易，然能自强不息，则其至一也。"也就是说，从天命之性的角度看，人人都是先天具有完善本性的，但是人的出生却因禀赋了不同的气质，而有了智力上的差异。有的人需要学习后才能获得知识，有的人则是在碰到困惑后才会开始学习，得到知识。但是不论哪一条路，最终的结果都是一样，所以说"其至一也"。好学就是近乎智慧，力行已掌握的知识就是仁德，知道耻辱就有改正的勇气。有了这三种品德，就是懂得修身，修养好了就可以治人、治国了。孔子这里强调人的身份虽分高低贵贱，但都是可以通过道德修养成为圣贤的。这是中国式的"平等"观，它不是强调人在机会面前的平等，而是强调人在道德可能性上的平等。在古代的政治哲学中，这种平等也是很重要的。因为传统政治是一种"人治"，为政在于得人，而选人又主要在于取其德。承认每一个人在道德上具有平等成长的权利，实际上也就承认了每一个人都具有进入社会上层的机遇，也就包含机会的平等了。

第二十章（三）

"凡为天下国家有九经^①，曰：修身也，尊贤也，亲亲也，敬大臣也，体^②群臣也，子庶民^③也，来百工^④也，柔远人^⑤也，怀诸侯^⑥也。

"修身则道立，尊贤则不惑^⑦，亲亲则诸父、昆弟不怨，敬大臣则不眩^⑧，体群臣则士之报^⑨礼重，子庶民则百姓劝^⑩，来百工则财用足，柔远人则四方归之，怀诸侯则天下畏之。

"齐明盛服^⑪，非礼不动，所以修身也；去谗远色^⑫，贱货而贵德，所以劝贤也；尊其位，重其禄，同其好恶，所以劝亲亲也；官盛任使^⑬，所以劝大臣也；忠信重禄，所以劝士也；时使薄敛^⑭，所以劝百姓也；日省月试，既廪称事^⑮，所以劝百工也；送往迎来，嘉善而矜不能^⑯，所以柔远人也；继绝世，举废国，治乱持危，朝聘^⑰以时，厚往而薄来，所以怀诸侯也。"

◎**注释** ①〔凡为天下国家有九经〕凡，总共；为，治理；天下国家，即天下、国和家，在西周时代，天子治理天下，诸侯治理国，大夫治理家；经，常道，即治理天下国家的九条根本原则。②〔体〕体谅、体察。③〔子庶民〕子，孩子，这里用作动词，将庶民当成孩子；庶民，百姓。④〔来百工〕来，招徕；百工，各种工匠。⑤〔柔远人〕柔，怀柔；远人，边远地区的民众。⑥〔怀诸侯〕怀，安抚；诸侯，他国君主。⑦〔尊贤则不惑〕惑，迷惑、疑惑。尊重贤人则不容易被迷惑。朱熹注释说："不惑，谓不疑于理。"⑧〔敬大臣则不眩（xuàn）〕眩，眼花、晕眩。朱熹注释说："不眩，谓不迷于事。"尊敬大臣则不会迷惑。⑨〔报〕回报。⑩〔劝〕勉励。⑪〔齐明盛服〕孔颖达疏："齐谓整齐，明谓严明，盛服谓正其衣冠，是修身之体也。"谓在祭祀前斋戒沐浴，静心洁身。⑫〔去谗远色〕谗，谗言，诽谤之词；色，美色。指远离身边各种小人的谗言和诱人的美色。⑬〔官盛任使〕有足够的官员可供差遣。朱熹注释说："盖大臣不当亲细事，故所以优之者如此。"⑭〔时使薄敛〕时使，在适当的时候役使百姓，不耽误农时；薄敛，减少赋税。⑮〔既廪（xì lǐn）称事〕既廪，即"饩廪"，指给工匠的报酬；称事，与职能相称。⑯〔嘉善而矜（jīn）不能〕嘉善，鼓励好的；矜，怜悯，矜不能指怜悯差的。⑰〔朝聘〕朝，诸侯参见天子；聘，诸侯派使者进京贡献礼品。

◎**大意**　（孔子说：）"治理天下、国、家共有九条根本原则，就是要修养自身，尊重贤人，亲近亲族，礼敬大臣，体谅群臣，关爱百姓，招徕百工，优待边远族群之民，安抚他国诸侯。

"君主能修身，则正确的治国原则就可以建立起来。尊重贤人，遇到问题就不会疑惑。亲近亲族，整个家族就没有怨气。尊敬大臣，遇到事情就不会因慌乱而目眩。体谅群臣，则士人们就会奋力报效。把百姓当成孩子，他们就会竭力报答君主的恩德。招徕百工，则国家的财用就会充足。怀柔边远族群之人，则四方之民就会来归顺。安抚诸侯，则各诸侯国的国君都会畏服。

"斋戒沐浴，穿上庄重的衣服，按照礼仪规定行动，这是修身的方法。摒弃那些进谗言的小人，远离女色，轻视财物，崇尚道德，这是鼓励贤才的方法。使其职位尊、俸禄厚，与他们爱憎相一致，这是亲近亲族的方法。有足够的官吏供其驱使，这是鼓励大臣的方法。真心诚意地任用他们，给他们丰厚的俸禄，这是激励那些士大夫的方法。按照农时役使百姓，减轻赋税，这是激励百姓的方法。按照功效考核工匠的业绩，给他们相应的丰厚的粮米，这是激励工匠们的方法。欢迎他们前来，礼送他们回去，奖励好的，怜悯差的，这是与边远族群的人打交道的方法。使丧失世家地位的宗族得以延续，使被灭亡的国家能够复兴，使动乱危亡的国家得到治理，扶助困难危急的国家，要求诸侯定期朝见、纳贡，并且坚持纳贡少，回赐多，这是安抚诸侯的方法。"

◎ 释疑解惑

第二十章第三部分，集中讲解儒家的政治思想。《中庸》引用孔子的话，说明儒家的治国思想共有"九经"，即修身、尊贤、亲亲、敬大臣、体群臣、子庶民、来百工、柔远人、怀诸侯。这九条大经大法与修、齐、治、平的总原则一样，仍然还是一个由内及外、由近及远的路径。本章的内容虽多，但是线索清晰，先讲"九经"的内容，然后说明"九经"的意义，最后阐述实行"九经"的方法。

天子治国首先要从修身开始，如同《大学》所说："自天子以至于庶人，壹是皆以修身为本。"这是儒家"德治主义"政治的根本点，就是要强调领导者的表率作用。孔子说："政者，正也。子帅以正，孰敢不正？"（《论语·颜渊》）"政"字是一个形声字，左声右形。什么是政治？就是用正道去治理社会，引导百姓。而正道首先要求执政者本身坚持执行，以身作则。俗话说："上梁不正下梁歪"，领导者自己不注意修身，道德品质有些微小的差池，那就会在社会上引起"蝴蝶效应"，失之毫厘，谬之千里。所以《中庸》说："修身则道立"，执政者本身的修身行为，就很好地把正道树立起来了。那么如何修身呢？《中庸》又说："齐明盛服，非礼不动，所以修身也"，这是形容君子修身的心态和举止。《论语·颜渊》记载："仲弓问仁。子曰：'出门如见大宾，使民如承大祭。'"就是说君子治国的心情如同拜谒尊贵的客人，参加隆重的祭祀活动，一定要十分端庄严肃。孔颖达疏："齐谓整齐，明谓严明，盛服谓正其衣冠，是修身之体也。""非礼不动"则是孔子所说："非礼勿视，非礼勿听，非礼勿言，非礼勿动。"（同上）这是说执政者治国的行动要非常谨慎，不要做任何违反礼乐制度的行为。这样做了，就达到了君子修身的目的。

修身之后第一个步骤就是尊贤，甚至放在亲亲之前，由此可见儒学对于贤人的尊重。儒家用人思想内容丰富，"任贤使能"是其根本原则。"尊贤则不惑"，天子身边有一批贤者辅佐，就不会在面临复杂问题时产生困惑。中国历史上商汤用伊尹，武丁用傅说，文王用姜太公，齐桓公用管仲，刘邦用张良、萧何，刘备用诸葛亮……这样重用贤才的故事不胜枚举，这些贤相也是辅佐圣王走向成功的关键。那么如何用贤才呢？《中庸》讲得非常具体、实在。"去谗远色，贱货而贵德，所以劝贤也"，这是两条最影响选用贤达的因素。能够在天子身边上谗言的人，一定是他欣赏的近臣、宠妃。谗言顺耳，美色乱心，这也是贤才不能发挥作用的主要原因。《封神演义》中的商纣王，宠信妖姬妲己，重用奸臣飞廉、恶来，排斥忠贞之臣比干、微子、箕子，最终落得个国破身亡。

治国"九经"的第三条是"亲亲"，即搞好自己家族的团结。由家庭外推，最亲近的人就是家族的同胞，所以要奉行"亲亲"的原则。《中庸》说："亲亲，则诸父、昆弟不怨。"亲近自己宗族的亲人，让父辈、兄弟辈的成员没有怨愤。宗族团结了，才能共同治理好国家。团结宗族的方法是："尊其位，重其禄，同其好恶，所以劝亲亲也。"宗族内部闹矛盾，主要原因就是领导者因其好恶没有把一碗水端平，对于所有成员有亲有疏，同功不同禄。孔子对这些问题看得很清楚，所说解决的方法也很务实。

由宗族外推即是朝廷的大臣，这些人是国之股肱，社会栋梁。"敬大臣则不眩"是说有一群股肱之臣在身边，遇到重大的社会变故，就不会因慌乱而头昏眼花，无所措手足。敬大臣的方法是："官盛任使，所以劝大臣也。"也就是为大臣们配备足够的官吏作为下属供他们使用。朱熹的解释是："盖大臣不当亲细事，故所以优之者如此。"用我们今天的话讲，就是让这些重臣承担重要的使命，给他们配备充足的部下供他们调遣，这样才能使他们感受到自己被重用，从而集中精力发挥最大的作用。

《中庸》说的群臣泛指所有官吏，如果与大臣相对应，则是比较低级的官员。天子体恤群臣，"则士之报礼重"，就是说普通的士人都会努力报效国家。按照春秋战国时期的社会结构，民众分成士、农、工、商四等，士为四民之首，同时士是有知识、有文化的民众，有上升到官吏阶层的可能性。即所谓："仕而优则学，学而优则仕。"(《论语·子张》)在中国古代，士阶层是社会的"中产阶级"，得到了他们的支持就可以得天下。得士之心有道，就是"忠信重禄，所以劝士也"。"忠信"就是诚信的意思，对于士人要讲究信用。中国自古有"士为知己者死"的传统，很多士人把国家、上级、朋友的信任看得比生命还重，因此对于士人一定要讲信用，说话算数。此外"重禄"也很重要。儒家不是宗教，对于社会的承诺不能用彼岸的利益作为"报答"。中国的士人有重义轻利的传统，但也要生活在现实的世界中。《红楼梦》所说的"玉在椟中求善价，钗于奁内待时飞"，反映了中国士人阶层的普遍心态。

"子庶民则百姓劝"，这里的"子"作动词讲，就是把普通民众看成自己的孩子。中国传统的宗法社会，把国家看成一个大家庭，天地为万物、万民的父母，天子则是天的长子，负责管理天下万民。因此中国古代习惯把官员称为"父母官"，同时也要求他们把百姓看成自己的儿女加以爱护。爱护百姓就要爱到根本之处，而不能光是一些小恩小惠。从国家层面讲，关键是"时使薄敛"。这是两件事情，"时使"指的是按照农时役使民众。中国传统社会是建立在小农经济基础上的，一家一户进行农业生产，必须严格按照农时进行春种秋收。耽误了农时，一年的收入就要泡汤。古代国家规定一名农夫每年要为国家服一定天数的劳役，圣明的天子往往是按照农时派遣农民筑城、修路、挖河、作战。另一项关乎农民根本利益的事情是税收。建立国家机器，自然会向农民征收税赋以便维持其运转。英明的君主总是减少国家机构，特别是王室生活的开支，以便减轻农民赋税，藏富于民，这就是所谓的"薄敛"。例如开创文景之治的汉文帝、汉景帝，先后将古代习惯的什一税改成了十五税一、三十税一，使得汉初农业生产迅速恢复，百姓生活也得到改善，因而得到百姓的真诚拥戴。

"百工"指社会上的各种工匠，古代社会是农业社会，农民人数占了绝大多数。在当时农业生产水平很低的时代，一个农夫的剩余产量并不多，因此必须限制工商业的发展。但是农民不能生产自己需要的所有生产、生活用品，因此一定数量的商人、工匠也是必要的。古代有些统治者、思想家走极端，推崇"重农抑商"政策。他们或者说："其商工之民，修治苦窳之器，聚弗靡之财，蓄积待时而侔农夫之利。"（《韩非子·五蠹》）不许工商业发展；或者如许行鼓吹说："贤者与民并耕而食，饔飧而治。"（《孟子·滕文公上》）主张全社会都去种田，消灭社会分工。这些措施当然都是不符合社会发展要求的。朱熹说："来百工则通功易事，农末相资，故财用足。"具体方法就是："日省月试，既廪称事，所以劝百工也。"也就是对于依靠手艺为生的工匠，要时时考核他们的绩效，按劳付酬，鼓励他们积极生产。

"远人"则是指生活在华夏民族周边的其他族裔，在中国历史上泛指所有少数民族。孔子一向反对用武力征服少数民族，他认为"性相近也，习相远也"（《论语·阳货》），夷狄之民与华夏之民有着相近的人性。因此子曰："居处恭，执事敬，与人忠。虽之夷狄，不可弃也。"（《论语·子路》）所以，将心比心，以己推人的"忠恕之道"也可以通行于不同族群之间。当华夏与夷狄发生矛盾的时候，"故远人不服，则修文德以来之。既来之，则安之。"（《论语·季氏》）也就是做好自己的事情，吸引周边民族自觉向华夏靠拢。当他们来了之后，就要很好地安顿他们，使他们在中原的生活幸福，这样民族之间的冲突和矛盾就会大大减少了。《中庸》提出了一些具体措施："送往迎来，嘉善而矜不能，所以柔远人也。"中国古代的王朝，建有鸿胪寺、典客署、四夷馆等机构，都是接受边裔族群朝贡的。送往迎来，鼓励其中好的，帮助其中的弱势群体，周边的少数民族就会自动向中原王朝靠拢。

按照西周礼制，"诸侯建国"，古代中国的"天下""国家"体制不同于当代社会建立在威斯特伐利亚体系上的现代民族国家体系，因为它的主体多是华夏族群，原属一个民族，其主权与疆域关系也不似现代明确。不过在当时的政治理念之下，其他民族建立的政权，也被看成是"诸侯国"，诸侯之间的关系就开始具有一些"国际关系"的意味了。所以当时对待"诸侯国"的政治经验，对于当代中国处理国际关系问题也有借鉴意义。《中庸》说："怀诸侯则天下畏之"，即怀柔、优待、安抚各国诸侯，才能使他们真正服从。这里所说的"畏之"不同于施加武力产生的畏惧。在儒家看来，那种依靠武力建立的国际关系是一种"霸道"，而儒家追求的则是各国自愿靠拢的"王道"。具体的方法是："继绝世，举废国，治乱持危，朝聘以时，厚往而薄来，所以怀诸侯也。"就是帮助那些弱小的国家抗击强敌的入侵，平定国内的战乱，真正得到他们的拥戴。按照古代的"朝聘体制"，"比年一小聘，三年一大聘，五年一朝"。每次朝聘时，诸侯都要带一些供品献给天子，而天子则要用多于他们贡品价值数倍、数十倍的物品"回赐"朝聘的诸侯。由于《中庸》在古代社会的经典地位，"朝聘以时，厚往薄来"成为制度。这既是古代中央王朝联系地方政权的方式，也是国家的外交手段，一种正常的对外贸易，从而维持了中国古代几千年在东亚的"中央王朝"地位。

以上所述各种整治措施非常深刻、完整，不仅是古代国家的行政指针，而且对于今天的政治管理也具有非常重要的借鉴意义。时代发展了，社会进步了，无论社会结构还是人际关系都发生了很大的变化，我们要懂得对于古代经典进行必要的"损益"，不能照搬照抄。但是其中一些具有超越时代价值的政治理念，仍然可以为我们提供行动指南。

◎ **知识拓展**

楚庄王绝缨会

平息斗越椒叛乱后，楚庄王在郢都大摆庆功宴，犒赏有功的将士。在灯火摇曳中，众人闻着灯香、酒香，个个喝得酩酊大醉。歌舞毕，已经喝多了的楚庄王把自己的妃子们叫出来为立功的文臣武将们献酒。喝着，唱着，突然一股急风把大厅里的灯火全都吹灭了，霎时间，宫殿里一片黑暗。大臣们不知所措；美人们待在原地，不敢动弹；内侍和卫兵们则跑动着，有的去取火种，有的赶紧保护楚庄王。混乱之中，一位愣头愣脑的将军，趁着黑暗，一手去拉身边美人的袖子，一手去摸美人白嫩的手腕。这位美人叫许姬，一向深得楚王喜爱，她没有像一般女子那样突然发出尖叫，而是反身揪掉了将军帽子上的缨饰，这样一来，那位造次的将军酒也醒了，慌忙把手缩了回去，吓得魂不附体。许姬取缨在手，快步走到楚庄王身边，附耳说道："大王，刚才有个小子大胆，竟然趁着黑暗乱摸我，被我推开了，我还揪下了他帽子上的缨饰。您赶快命令点灯，看谁帽子上没有缨饰的，谁就是那个流氓。您要给我好好处罚那坏小子啊！"此时，楚庄王也清醒了过来，他觉得自己刚才就不应该把美人们叫出来，要不然也不会出这种事。楚庄王深知刚刚过去那场战争的胜利来之不易，是众将士的浴血厮杀，才换来最终的胜利。这场庆功宴意义重大，正是君臣联络感情、加深信任的良机，所有人都在把酒诉衷肠的兴头上，绝不能因为这件可大可小的事情动杀机，使众功臣心寒，给以后成就霸业带来不良的影响。楚庄王说："这个……这个，我自有决断。"他突然看见宫人正在重新点灯，赶忙阻止说："先别点灯了，咱们君臣就趁着黑喝酒，这多有意思。"于是，大家就在黑暗中继续饮酒玩乐。过了一会儿，楚庄王问："今天我请诸位喝酒，各位喝得高兴吗？"群臣齐声说："感谢大王，我们喝得非常高兴。"楚庄王又说："是真高兴吗？那今天咱们不揪断帽缨，就不算尽兴！"大臣们一听，纷纷摘下帽子，扯断了上面的缨饰。这时，楚庄王才吩咐宫人把灯重新点燃。大臣们互相一看，各自的帽子都已面目全非、无一完好，样子非常可笑，不禁都哈哈大笑起来。当然，这样一来，越轨者已难以分辨。一场难解的争端就这样消弭于把酒邀月的欢乐气氛之中。

此事过去后，楚庄王也没有再追查究竟是谁调戏了他的妃子。数年后，楚庄王派兵攻打郑国，副将唐狡自告奋勇，愿率百名壮士为全军先锋。唐狡拼命杀敌，使大军一天就攻到了郑国国都的郊外。楚庄王夸奖统率大军的襄老，襄老说："不是我的功劳，是副将唐狡的战功。"于是，楚庄王决定奖赏唐狡，并要重用他。唐狡说："我就是当年那个拉美人衣袂的罪人。大王能隐微臣之罪而不诛，臣自当拼死以效微力，哪还敢奢望奖赏呢？"

楚庄王绝缨会的故事告诉我们，一个英明的君主是如何"去谗远色，贱货而贵德"，"忠信重禄"，通过重用人才，成就一番霸业的。

第二十章（四）

"凡为天下国家有九经，所以行之者一也①。凡事豫则立②，不豫则废。言前定则不跆③，事前定则不困④，行前定则不疚⑤，道前定则不穷⑥。

"在下位不获乎上⑦，民不可得而治矣。获乎上有道，不信乎朋友，不获乎上矣。信乎朋友有道，不顺乎亲，不信乎朋友矣。顺乎亲有道，反诸身不诚⑧，不顺乎亲矣。诚身有道⑨，不明乎善，不诚乎身矣。

"诚者，天之道也⑩；诚之者，人之道也⑪。诚者，不勉而中⑫，不思而得，从容中道，圣人也。诚之者，择善而固执之者也。"

◎**注释** ①〔所以行之者一也〕用来推行"九经"的方法只有一种（指至诚）。朱熹注释说："一者，诚也。一有不诚，则是九者皆为虚文矣，此九经之实也。"②〔凡事豫则立〕豫，同"预"，准备。朱熹注释说："豫，素定也。"凡是事先有预备则遇事安定有底。③〔言前定则不跆（jiá）〕言，说话、发表言论；跆，绊倒。指说话前有准备则不会因失言而尴尬。④〔事前定则不困〕事，事情、办事；困，困境。指办事前有准备则不会陷入困境。⑤〔行前定则不疚（jiù）〕行，出行。疚，内疚。指行动前有准备则不会内疚。⑥〔道前定则不穷〕道，道路、规律、规则；穷，尽、极。指搞懂了规则行动就不会陷入穷途末路。⑦〔获乎上〕得到上级的了解、信任。⑧〔反诸身不诚〕诚，真诚、实在。反省自身不够真诚、实在。⑨〔诚身有道〕使自我心念真诚有方法。⑩〔诚者，天之道也〕真诚是上天运行的根本规则，也是上天赋予人们的本性。朱熹注释说："诚者，真实无妄之谓，天理之本然也。"⑪〔诚之者，人之道也〕诚之，努力做到真诚。朱熹注释说："诚之者，未能真实无妄，而欲其真实无妄之谓，人事之当然也。"⑫〔不勉而中〕勉，尽力而为；中，指做到。

◎ **大意** （孔子说：）"凡是治理国家之事，有九条根本的常规。而推行这九条常规，根本的方法只有一条，就是专一至诚。办任何事情，事先有准备就能成功，没有准备就会半途而废。说话前认真准备就不会因失言而尴尬，办事前有准备就不会陷入困境，出行前有准备就不会内疚后悔，对于根本规则有所掌握就不会陷入穷途末路。

"处在下位的臣子如果不能被在上位的君主信任，就不能治理好自己的百姓。获得上司的信任是有办法的，不能获得朋友的信任，就不能获得上司的信任。获得朋友的信任有办法，不顺从自己的父母，就不能获得朋友的信任。孝顺父母有办法，不能反省自身（自己需要的也就是父母需要的），就不能很好地孝顺父母。反省自身有办法，不知道什么是善，就不能很好地反省自身。

"真诚无妄是天道运行的规则，也是天赋予万物的规则。努力使自己真诚无妄，则是君子修养的方法。对于'诚'不用勉强就能做到，不用思考就会得到，而且从容处于中庸之道上，这就是圣人了。努力进行真诚修养的人，是只要选择了善道就一定会坚持下去的人。"

◎ **释疑解惑**

第二十章的第四部分，是一个重要的过渡环节，它既是《行道篇》全文的总结，又是开启《成道篇》的引子，因此十分重要。第二十章第三部分讲了文武之政的"治国九经"，但是归结起来，"所以行之者一也"，那么这个"一"是什么呢？朱熹注释说："一者，诚也。一有不诚，则是九者皆为虚文矣，此九经之实也。"这里引出了《中庸》一书又一个重要概念——"诚"。治国包括修身、尊贤、亲亲、敬大臣、体群臣、子庶民、来百工、柔远人、怀诸侯，要做好这些事情，关键在于天子要有一颗至诚之心。如果没有这样的真诚之心，"九经"就都成了空谈的"虚文"。"诚"才是九经之"实"，即九经的根本。其实不止九经，就是前边讲到的"五达道""三达德"，其推行也都靠一个"诚"字。为什么"诚"的概念如此重要，这就需要联系孔子、曾子、孟子的思想一起加以理解了。

紧接着子思引孔子的话，说明了"在下位"如何"获乎上"的方法，其实就是"诚"的最好注脚。一个官员如果想获得上司的信任，首先要获得朋友的信任；想获得朋友的信任，首先要能够孝顺自己亲人；想要很好地孝敬亲人，就要先反省本身。反省本身有道，就是一个"诚"字。这一系列的推理，就是一个个的心灵换位思考的过程，其中贯穿的原则都是"忠恕之道"。"忠恕之道"是儒家一以贯之的根本思想方法，是解决一切问题的总指针。什么是"忠"？朱熹说"尽己之心谓忠"，就是彻底地反省自己的思想。"尽己"则是"推己"的根据，"尽己"不彻底，"推己"即有虚假的成分，行动就不会是真诚的，也不会达到预期的目的。那么"尽己"如何才能彻底呢？这就是那个"诚"字了。自我反省需要真诚，自己不能骗自己。这个过程都是自己内心进行的，别人无从知晓，稍稍有所保留也不易被发现。但是自己骗不了自己，反省自我是否真诚？是否留了余地？因此要想保证"忠恕之道"的效果，关键就是一个"诚"字。所以朱熹在《中庸章句·序》开篇就讲："中庸何为而作也？子思子忧道学之失其传而作也。盖自上古圣神继天立极，而道统之传有自来矣。其见于经，则'允执厥中'者，尧之所以授舜也；'人心惟危，道心惟微，惟精惟一，允执厥中'者，舜之所以授禹也。尧之一言，至矣，尽矣！""允执厥中"，持守中道之所以难，就在于"人心惟危"，人心是会自我欺骗的，自己给自己找出各种理由原谅自己、宽恕自己、蒙蔽自己。对治的方法只有"惟精惟一"，就是要强调"一"，也就是"诚"。

为了向学者强调"诚"的重要性，孔子把"诚"上升到"天道"的高度，认为"诚者，天之道也"。本来"诚"是人的一种道德品质，如何也是天道呢？其实在中文中，"诚"有很多解释。"诚"具有真诚、真实、实在、确定等多重含义。天道之"诚"，更多的是从实在、确定的角度讲的。孔子说："天何言哉？四时行焉，百物生焉，天何言哉？"（《论语·阳货》）天的运行是有规则的，春夏秋冬、寒暑变化、阴晴雨雪、风雨雷电，自然的变化总是有自己的规则，真实无误。因此自然万物的生长，春耕夏种、秋收冬藏也是固定不移的，世间没有比天地更讲信用的。所以说"诚者，天之道也"。同时，天也把"诚"的品质赋予了人，使人先天具有了自我反省的能力，即所谓"天命之谓性"。孟子的性善论，用大量的篇幅论证了人性"四端"的能力，其中"恻隐之心"就是一种"诚"的能力。当人们看到"孺子将入于井"，自然就会有一种"怵惕恻隐之心"，这种心理痛苦、紧张的感受，是一种最真诚的自我，也就是天赋予我们的善性、诚心。当然有些时候一些物质的考虑会掩蔽内心的真诚，比如看到老人跌倒害怕被赖上，也可能会转身离去。但是"怵惕恻隐"的内心痛苦骗不了自己。因此"诚"是一切道德行为的根本。

孔子又说："诚之者，人之道也。"朱熹注释说："诚之者，未能真实无妄，而欲其真实无妄之谓，人事之当然也。"人不能像天那样做到"真实无妄"，只能是"欲其真实无妄"，即努力向"真实无妄"靠近。人为什么不能像天那样至诚无妄呢？按照宋明理学家的解释，人都会受到物欲的引诱，在一定程度上遮蔽心中"纯然至善"之性。"诚者不勉而中，不思而得，从容中道，圣人也。"只有圣王能够克服自己心中的私欲，所以他们的行为才能够从容中道，做到"惟精惟一"。这里实际上又回到了"诚"与"中庸"的关系，贯彻中庸之道，也需要有"诚"的品质。尧传位于舜的时候，只说了一句"允执厥中"，其中"允"字就有"信""诚"的含义。也就是说，中庸之"执"，靠的依然是"诚"和"信"。普通人没有圣人纯然天理的气质，因此道德修养的任务就很重了。孔子接着说："诚之者，择善而固执之者也。"也就是说，那些努力做到"真诚无妄"的人，就要择善而固守，进行艰苦的修养功夫。朱熹解释说："未至于圣，则不能无人欲之私，而其为德不能皆实。故未能不思而得，则必择善，然后可以明善；未能不勉而中，则必固执，然后可以诚身，此则所谓人之道也。"由此就转入下一部分，谈的主要是道德学习、修养的方法。

◎ 知识拓展

成王与叔虞

唐叔虞，亦称叔虞、太叔，姬姓，名虞，字子于，是周武王姬发的儿子，周成王姬诵的同母弟弟；母亲邑姜，是齐国开国君主太公吕尚（即姜子牙）的女儿。相传周成王和弟弟叔虞玩耍时拿着桐叶对弟弟说："我把唐地封给你吧！"一旁的周公马上上前表示祝贺。成王说："我是开玩笑的。"周公说："天子无戏言。"于是成王把唐地封给了弟弟叔虞。这则故事讲的是诚信，君无戏言，必须说话算数。同时，这也验证了《中庸》所说："言前定则不跲"，说话前一定要充分思考其后果，"君子一言，驷马难追"，说出来的话是不能反悔的。

周幽王烽火戏诸侯

周幽王姬宫湦是西周第十二任君主，前782年至前771年在位，是西周的亡国之君。周幽王有个年轻貌美的妃子名叫褒姒，褒姒入宫多年，已经为幽王生了儿子，却从来没有笑过。幽王很想看看她笑时的娇媚模样，可想尽了办法，褒姒还是不笑。这可难坏了周幽王，于是他出重金悬赏：谁能想法让褒姒一笑，立即赏给千金。很多人想得到这个奖赏，但他们的办法都没有奏效。幽王手下有个极会拍马屁的大臣，名叫虢（guó）石父，他设计出一个胆大妄为、旷古未有的大闹剧，结果还真的把褒姒逗笑了，可也给幽王招来了杀身之祸。这个闹剧就是所谓"烽火戏诸侯"。

烽火本是古代敌寇侵犯时的紧急军事报警信号。由国都到边镇要塞，沿途都遍设烽火台。西周为了防备犬戎的侵扰，在镐京附近的骊山（在今陕西临潼东南）一带修筑了20多座烽火台，每隔几里地就是一座。一旦犬戎进袭，首先发现的哨兵立刻在台上点燃烽火，邻近烽火台也相继点火，向附近的诸侯报警。诸侯见了烽火，知道京城告急，天子有难，必须起兵勤王，赶来救驾。虢石父献计令烽火台平白无故点起烽火，招引诸侯前来白跑一趟，以此逗引褒姒发笑。

周幽王为进一步讨褒姒欢心，又罔顾老祖宗的规矩，废黜王后申氏和太子宜臼，册封褒姒为后，立褒姒生的儿子伯服为太子，并下令废去王后的父亲申侯的爵位，还准备出兵攻伐他。申侯得到这个消息，先发制人，联合缯侯及西北夷族犬戎之兵，于公元前771年进攻镐京。周幽王听到犬戎进攻的消息，惊慌失措，急忙命令烽火台点燃烽火。烽火倒是烧起来了，可是诸侯们因上次受了愚弄，都不再理会。烽火台上白天冒着浓烟，夜里火光烛天，可就是没有一个救兵到来。这使得周幽王叫苦不迭。周幽王带着褒姒、伯服，仓皇从后门逃出，奔往骊山。途中，他再次命令点燃烽火。烽烟虽直透九霄，还是不见诸侯救兵前来。犬戎兵又追了上来，一阵乱杀，只剩下周幽王、褒姒和伯服三人。他们早已被吓得瘫痪在车中。犬戎兵见周幽王穿戴着天子的服饰，知道就是周天子，当场将他砍死。又从褒姒手中抢过太子伯服，一刀将他杀死，只留下褒姒一人做了俘虏（一说被杀）。至此，西周宣告灭亡。

第二十章（五）

"博学之，审问之^①，慎思之，明辨之^②，笃行之^③。有弗学，学之弗能，弗措也^④；有弗问，问之弗知，弗措也；有弗思，思之弗得，弗措也；有弗辨，辨之弗明，弗措也；有弗行，行之弗笃，弗措也。人一能之，己百之^⑤；人十能之，己千之。果能此道矣，虽愚必明，虽柔必强。"

◎**注释**　①〔审问之〕审，周密，详细；之，代词，指它。指详细地探明其间的道理。②〔明辨之〕辨，辨别，指清晰地辨别道理。③〔笃行之〕笃，坚定、坚实。指坚决去贯彻。④〔有弗学，学之弗能，弗措也〕弗，不；措，停止。整句是指要么不学习，只要学习了还有不会的东西，就不要停下来。⑤〔人一能之，己百之〕别人用一分努力能做到的事情，自己就要尽百倍的力气去做。

◎**大意**　（孔子说：）"广泛地学习它（指道），详细地询问它，慎重地思考它，明确地分辨它，坚决地实行它。对于未曾学到的道理，不学会就不能停止。对于未能询问的道理，未问明白就不能停止。对于未曾思考的道理，没有思考清楚就不能停止。对于未曾辨析的道理，没有辨析清楚就不能停止。对于尚未实行的道理，有尚未笃实之处就坚决不停止。别人尽一份努力就可以得到的，自己要尽百倍的努力，别人尽十倍的努力，自己要尽千倍的努力。如果能够做到这样，愚蠢的人也能变得聪明，柔弱的人也能变得刚强。"

◎**释疑解惑**

　　第二十章的这一部分，主要是讲修习至诚之道的方法，共有三层意思。第一层意思是修习的过程。孔子提出了博学、审问、慎思、明辨、笃行的五步修习方法。首先是学习，学习知识要广博，不要囿于某种固定的模式。在学习的过程中要善于发问，就是"审问"。有些东西表面看来不难，但是深究下去却可能是奥妙无穷。没有审问的功夫，学习可能只是停留在表面上。获得了知识之后还要慎重的思考，只有经过一番思考的功夫，书本上、课堂上的知识才能变成自己的知识。在思考的过程中还需要开动脑筋深入辨析，因为书本上、课堂上的知识可能只是某一方面的，事物也许还存在另外的方面。只有经过理性的反复辨别、问难，才可能清晰地把握这种知识。获得了知识之后，最后的也是最根本的任务是要践行。学习不是目的，践行才是目的，再好的知识如果将其束之高阁，也没有任何效益。同时也只有在践行中，才可能检验知识的正确与否和正确程度。《中庸》特别强调，践行时要有坚定的态度、坚持的毅力，这就是"笃行"之"笃"的含义。

第二层是实践这五步骤的注意事项。怎样才能学得好？那就是坚持"学而不厌"的态度，只要还有没学到的道理，还有没学会的知识，学习过程就不能停止。孔子本人就是好学的榜样。他在学习《易经》的过程中，"韦编三绝"（编联竹简的皮绳因翻阅频繁而断了多次），可见其学习之认真、辛苦。在求教的过程中，只要还有没问明白的道理，询问的过程就不能停止。孔子号称"学无常师"，只要谁具有某些方面的知识，他都会虚心向其请教。《三字经》中有这样两句："昔仲尼，师项橐。古圣贤，尚勤学。"项橐是当时有名的神童，只有七岁，但是孔圣人仍然虚心向其求教，表现了"问之弗知，弗措也"的顽强品质。学问之后还需要经过自己的大脑认真思考，思考问题时"有弗思，思之弗得，弗措也"，就是如果还有没思考到的问题，没想清楚的问题，思考就不能停下来。在学习的过程中理性的思考非常重要，不然就不会变成自己的知识。孔子说："学而不思则罔，思而不学则殆。"学习而不用自己头脑思考，则会陷入迷罔，难以学到有用的才能。思考的过程还需要理性的分辨。古往今来的知识非常多，有些是正确的，有些是错误的，还有更多的是正误参半的。对于这些知识不能采用囫囵吞枣的方法通通吃进去，在实践中照搬照抄。这需要有一番深刻的辨析功夫。在这个过程中，"有弗辨，辨之弗明，弗措也"。明代大儒王阳明"格竹子"的故事，就是一个很好的"辨之弗明，弗措也"的故事。王阳明年轻时候读朱熹的书，以为格物便是格外物。于是他在园子里一丛竹子旁连续"格"了七天七夜，大病一场却什么也没有"格"出来。他经过一番刻苦辨析的功夫，终于明白"心外无理"，格物只应当在人心上做。最后是笃行，"有弗行，行之弗笃，弗措也"。就是说获得的知识一定要用于实践，不然再好的知识也没有任何作用。孔子说："诵诗三百，授之以政，不达；使于四方，不能专对；虽多，亦奚以为？"（《论语·子路》）学习知识全在于应用，实践才是学习的目的。只要知识没有用于实践，或者在实践中不够坚定，实践的过程就不要停下来。

第三层意思是，在道德实践的过程中要有勇气和毅力。道德实践是一个艰苦的过程，从来不会一蹴而就，而且要经历痛苦的心理磨炼。这时就需要人一我百、人十我千的勇气，以超过常人百倍的勇气和毅力，进行艰苦的意志品质训练。只要下了这样的功夫，平常比较蠢笨的人也会变得聪明起来，平常比较柔弱的人也能刚强起来。朱熹说，这是变化气质的功夫，他引用吕祖谦的话说："盖均善而无恶者，性也，人所同也；昏明强弱之禀不齐者，才也，人所异也。诚之者所以反其同而变其异也。"这种加倍的努力，也就是修至诚之道的人"择善而固执之"。所谓的"固执之"就是十倍、百倍的努力。

第二十章在《中庸》一书中是最长的一章，内容非常丰富。子思引孔子之言，从"为政之道在用人"入手，进而讲了"五达道"、"三达德"、治国"九经"，最终又回到了人性的修养，讲"反身而诚""择善而固执之"。朱熹这样概括本章在《中庸》中的地位和作用，他说："此引孔子之言，以继大舜、文、武、周公之绪，明其所传之一致，举而措之，亦犹是耳。盖包费隐、兼小大，以终十二章之意。章内语诚始详，而所谓诚者，实此篇之枢纽也。"也就是说，第二十章的内容是与第十二章相互呼应的，都是引用孔子之言，明虞舜、文王、武王、周公如何将中庸之道、忠恕之道用于行政。最后归结为至诚之道，终结了"行道篇"，又开启了后边的"成道篇"。

第四部分　成道篇

　　《成道篇》从第二十一章到第三十二章，是子思讲述一个道德君子应当如何修炼自己的道德品行。朱熹说："子思承上章夫子天道、人道之意而立言也。自此以下十二章，皆子思之言，以反复推明此章之意。""诚"是天道，努力做到"诚"则是人道，子思在本篇的十二章中，从各个角度反复讲明了"诚"在个人道德修养中的重要作用，以及至诚君子"至诚如神""至诚无息""大德敦化"的至上能力。只有这样的君子治国，国家才能安定，百姓才能太平。

第二十一章

自诚明①，谓之性②；自明诚③，谓之教④。诚则明矣，明则诚矣⑤。

◎**注释**　①〔自诚明〕自，介词，从、由，指自诚而明。朱熹注释说："德无不实而明无不照者，圣人之德。"指圣人从至诚之性出发，实现万物之理无所不明。②〔谓之性〕谓，称为；性，天性。朱熹注释说："所性而有者也，天道也。"指圣人从先天之性而达至圣明。③〔自明诚〕从明达开始而至于至诚。朱熹注释说："先明乎善，而后能实其善者，贤人之学。"即一般的贤人都是从学习明理开始，而达到至善的境界。④〔谓之教〕被称为教育、教化。朱熹注释说："由教而入者也，人道也。"一般人都是由教育、教化而达到至善的境界，这就是人道。⑤〔诚则明矣，明则诚矣〕诚者即可明乎道，明者则可达乎诚。朱熹注释说："诚则无不明矣，明则可以至于诚矣。"

◎**大意**　通过至诚之性而明了万物道理，这是天性使然；从明了万物之理达到至诚之性，这是教育的结果。（但无论如何）诚则能明，明则能诚（结果是一样的）。

◎ **释疑解惑**

《中庸》自本章开始，都是子思的论述，不再是引用孔子的话。从这一章开始，就开始了"成道篇"的论述。朱熹说明本章的写作用意说："子思承上章夫子天道、人道之意而立言也。自此以下十二章，皆子思之言，以反复推明此章之意。"

子思这里讲的是天人合一中"天赋予人性"（自诚到明）以及"人认知天"（自明到诚）两种方式。"成道"的方法有两种，一种是圣人的方法，即"自诚明"，这是圣人的"成道"方式。就是"不勉而中，不思而得，从容中道"。圣人为什么能够做到"自诚明"呢？朱熹认为，"盖尝论之：心之虚灵知觉，一而已矣，而以为有人心、道心之异者，则以其或生于形气之私，或原于性命之正，而所以为知觉者不同。"（《中庸章句·序》）宋明理学家大多使用"天命之性"和"气质之性"来解释人性善与社会上坏人坏事出现的原因。人的本心都是上天赋予的善心，但是由于出生时禀赋了不同的气质，所以人性有了差异。圣人出生时，禀赋了纯然至善之气，所以可以做到"自诚明"，率性而行就是道，就是无所不明。不过儒家特别强调的是后一种，即"自明诚"，即通过后天的学习和修养，认识自己内心的善性，成为一个贤者。所以说，"自明诚，谓之教"是教育或教化的过程。这就是上节所讲的"诚之者，择善而固执之者也"，是需要付出艰苦努力的，有时甚至是"人一能之己百之，人十能之己千之"。普通人只要经过这样的学习、修养的过程，就可以逐渐改变自己的"气质之性"，找到自己的"天命之性"，也成为圣贤。但是不论出发点如何，结果都是一样的，"诚则明矣，明则诚矣"，都是"诚明"的境界。

这里特别需要说明一点，就是儒家在"自诚明"和"自明诚"之间，更多的用力于后者。因为前者只是少数"圣王"，几乎少到了"虚玄一格"的程度，在现实生活中几乎并不存在。因为孔子本人说过，"若圣与仁，则吾岂敢？抑为之不厌，诲人不倦，则可谓云尔已矣。"（《论语·述而》）连孔老夫子都说自己不是天生的圣人，其知识、文化都是努力学习获得的，儒门后学谁还敢自称为天生圣人。但是这并不妨碍儒家认为，人通过学习都可以成为"圣贤"。如孟子所说："人皆可以为尧舜。"（《孟子·告子下》）荀子说："涂之人可以为禹。"（《荀子·性恶》）因此儒家的伦理体系，重在探讨人的道德修养过程。"成道篇"的所有内容，都是围绕这一个主题展开的。

第二十二章

唯天下至诚，为能尽其性①；能尽其性，则能尽人之性②；能尽人之性，则能尽物之性③；能尽物之性，则可以赞天地之化育④；可以赞天地之化育，则可以与天地参⑤矣。

◎**注释** ①〔尽其性〕充分了解和展现自己的至善本性。②〔尽人之性〕充分了解人类的本性。③〔尽物之性〕充分了解万物的本性。④〔赞天地之化育〕赞，帮助。化育，生成和培育万物。⑤〔与天地参〕参，同"叁"。朱熹注释说："与天地参，谓与天地并立为三也。"

◎**大意** 只有达到了至诚的人，才能充分认识和发挥自己至善的本性。能充分认识和发挥自己本性的人，才能够认识和发挥众人的至善本性。能认识和发挥众人的本性，就能够了解和认识万物的本性。能够了解万物的本性，就可以参与自然生长变化的过程，就可以与天、地并立为三。

◎**释疑解惑**

本章是对上一章的继续展开，也是对全书第一章的呼应。《中庸》的核心观点之一是"率性至诚"，讲"天命之谓性"。本章则是讲圣人如何率性而行，从而了解自己的本性，了解天下众人的本性，了解万物的本性，最终参与万物化生过程，成为与天地并立的一极。"参赞天地之化育"，可以说是对人发挥主观能动性、改造世界的一种最高的表达。本来客观世界是有其自身规律的，不依人的主观意志而转移。但是人一旦认识了客观规律，就可以在一定程度上参与自然的发展变化，甚至改变自然原有的运动。例如世界上本来没有庄稼，但是人类在反复的观察和实践中，从野生的植物中发现了水稻、小麦、玉米的种子，并加上不断的优选培养，形成了今天高产的水稻、小麦、玉米，这就是参赞化育很好的例证。由此至第二十六章，逐步讲解了人如何通过道德修养而达到成己成物的过程，这其实也就是通过修养主观世界而达到改造客观世界的过程。如果不了解儒家这个"率性至诚"的指导思路，会感到那几章很怪。

孟子曰："尽其心者，知其性也。知其性，则知天矣。存其心，养其性，所以事天也。夭寿不贰，修身以俟之，所以立命也。"（《孟子·尽心上》）孟子是子思的学生，和子思共同开创了"思孟学派"，后来成为儒学的主流。他的这段话，也可以认为是对《中庸》第二十二章的解释和展开。孟子不仅讲到了"尽心、知性、知天"的问题，更重要的是提出了通过"存其心，养其性"达到"事天""立命"的个人修养高度，这也可以视为子思"赞天地之化育""与天地参"的解释和发挥。儒家的道德修养不同于佛、道教，其主要目的不仅在于个人精神的解脱，更在于整个社会人生的改造，修身、齐家后一定要延伸到治国、平天下。因此，圣贤君子一定要"与天地参"，在参赞天地之化育的过程中实现"天人合一"的境界。因此"与天地参"不仅有参与物质世界改造的意义，也具有精神世界自我完成的意义。孔子把这种境界称之为"从心所欲不逾矩"，当代大儒冯友兰先生将其称为"天地境界"，西方哲人马斯洛将其称为"自我实现"。由此可见，东方圣人、西方哲人，人同此心，心同此理。

◎ 知识拓展

冯友兰的人生四境界说

冯友兰先生认为，人类做事的意义本是客观存在的，有功利的意义，有道德的意义，有天地的意义。但是人们觉解的程度是不同的，觉解了，就处于觉悟状态；不觉解，就处于"无明状态"。人生的意义各不相同，人生的境界也就各不相同，由低级到高级，可以划分为四个等级：自然境界、功利境界、道德境界和天地境界。

最低的是自然境界。这种人并无觉解，或不甚觉解，他所做的事，对于他就没有意义，或意义很少。

往上是功利境界。这种人觉解到功利的意义，也就是利己的意义。这种人心目中只有他自己，他做事，完全出于利己的动机。

再往上是道德境界。这种人心目中有社会整体，觉解到道德的意义，自觉地为社会的利益做事，是真正有道德的人，是贤人。

最高的是天地境界，也叫哲学境界。这种人心目中有宇宙这个更大的整体，觉解到宇宙的利益，自觉地为宇宙的利益做事，这样，他就与宇宙同一，具有超道德价值，谓之圣人，达到了人作为人的最高成就。

前两种境界是自然的产物，后两种境界是精神的创造。哲学的任务就在于使人觉解，提高人的精神境界，帮助人达到道德境界、天地境界，成为贤人、圣人。

马斯洛的需求五层次论

马斯洛 1943 年在《人类激励理论》中将人的需求分为五个层次：

1. 生理上的需要。这是人们最原始、最基本的需要，如吃饭、穿衣、住宅、医疗等等。若不满足，则有生命危险。这就是说，它是最强烈的不可避免的最底层需要，也是推动人们行动的强大动力。

2. 安全需求。它要求劳动安全、职业安全、生活稳定，希望免于灾难，未来有保障等，安全需要比生理需要较高一级，当生理需要得到满足以后就要保障这种需要。每一个在现实中生活的人，都会产生安全感的欲望、自由的欲望、防御的实力的欲望。

3. 社交需要。也叫归属与爱的需要，是指个人渴望得到家庭、团体、朋友、同事的关怀爱护理解，是对友情、信任、温暖、爱情的需要。社交的需要以及生理和安全的需要更细微、更难捉摸。而爱不单是指两性间的爱，而是广义的，体现在互相信任、深深理解和相互给予上，包括给予和接受爱。社交的需要与个人性格、经历、生活区域、民族、生活习惯、宗教信仰等都有关系，这种需要是难以察悟、无法度量的。

4. 尊重需要。尊重需要可分为自尊、他尊和权力欲三类，包括自我尊重、自我评价以及尊重别人。与自尊有关的，如自尊心、自信心，对独立、知识、成就、能力的需要等。显然，尊重的需要很少能够得到完全的满足，但基本上的满足就可产生推动力。这种需要一旦成为推动力，就将会令人具有持久的干劲。

5. 自我实现需要。这是最高等级的需要。满足这种需要就要求完成与自己能力相称的工作，最充分地发挥自己的潜在能力，成为所期望的人物。这是一种创造的需要。有自我实现需要的人，似乎在竭尽所能，使自己趋于完美。自我实现意味着充分地、活跃地、忘我地、全神贯注地体验生活。成就感与成长欲不同，成就感追求一定的理想，往往废寝忘食地工作，把工作当作是一种创作活动，希望为人们解决重大课题，从而完全实现自己的抱负。

第二十三章

其次致曲①，曲能有诚，诚则形②，形则著③，著则明④，明则动⑤，动则变⑥，变则化⑦，唯天下至诚为能化。

◎**注释** ①〔其次致曲〕其次，差一等的人，指圣人之下的普通人。致，致力于；曲，小善；致曲，指从一些小事情开始体察人性、天道。②〔诚则形〕形，显露、表现。朱熹注释说："形者，积中而发外。"本句指至诚之人必有外在表现。③〔形则著〕著，显著。朱熹注释说："著，则又加显矣。"本句指使外在的表现更加显著。④〔著则明〕明，光明，显明。朱熹注释说："明，则又有光辉发越之盛也。"⑤〔明则动〕动，变动。朱熹注释说："动者，诚能动物。"本句指至诚之人能变动万物。⑥〔动则变〕变，变动、变化。朱熹注释说："变者，物从而变。"本句指万物顺从至诚之人而变。⑦〔变则化〕朱熹注释说："化，则有不知其所以然者。"本句指自然而然、不易察觉但又必然发生的变化。

◎**大意** 那些尚未达到圣贤境界、稍差一等的人，可以从身边一些小的善事做起，逐步外推达到"诚"的境界。心地真诚就会表现出来，表现出来就会日渐显著，日渐显著就会彰明光大，彰明光大就会有所行动，行动则会改变万物，万物则会在不知不觉中发生变化。这就是真诚的人参与万物化育过程。

◎**释疑解惑**
　　这一章承接上一章，上一章讲圣贤的率性而行，知性、知天、参赞天地之化育，而本章则是讲普通人如何通过道德修炼也达到至诚的境界，也能够"与天地参"。朱熹说："盖人之性无不同，而气则有异，故惟圣人能举其性之全体而尽之。其次则必自其善端发见之偏，而悉推致之，以各造其极也。"宋明理学家认为，每个人都有至善的本性，这是共同的。但是每个人出生时禀赋的元气则是不同的，所以气质之性又千差万别。圣人能够做到率性而行，"不勉而中，不思而得，从容中道"，但是平凡人则需要经过艰苦的修炼过程。子思指出：这种修炼就是从身边的小事开始。朱熹说："必自其善端发见之偏"，也就是一点一滴地发现自己心中善端的各个局部，并不断向外推展，到达"各造其极"，也就是到达"至诚"的境界。王安石说："以小善为无益，以小恶为无伤，凡此皆非所以安身崇德也。"从点滴微小善心发现自己心中的善性，从细小善行做起，积累逐渐成习，这就是"安身崇德"的过程，也是普通人成圣成贤的过程。

本章后半部分讲的是通过道德修养达到至诚的人，如何参与万物化育的过程。上一章讲圣人"能尽物之性，则可以赞天地之化育"，但是并没有讲"尽性"与"赞化育"的关系。这一章虽然讲的是普通人，但是道理应当是一样的。过去对于这种由内而外的推演过程，我们都简单地称之为"主观唯心主义"，其实这是误会了古人。古人无论如何不会认为从心中可以生出具体的事物，而是认为通过认识了万物的规律，可以参与事物发展的过程，创造出新的事物。比如人认识了庄稼生长的规律，就可以在荒地上开垦出农田，生产出自然界本来不会自然提供的食物。本章所讲的"诚则形，形则著，著则明，明则动，动则变，变则化"，就是由内而外参赞化育的过程。至诚之人必然要表现出外部形象，即所谓"相由心生"。这个"相"不仅指身体形象，更指的是外部的行为。至诚之人的外部行为，一定会不断发扬光大，成为社会的榜样和楷模，并不断表现在改变事物的过程中。我们前边讲过，儒学的修养论不是单纯的心性修养，更重要的是要通过"修心"到达"治世"。参与万物的化生过程，也是治世的重要方面。"能尽物之性"即是"明"，"明则动"就是变成实际行动。人类改造自然的行动也会引起自然界的变化，这就是"赞万物之化育"，并没有任何神秘主义的成分。

朱熹对这一章的注释，最后又回到了儒家的人性论上。儒家虽然认为人性可以分成"圣人"与"常人"的差异，却强调通过后天的修养，则可以使常人成圣成贤。朱熹说："曲无不致，则德无不实，而形、著、动、变之功自不能已。积而至于能化，则其至诚之妙，亦不异于圣人矣。"就是说普通人通过"致曲"的修养过程也可以成就"至诚"之德，再通过"形、著、动、变、化"之功，也达到参赞天地化育的水平，也就与圣人无异了。因此普通人成圣成贤，关键在于不松懈的修养功夫。

◎知识拓展

曾子杀猪

曾子，名叫曾参，春秋时期鲁国人，是孔子的弟子。曾子深受孔子的教导，不但学问高，而且为人非常诚实，从不欺骗别人，甚至是对于自己的孩子也是说到做到。有一次，曾子的妻子要上街，儿子哭闹着要跟去，妻子就哄他说："你在家等我，回来给你杀猪炖肉吃。"孩子信以为真。妻子回来，见曾子正磨刀霍霍准备杀猪，赶忙阻拦说："怎么，你真的要杀猪给他吃？我原是哄他的。"曾子认真地说："对小孩子怎么能欺骗呢？我们的一言一行对孩子都有影响，我们说了不算数，孩子以后就不会听我们的话了。"最终，他果真把猪杀了。曾子言传身教，为后世传颂。

晏殊考试

北宋词人晏殊，素以诚实著称。在他十四岁时，有人把他作为神童举荐给皇帝。皇帝召见了他，并要他与一千多名进士同时参加考试。结果晏殊发现考试题是自己十天前刚练习过的，就如实向真宗报告，并请求改换其他题目。宋真宗非常赞赏晏殊的诚实品质，便赐给他"同进士出身"。晏殊当职时，正值天下太平。于是，京城的大小官员便经常到郊外游玩或在城内的酒楼茶馆举行各种宴会。晏殊家贫，无钱出去吃喝玩乐，只好在家里和兄弟们读写文章。有一天，真宗提升晏殊为辅佐太子读书的东宫官，大臣们惊讶异常，不明白真宗为何做出这样的决定。真宗说："近来群臣经常游玩饮宴，只有晏殊闭门读书，如此自重谨慎，正是东宫官合适的人选。"晏殊谢恩后说："我其实也是个喜欢游玩饮宴的人，只是家贫而已。若我有钱，也早就参与宴游了。"这两件事，使晏殊在群臣面前树立起了信誉，而宋真宗也更加信任他了。

第二十四章

至诚之道，可以前知①。国家将兴，必有祯祥②；国家将亡，必有妖孽③；见乎蓍龟④，动乎四体⑤。祸福将至：善，必先知之；不善，必先知之。故至诚如神⑥。

◎ **注释** ①〔前知〕预知未来。②〔祯祥〕吉祥的预兆。③〔妖孽〕古代宗教认为，草木成精称妖，虫豸（zhì）成精称孽。妖孽常用来指怪异反常的事物。④〔蓍（shī）龟〕蓍，蓍草，是一种多年生草本植物，有节，古人用它进行占卜。龟，龟甲，也是古人占卜的工具。⑤〔四体〕本指四肢，这里泛指形体。⑥〔至诚如神〕朱熹注释说："神，谓鬼神。"本句指至诚之人（拥有）预知未来的能力，如同神仙。

◎ **大意** 掌握了至诚之道的人，可以预见事物的发展。国家将要兴旺，必然会有吉祥的预兆；国家将要败亡，则会出现怪异反常的现象。祸福吉凶都会在蓍草和烧龟的占卜中反映出来，会通过官员的形体动作表现出来。祸福即将到来时，好的事情会预先知道，不好的事情也会预先知道，所以说至诚之人有鬼神那样的（预见）能力。

◎释疑解惑

　　"至诚如神"是对达到"至诚"境界之人能力的一种评价。孔子说的"三达德"是"智、仁、勇"，孟子所说的"四德"以及"仁、义、礼、智、信"，都包含"智"的内容。儒家重视对人的道德品行的培养，道德高尚的人更有利于学习，提升自己的智能水平，扩大自己的知识面。因此，他们比起缺乏道德修养的人，更具有预见未来的能力。

　　子思、孟子都认为，至诚之人可以充分认识自己的本性，并通过认识自己本性认识人类的普遍人性，又通过对人性的认识达到对客观事物规律的认识。掌握了这些普遍规律，对于事物的未来发展就会有预见能力。朱熹认为："凡此皆理之先见者也。然惟诚之至极，而无一毫私伪留于心目之间者，乃能有以察其几焉。"至诚之人掌握了万物之理就可以有先见之明，是由于他们没有一丝一毫私欲的蔽障。反过来推论，普通人达不到这样的境地，往往是自己欲望遮蔽了他们对事物本来面貌的认识。孟子解释了为什么很多人不能"前知"，他说："天下之言性也，则故而已矣。故者以利为本。所恶于智者，为其凿也。如智者若禹之行水也，则无恶于智矣。禹之行水也，行其所无事也。如智者亦行其所无事，则智亦大矣。天之高也，星辰之远也，苟求其故，千岁之日至，可坐而致也。"（《孟子·离娄下》）孟子说，人认识事物，就是按照它的本来面貌，即所谓"则故而已矣"。要达到"故"的要求，则要"以利为本"，就是因势利导。可是有一些自以为有智慧的人，偏要穿凿附会，所以反而不认识事物的本来面貌了。因此要向大禹治水一样，按照水的性质治水，就一定会成功。儒家认为要达到前知，需要去除私欲的蔽障，这对于今天我们认识客观世界也很有启迪价值，就是不要带上主观的偏见，按照事物的规律认识事物，即"苟求其故"，就可以达到"天之高也，星辰之远也"，"可坐而致也"。

　　过去批判儒学，对于这一章往往也着墨较多，因为其中"祯祥""妖孽""蓍龟""如神"等字眼，很容易被视为宗教，宗教往往是唯心主义的。现在有些热心学习儒学的人，为了说明儒学不是宗教，又会千方百计地否定这些词眼的宗教意义。其实这两种解释，都不符合儒学的历史真实。儒家学者对于古代文化遗产进行了选择性继承，特别是对于古代宗教，他们不是简单地否定宗教，而是对古代宗教概念、礼仪进行了人文化的理解，使之成为人文化宗教、伦理化宗教。比如"祯祥"和"妖孽"，朱熹注释说："祯祥者，福之兆。妖孽者，祸之萌。"每一个国家将要兴盛，就会有很多社会和谐、生产繁荣的吉祥征兆；而国家将要败亡，则会出现奸佞当道、流言风行的凶相。至于社会的变乱兴衰，自然界也会出现一定的相应反映。中国古代一直讲究的"天人感应"也不都是神学意义上的。人过度地开发、破坏自然，使民有违农时，自然界就会出现反常的现象报复人类。这些反常的现象，当然可以看成"妖孽"了。这些事项即使使用一般的社会常识，也是可以发现的。差异只在于，对于这些现象使用社会的原因解释，还是用神意来解释。因此不必为这些古代观念而大惊失色。

◎ 知识拓展

苏东坡密州求雨

苏轼（1037—1101），字子瞻，号"东坡居士"，世称"苏东坡"。苏轼在密州，可以用"为官一方，政通词美"来概括。在文学艺术方面，他开创了豪放词风，创作了著名的《水调歌头·明月几时有》《江城子·密州出猎》《江城子·十年生死两茫茫》等千古名篇。在政绩方面，他在密州主要做了三件大事：减免赋税、灭蝗与兴修水利。苏轼初至密州，时逢北方连年大旱，蝗灾泛滥。为了拯救百姓于水火之中，苏轼采取了一系列积极有效的措施：到任后不久即上书朝廷，如实反映当地灾情，为民请命，希望朝廷选派官员下来视察灾情，减免赋税，或者给予补助，表现出关心民生疾苦的情感与爱民之心。他还从民间吸取灭蝗经验，采用火烧、用泥深埋的办法坚决铲除蝗害，并且动用部分仓米来奖励捕蝗的人。除此之外，他还亲自加入到捕蝗救灾的实际行动中。经过一年多的努力，密州的蝗灾基本得到了控制。为解决旱情，苏轼多次率领下属和百姓去密州境内的常山祈雨。苏轼到常山祭祀求雨，并不是简单的祭拜，而是在仪式化的行动中寄托爱民的情感，向当地老百姓展示官府抗旱的决心。熙宁八年五月，苏轼在常山泉水处祈雨有应，于是将泉取名雩泉。之后苏轼对雩泉进行了保护和合理的开发利用，使雩泉成为密州百姓饮用和抗旱的不尽水源。

荀况论雩

《荀子·天论》说："雩而雨，何也？曰：无何也，犹不雩而雨也。日月食而救之，天旱而雩，卜筮然后决大事，非以为得求也，以文之也。故君子以为文，而百姓以为神。以为文则吉，以为神则凶也。"在一些儒家学者看来，天旱不雨，统治者率领民众祈天求雨是一种政治姿态，目的是向民众表示政府抗旱的决心。君子知道这是一种政治活动的掩饰，而百姓则以为这是天神显灵了，这就是"至诚如神"的秘密。

第二十五章

诚者自成也[1]，而道自道也[2]。诚者，物之终始，不诚无物。是故君子诚之为贵。诚者，非自成己而已也，所以成物也[3]。成己，仁也[4]；成物，知也[5]。性之德也，合外内之道也，故时措之宜[6]也。

◎**注释**　①〔诚者自成也〕自成，自己成就自己。指至诚之道是自己获得的，不是外部强加的。②〔而道自道也〕道，导也。指获得人之道与物之道要通过"自导"，即自我修习。③〔诚者，非自成己而已也，所以成物也〕诚者不仅仅是成就自己，还要成就万物。④〔成己，仁也〕成就自己就是仁。⑤〔成物，知也〕成就万物就是智。⑥〔时措之宜〕措，安放、放置；宜，适宜。本句指性之德（诚）在任何时候都是适宜的。

◎**大意**　至诚者是自己成就自己，而道则是用来引导自己的。"诚"贯穿于万事万物始终，没有诚就没有万物，所以君子认为"诚"是最宝贵的（品质）。"诚"并不是成就自己就可以了，还要成就万物。成就自己就是"仁"，成就万物就是"智"。人性中固有的"德"，是符合内外两方面的道的，所以在任何时候都适用。

◎**释疑解惑**

　　本章的内容可以分成两个部分。第一部分从"诚者自成也"开始，到"是故君子诚之为贵"止，谈至诚之道的获得方法问题。君子修习，首先要通过"反身而诚"获得这种至诚之道，然后才有推至万事万物的可能。子思特别强调："诚者自成也"，至诚之道不是靠外部输入的，而是靠自我反省获得的。所以紧接着又说"而道自道也"，即道是用来引导自己的，不是用来要求别人的。这就是孔子所说："古之学者为己，今之学者为人。"（《论语·宪问》）儒家的至诚之道，不是用来批评别人不诚实的，而是要求自己的。当代社会，诚信缺失的现象比较多，而批评别人没有诚信的舆论也四处泛滥，也许问题就出在那些谈诚信的人，未必把诚信用在自己身上。朱熹又说："诚以心言，本也；道以理言，用也。"在儒家看来，心是本，道是用，先须反身而诚获得本，然后才能获得关于万事万物的"道"。后一句"诚者，物之终始，不诚无物"。从思孟学派到宋明理学，都认为先有事物之理，后有事物本身。如朱熹注释说："天下之物，皆实理之所为，故必得是理，然后有是物。"这里所说先有是（此）理，后有是（此）物，不是说道理制造了具体事物，而是说人在办事的时候，要先掌握道理，然后才能办好事物。因此，那些不能排除私欲、反身而诚的人，也就掌握不了事物的规律，办不成什么事情，这也就是"不诚无物"的意思。

本章第二部分，是谈至诚之道的应用。《中庸》一书最重视"诚"的概念的建立，将其视为儒学的根本。那么获得了"诚"之后又当如何？子思在这里指出："诚者，非自成己而已也，所以成物也。"也就是说，修养至诚之道不仅仅是为了自己提升精神境界，更是为了"成物"。这里的"成物"可以做广义的解释，既可以理解为成就社会之"物"，也可以包括成就自然之"物"。孔子生活的时代，战乱频仍，奸雄当道，一些清高自洁之士纷纷隐居山林，成为著名的隐士。孔子在周游列国的时候，也会经常碰到他们。如楚狂接舆、长沮、桀溺、荷篠丈人等等。他们觉得孔子那样四处奔波，四处碰壁，"累累若丧家之犬"（《史记·孔子世家》），而且也不能自己生产，"四体不勤，五谷不分"（《论语·微子》），还不如他们这些自种自食的隐者。孔子则认为："鸟兽不可与同群，吾非斯人之徒与而谁与？"（同上）表示不会放弃自己救世的理想。子路则直接批评那些隐者："不仕无义。长幼之节，不可废也；君臣之义，如之何其废之？欲洁其身，而乱大伦。君子之仕也，行其义也。道之不行，已知之矣。"（同上）尽管当时社会政治非常昏乱，但是子路认为君子也不应当放弃"君臣之义"的"大伦"，放弃治国平天下的社会责任，尽管孔子早已知道"道之不行"了。儒家"成己"的功夫就是仁，因为儒家的仁学关键是自我反省的"忠恕之道"，而忠恕之道的推行，关键就在于一个"诚"字，要有真诚之心。儒家"成物"之道则是智，即掌握万事万物之理需要极高的智慧。朱熹说："仁者体之存，知者用之发。"仁与智也是本性与作用的关系，要坚定本体方有作用。这种内在本体之仁，与外在发用之"智"的结合，就是完整的人性之德，所以说："性之德也，合外内之道也。"

◎ 知识拓展

皇甫绩守信求责

皇甫绩是隋朝有名的大臣。他三岁的时候父亲就去世了，母亲一个人难以维持家里的生活，就带着他回到娘家住。外公见皇甫绩聪明伶俐，又没了父亲，怪可怜的，因此格外疼爱他。外公叫韦孝宽，韦家是当地有名的大户人家，家里很富裕。由于家里上学的孩子多，外公就请了位教书先生，办了个自家学堂，当时叫私塾。皇甫绩就和表兄弟们都在自家的学堂里读书。外公是个很严厉的老人，尤其是对他的孙辈们，更是严加管教。私塾开学的时候，就立下规矩，谁要是无故不完成作业，就按照家法重打二十大板。有一天，上午上完课后，皇甫绩和他的几个表兄躲在一个已经废弃的小屋子里下棋。一贪玩，不知不觉就到了下午上课的时间。大家都忘记了老师上午留的作业。第二天，这件事被外公知道了，他把几个孙子叫到书房里，狠狠地训斥了一顿。然后按照规矩，每人重打二十大板。外公看皇甫绩年龄最小，平时又很乖巧，再加上没有了父亲，不忍心打他。只是把他叫到一边，慈祥地对他说："你还小，这次我就不罚你了。不过，以后不能再犯这样的错误。不做功课，学不好本领，将来怎么能成大事？"皇甫绩和表兄们相处得很好，小哥哥们都很爱护他。看到小皇甫绩没有被罚，心里都很高兴。可是，小皇甫绩心里很难过，心想：我和哥哥们犯了一样的错误，耽误了功课。外公没有责罚我，这是心疼我。可是我自己不能放纵自己，应该也按照私塾的规矩，重打二十大板。于是，皇甫绩就找到表兄们，求他们代外公责打自己二十大板。表兄们一听，都"扑哧"一声笑了。皇甫绩一本正经地说："这是私塾里的规矩，我们都向外公保证过触犯规矩甘愿受罚，不然的话就是不遵守诺言。你们都按规矩受罚了，我也不能例外。"表兄们都被皇甫绩这种信守学堂规矩和诚心改过的精神感动了。于是，就拿出戒尺打了皇甫绩二十下。后来皇甫绩在朝廷里做了大官，但是这种从小养成的信守诺言、勇于承认错误的品德一直没有丢，这使得他在文武百官中享有很高的声望。

第二十六章

　　故至诚无息①。不息则久②，久则征③，征则悠远，悠远则博厚，博厚则高明。博厚，所以载物④也；高明，所以覆物⑤也；悠久，所以成物也。博厚配地，高明配天，悠久无疆。如此者，不见而章⑥，不动而变，无为而成。

　　天地之道，可一言而尽也⑦。其为物不贰⑧，则其生物不测⑨。天地之道：博也，厚也，高也，明也，悠也，久也。今夫天，斯昭昭之多⑩，及其无穷也，日月星辰系焉，万物覆焉。今夫地，一撮土之多，及其广厚，载华岳⑪而不重，振⑫河海而不泄，万物载焉。今夫山，一卷石⑬之多，及其广大，草木生之，禽兽居之，宝藏兴焉。今夫水，一勺之多，及其不测，鼋鼍⑭蛟龙鱼鳖生焉，货财殖焉⑮。

《诗》云："维天之命，於穆不已⑯。"盖曰：天之所以为天也。"於乎不显⑰，文王之德之纯⑱。"盖曰：文王之所以为文也，纯亦不已。

◎**注释**　①〔至诚无息〕朱熹注释说："既无虚假，自无间断。"言圣人之道既无虚假，也不会停止。②〔不息则久〕朱熹注释说："久，常于中也。"指圣人常处于中道。③〔久则征〕朱熹注释说："征，验于外也。"指圣人之道在外部有表征。④〔载物〕承载万物。⑤〔覆物〕覆盖万物。⑥〔不见而章〕见，同"现"；章，彰显。⑦〔可一言而尽也〕可以用一句话概括它，指天地之道可以用一个"诚"来概括。⑧〔其为物不贰〕为物，生物、造物；不贰，不掺杂，不做假。朱熹注释说："不贰，所以诚也。"指天地生成万物是有规律的，不会乱来。⑨〔生物不测〕朱熹注释说："诚故不息，而生物之多，有莫知其所以然者。"指天地生成万物，种类繁多，不可胜算。⑩〔斯昭昭之多〕斯，代词，这个；昭昭，朱熹注释说："昭昭，犹耿耿，小明也。"⑪〔华岳〕指华山。⑫〔振〕朱熹注释说："振，收也。"即控制、约束。⑬〔一卷石〕卷，通"拳"。指一块拳头大的石头。⑭〔鼋鼍（yuán tuó）〕鼋，一种巨鳖；鼍，一种鳄鱼，古称猪婆龙，学名扬子鳄。⑮〔货财殖焉〕殖，生殖、生产；焉，助词，于此、于之。指财产货物生产于此。⑯〔维天之命，於穆不已〕维，语气助词，放于句首；於，语气词，赞叹。此句话出自《诗经·周颂·维天之命》。⑰〔於乎不显〕於乎，语气词，"呜呼"；不显，"岂不显"的缩略语。⑱〔纯〕单纯，指至诚。

◎**大意**　因此，具有至诚之德的人永远不会停息，不停息就能保持长久，长久坚持就会有得到应验的表征，有应验的表征就能悠久长远，悠久长远就能积累广博深厚，广博深厚就能高大光明。广博深厚是用来承载万物的，高大光明是用来覆盖万物的，悠久长远是用来成就万物的。广博深厚与地道相配，高大光明与天道相配，悠久成物就会永远没有穷尽。如果能做到这样，不用表现就会成名彰显，不用行动就会自然变化，不必有所作为就能成功。

天地的运行规则，用一个"诚"字就可以概括了。天地创造万物纯一不二，它所生成的物种不可计量。天地运行的特点就是广博、深厚、高大、光明、悠远、长久。今日之天，这一点光集聚多了，可以达到无边无际的地方，那日月星辰的光芒都在其中，覆盖万物。今日之地，一小撮土集聚多了，及其扩展广厚，承载华山、太岳而不感到重，控制江海的波涛使之不会外泄，万物都承载在大地之上。今日之山，拳头大的石头积累得多了，达到无边广大的时候，草木在上边生长，禽兽在其中栖息，宝藏在里边贮藏。今日之水，一小勺水集聚得多了，可以变得浩瀚无涯，鼋鼍鲛龙鱼鳖在其中生活，财货由此而产生。

《诗经》说："只有天命，肃穆而不停息。"这大概是说天之所以成为天的道理。(《诗经》又说:)"多么伟大而显赫啊，文王的品德至诚纯一。"这大概是说文王之所以称为"文"，其至诚纯一并永不停止。

◎ 释疑解惑

第二十六章比较长，内容丰富，但是结构严谨，逻辑清晰。在注释第一段时，朱熹说："此言圣人与天地同体"，是说具有至诚之德的圣人具有与天地一样诚信的品德。第二段朱熹说："复以天地明至诚无息之功用"，用天地具有至诚之道，反过来证明"诚者天之道也"。第三段引用《诗经》的两段话，用周文王的例子，说明圣人与天地合德，天人合一。我们也按照这样的顺序分段解读。

本章第一段是讲具有至诚之德的圣人，因其至诚而不止息，由于不息而必然表现于外，至诚之道作用于外则会得到证明，有了证明就会久远，坚持久远就会使人变得广博深厚，知识积累广博深厚就能够产生出高大光明的成就。这是对人的道德修养如何外化为社会行为、形象的一种艺术描述。上一章已经说到，"诚者，非自成己而已也，所以成物也"。儒家讲的"诚"不仅仅是一种心态，更重要的是要表现为外在行为，产生实际的社会效果。"成己成物"就是孔子所说的"修己安仁""博施济众"。《论语·雍也》记载，子贡曰："如有博施于民而能济众，何如? 可谓仁乎?"子曰："何事于仁，必也圣乎!"圣人就不仅仅是具有仁爱之心，还要有外在拯救民众的社会作用。子思将圣人的社会功能概括成博厚、高明、悠久，因此他们能够覆物、载物、成物。圣人积累的广博的知识，可以辨识天下种类繁多的物种，圣人思想高明，故能承载万物，圣人能够将至诚之道坚持久远，所以能够生长万物。圣人这些伟大的品质，其博厚像大地一样广博，其高明像天一样高远，其悠久像历史一样无边无际。因此圣人道德之崇高，只能用天地来比喻。

本章第二段马上就用艺术的笔法来描述天地的道德，用来证明圣人的崇高伟大。在中国古代的文化体系内，天人合一是最根本的规则。天地不仅是万物和人类的派生者，更是万物和人类的榜样和示范者，万物和人类必须按照天地之道运行和生活，才能得到天地的佑护，顺利和谐。那么天地之道的根本规则是什么呢？子思说："可一言而尽也，其为物不贰。"也就是说天地运行真诚无妄，不会因任何原因而改变，体现了一个"诚"字。孔子说："天何言哉？四时行焉，百物生焉，天何言哉？"（《论语·阳货》）天是最有规律的，四时照常运行，百物自然生长。荀子进一步说："天行有常，不为尧存，不为桀亡。应之以治则吉，应之以乱则凶。"（《荀子·天论》）正因为天地是按照一定规律运行的，所以人必须按照天地运行的规律从事生产，治理社会，不然就会受到天地规律的惩罚。紧接着，子思分别对天、地、山、水至诚之道的性质进行了论证。在这里他都是用的"至大无外""至小无内"的对比方式，由此也体现了自然运行的中庸之道。天不局限于一束之光，但是其广大可以包含日月星辰，普照万物。地既包括一撮之土，但是扩而广之可以承载华山太岳，容纳江河湖海。山既包括一块拳头大的石头，但是扩而广之可以生养草木、禽兽，蕴含矿物宝藏。水既含有一勺之微，但是扩而广之则可达汪洋大海，鳄鱼蛟龙、鱼鳖虾蟹生于其中，财富由此产生。笔者认为子思之所以这样讲，是要告诉读者一个道理：即天地之德虽然博厚、高明、悠远，但是不拒细微、渺小。同样，人们修养道德，既要向圣人的博厚、高明、悠久学习，也不要拒绝身边的一些细微琐事，需要从一点一滴的积累开始。天不拒"昭昭之光"才能包含日月，覆盖万物；地不拒一撮之土，才能够广大无穷，承载泰山华岳。因此人们在进行道德修养的时候还是那句老话："勿以善小而不为，勿以恶小而为之"。这里朱熹怕读者误会了子思的用意，特别指出："然天、地、山、川，实非由积累而后大，读者不以辞害意可也。"在中国古代哲学家看来，天地是自然而然的存在，并非由谁创造的。古人讲天地之道主要是为了比喻人道，读者不可把伦理养成论当成宇宙生成论。

本章最后一段又从抽象回到了具体，用《诗经》中记载周文王的美德，来说明天人合一，圣合其德。春秋战国时期的学者，经常引用《诗经》《尚书》等古代经典来论证问题，正所谓"不学诗，无以言"，"不学礼，无以立"。（《论语·季氏》)《诗经·周颂·维天之命》这首诗，形容天道肃穆而不停息，文王之德就如同天道一样，至诚至纯、精一不二、无为而成。周文王是西周王朝的奠基人，是儒家崇拜的圣人。本书前边的章节讲到："无忧者，其惟文王乎?"周文王因其具有仁爱的品质，所以仁者无忧。在政治上文王治理的西周虽是小国，但是"不见而章，不动而变，从容中道"，实际已经占据了殷纣王的半壁江山。孔子称赞文王说："三分天下有其二，以服事殷。周之德，其可谓至德也已矣。"（《论语·泰伯》)周文王的至诚之德，就体现在这种逐渐积累、化剧变为无形的中庸之道。这里，又可以显现"至诚"与"中庸"的关系。

◎**知识拓展**

推心置腹

这个成语出自《后汉书·光武皇帝纪》："萧王推赤心置人腹中，安得不报死乎!"公元23年初，刘玄被立为天子，刘秀任偏将军。王莽多次派兵攻打刘玄，刘秀率兵抵抗，屡立战功，被刘玄封为"萧王"。同时，刘秀与另一草莽英雄王郎也曾在今河北省中南部的滹沱河、滏阳河流城征战多年，打了不少胜仗。公元24年秋，刘秀率兵攻打农民起义军于邬，大破之，封降兵首领为列侯。但降者并不很放心，怀疑刘秀是否出于真意。刘秀获悉这一情况后，为使其放心，便采用安抚之计，下令降者各归其本部统领其原来的兵马，刘秀本人则轻骑巡行各部，无丝毫戒备之意。这样一来，降者都相信了刘秀的诚意，他们经常三三两两地在一起低语："萧王推己之红心，置他人之腹中，我们还担心什么，还不为他打天下出力吗?"从此之后，"推心置腹"就成为至诚感人、换位思考的最好表达。

第二十七章

大哉，圣人之道[①]! 洋洋乎[②]，发育万物[③]，峻极于天[④]。优优大哉[⑤]，礼仪三百，威仪三千[⑥]，待其人而后行。故曰苟不至德[⑦]，至道不凝焉[⑧]。

故君子尊德性而道问学[⑨]，致广大而尽精微[⑩]，极高明而道中庸[⑪]。温故而知新，敦厚以崇礼[⑫]。是故居上不骄，为下不倍[⑬]。国有道，其言足以兴；国无道，其默足以容⑭。《诗》曰："既明且哲⑮，以保其身。"其此之谓与？

◎**注释**　①〔圣人之道〕圣人修己治人所行之道。②〔洋洋乎〕形容圣人之道广大无边的样子。③〔发育万物〕使万物生长、壮大。④〔峻极于天〕朱熹注释说："峻，高大也。此言道之极于至大而无外也。"⑤〔优优大哉〕朱熹注释说："优优，充足有余之意。"形容圣人之道广大无边。⑥〔礼仪三百，威仪三千〕朱熹注释说："礼仪，经礼也。威仪，曲礼也。"经礼，指古代规范人们行为的根本性礼仪规范。威仪，本指《礼记》中《曲礼》篇，泛指规范人们行为的具体细小的礼仪规范。三百、三千是一种概数，是指圣人之道"入于至小而无闲也。"（朱注）⑦〔苟不至德〕苟，如果；至德，至德之人。言如果不是至德之人。⑧〔至道不凝焉〕至道，最高的道；凝，凝聚、凝结。指如果不是至德之人，最高的道也不会成为具体的成果。⑨〔尊德性而道问学〕朱熹注释说："尊者，恭敬奉持之意。德性者，吾所受于天之正理。道，由也。"即要尊崇上天赋予我们的至善道德，而以询问、好学为进德之路。⑩〔致广大而尽精微〕使胸怀广大而又能穷尽事物精微细节。⑪〔极高明而道中庸〕使境界极高而所行之路中庸平实。⑫〔敦厚以崇礼〕敦，朱熹注释说："加厚也。"厚，能力。指使自己能力增加而又崇尚礼仪。⑬〔为下不倍〕倍，同"背"，背叛。指在下位不背叛上级。⑭〔其默足以容〕默，沉默；足以容，足以有容身之地。⑮〔既明且哲〕明，明白、明了；哲，智慧。指不仅明白事理，而且有充分的智慧。此句出于《诗经·大雅·烝民》。

◎**大意**　多么广大呀，圣人所行之道！它宽广无边充盈世界，使万物发育生长，它的崇高可以达到天穹。（圣人之道）多么丰富呀，有三百条礼的大纲，三千条礼的细目。这些都需要贤能的人才能推行。因此说不具有至高德行的人，至高的道也不能凝结成伟大的成果。

所以君子要尊崇自己心中的德行，又经过"学"和"问"的道路，使自己的心体达到极广大而又深入事物精微之处，心智高明办事又采用中庸的方法，能通过已知而达到未知，不断增加新知又尊崇礼仪。因此，君子居上位的时候不骄傲，居下位的时候不背叛。国家有道，君子的建言可以使国家兴旺；国家无道，君子能够沉默不语以保自身。《诗经》说："明白事理，又有足够的智慧（应付时局），足以保全自身。"就是这个意思吧！

◎ 释疑解惑

本章提出了一个重要概念——圣人之道。从《中庸》前后文的联系看，圣人之道应当包含"中庸之道""忠恕之道""至诚之道"等各方面。圣人之道至大无外，"洋洋乎"化生万物，崇高直达天穹。"优优"乎，可以涵括礼经三百、曲礼三千，事物的精粗内外无所不包。子思用这样一段描述，说明学习圣人之道的重要性。但是紧接着子思又转到了人的道德修养的话题，圣人之道再好，也需要人来掌握，没有极其崇高道德的人来推广它，圣人之道也难以在社会上产生出伟大的成果。道不自行，法不自行，这是儒家的一种重要观念，儒家学者以此来强调道德修养的重要性。

紧接着本章转入了另一个话题，即如何掌握圣人之道，修养圣人之德。在这里《中庸》连讲了五句话，堪称我们治学养德的经典语录。朱熹在注释中特别提醒我们："故此五句，大小相资，首尾相应，圣贤所示入德之方，莫详于此，学者宜尽心焉。"第一句"尊德性而道问学"最为重要。朱熹注释说："尊德性，所以存心而极乎道体之大也。道问学，所以致知而尽乎道体之细也。二者修德凝道之大端也。""尊德性"就是尊奉上天赋予我们内心的"仁义礼智"等道德善端。不过这些"善端"极其精微，容易被后天种种物质欲望所遮蔽，需要以虔诚的心情、坚定的信念去体察、尊奉。把握了心中的德行，运用其体察道体之细枝末节，就是"致知"的过程，朱熹将其称为"道之大端"，也就是道德学习和修养的根本。"致广大而尽精微"，这是讲学习知识的方法。要想获得好的学习成果，首先要涵养广博的胸怀，具有宽阔的研究视野，能够从宏观上把握事物。另一方面还需要"尽精微"的功夫，即深入发掘事物的所有细节，达到无微不至，穷尽其理。"极高明而道中庸"说的是行道，圣人之学既要把握"峻极于天"的道体，同时在实行的时候也要考虑推致的可能性，无过不及，以求被最广大的民众所接受。"温故而知新"是孔子提出的，是一种从已知推导到未知的学习方法。人的精力是有限的，不可能所有事情都亲力亲为。但是可以通过经验积累、比对、推论，从中找到普遍的规律。所以孔子说"温故而知新，可以为师矣"（《论语·为政》）。"敦厚而崇礼"是讲君子的行为应当是不断增益其所能，但是又需要崇尚礼仪，不能肆无忌惮，胆大妄为。

最后本章引用《诗经》的话，说明君子之道如何可行的问题。当代有一句流行语，叫作"理想很丰满，现实很骨感"。其实在古代社会，道德理想与现实环境之间有着更大的距离。我们绝不能读了几句古书，就认为古代社会是一个理想的礼仪之邦，古人个个都是道德君子，不然这里所说的内容就无的放矢了。《诗经》说："既明且哲，以保其身。"这里"明"与"哲"显然是放在对峙的位置。"明"讲的是明理，对于道德的原则必须深入学习，透彻理解，深刻把握。"哲"字从造字的方式看：从折从口，又同"喆"，两相对立，其意为相互验证而相衡。在中国的文字中，"哲"字包含着中庸、辩证的意蕴，所以也泛指智慧及智慧之人。也就是说，对于世界上的任何事物，都需要中庸、辩证地把握，不能简单从事，只讲一个方面。只有"既明且哲"之人，才能在复杂、险恶的社会环境图存自保，古语称为"明哲保身"。具体而言，就是《中庸》所说："国有道，其言足以兴；国无道，其默足以容。"子思这段话是对孔子思想的发挥。孔子说："邦有道，不废；邦无道，免于刑戮。"（《论语·公冶长》）"邦有道则知，邦无道则愚。"（同上）儒家在先秦的生活环境，基本处于"道之不行"的境遇，其崇高的道德伦理与现实政治的混乱不堪形成了鲜明对比。儒家思想是为治国设计的，必须得到执政者的赏识方能推行。但是儒家学问又必须坚守自己的道德底线，不能为了得到统治者的支持而出卖原则。因此儒家理论中必须包含一个重要的原则，就是在"邦有道"和"邦无道"之间的正确选择。中庸之道也为后世的儒者提供了一种"既明且哲"的生存智慧和处世技巧。孟子发挥子思的思想，提出："得志，泽加于民；不得志，修身见于世。穷则独善其身，达则兼善天下。"（《孟子·尽心上》）

◎ 知识拓展

知渊中之鱼者不祥

这个故事出自《韩非子·说林上》。隰（xí）斯弥乃春秋战国时期齐国的大夫，一天他和齐国的权臣田成子（田常）一起登台四周观望，东、西、北三处非常宽敞，只有南面隰斯弥家里后面有一大片树林遮住了视线，田成子没有说什么，回到家后，隰斯弥马上让家丁去把后山的树木砍了，刚砍了几棵树，隰斯弥便让家丁住手，随从的相士问道："何以变化那么快？"

隰斯弥说："得知深渊之鱼者不祥"，田成子即将要造反，如果我做出了"见微知思"的动作那就麻烦了，不砍树无罪，但是知道对方心里所想又不说出来，这个罪名可就大了。后来田成子发动政变夺取了齐国的政权，成了齐国的国王。政变成功后田成子杀了很多原来齐国的旧臣，却放了聪明的隰斯弥一马。隰斯弥靠自己"既明且哲"的智慧，渡过了一次重大的政治变故。

第二十八章

子曰："愚而好自用①，贱而好自专②，生乎今之世，反古之道③。如此者，灾及其身者也。"非天子，不议礼④，不制度⑤，不考文⑥。今天下车同轨⑦，书同文⑧，行同伦⑨。虽有其位，苟无其德，不敢作礼乐焉；虽有其德，苟无其位，亦不敢作礼乐焉。子曰："吾说夏礼，杞不足征也⑩。吾学殷礼，有宋存焉⑪。吾学周礼，今用之，吾从周⑫。"

◎**注释** ①〔自用〕自以为是，刚愎自用。②〔自专〕不能采纳别人的意见，独断专行。③〔反古之道〕反，同"返"。指返回古人的做法。④〔议礼〕讨论、制定礼仪制度。⑤〔制度〕建立社会制度。⑥〔考文〕考察古代文字。⑦〔车同轨〕轨，轨迹。指车辆使用统一的轴距，用同样的轨迹行驶。⑧〔书同文〕书，书写、书籍；文，文字。指使用统一的文字书写典籍。⑨〔行同伦〕行，行为；伦，规范。指人们的行为遵守共同的伦理规范。⑩〔杞不足征也〕杞，春秋时代的杞国；征，证明。指杞国虽然是夏王朝的后代，但是夏朝之礼在杞国得不到证明了。⑪〔有宋存焉〕宋，春秋时的宋国。指宋国是殷朝遗族的封地，殷朝之礼在宋国尚有遗存。⑫〔吾从周〕周，指孔子生活的东周王朝。孔子学礼，遵从的是当时东周尚实行的周礼。

◎**大意** 孔子说："头脑愚蠢却喜欢刚愎自用，地位卑微而又喜欢独断专行，生活在当代却又想走古人之路，这样做的人，灾难一定会降临到他们的头上。"不是天子就不要讨论修订礼仪，不要去制定法度，不要去考察规定文字。现在天下间车子行驶的轨迹同样宽，书写同样的文字，行为也遵从同样的伦理规范。虽然有相应的地位（天子之位），但是德行不足（圣人之德），是不敢制礼作乐的。虽有相应的品德，如果没有相应的地位，也不敢制礼作乐。孔子说："我讲说夏朝的礼乐，现在的杞国已经不能证明了；我学殷礼，宋国还有遗存；我学周礼，当今时代仍然在使用，所以我要遵从周礼。"

◎**释疑解惑**

关于本章的宗旨，朱熹说："承上章为下不倍而言，亦人道也"，即处于社会下层的人应当做什么，所以说是"人道"。本章的内容可以分成三层，我们分段解读。

第一段讲的是行中庸之道要与时俱进，因时择为。儒家创始人孔子自称"述而不作"，"祖述尧舜，宪章文武"，给人一种印象就是儒家文化提倡复古，什么东西都是越古老的越好。其实这样简单的复古主义并不正确。《中庸》引用孔子的话说："生乎今之世，反古之道。如此者，灾及其身者也。"时代是在不停发展的，每一个时代都有新的变化，如果墨守成规，刻板从事，一定会受到历史的惩罚。孔子本人也曾表示，治理社会的根本大纲——礼，就是在不断变化的。子曰："殷因于夏礼，所损益，可知也；周因于殷礼，所损益，可知也；其或继周者，虽百世可知也。"（《论语·为政》）也就是说，殷朝的礼乐制度是从夏朝继承发展而来，但是有增加，也有删减。周朝对于殷朝也是如此。为什么要"损益"？就是因为有些古代的制度、文化、思想过时了，不符合当今时代的需要，必须删减。而新的时代又会增加一些新的内容，在制度、文化、思想有所创新，必须添加。那些认为经典的东西都是"精华"，永远不会过时的思想，本身就不符合儒家的经典。

第二段讲的是礼乐制度的创制需要"因位取德"，不是任何人都可以插手的。《中庸》第十四章提到一个重要观念："君子素其位而行"，即"素位守常"的观念。儒家认为：一个社会要和谐，必须建立一个观念，就是社会每个阶层的人都要各安其位，敬业乐群。至于制礼作乐之类涉及社会根本规则的事情，只有圣王才能完成。这首先需要具备极高的德行，"虽有其位，苟无其德"也是不能制定礼乐的。历史上帝王几百位，但是真正的"作者"只有"尧、舜、禹、汤、文、武、周公"，因为绝大多数帝王只有其位，不具备其德。如果那些不具备道德的帝王要强行制礼作乐，改变制度，就是"愚而好自用"，必然会引起社会的混乱。但是反过来，"虽有其德，苟无其位"，也是不敢制礼作乐的，孔子就是如此。孔子是中国古代历史文化遗产最大的继承者和发展者，但他生前没有得到任何一个国家的重用，因此孔子的学说和主张只是学说，没有应用于制度。只是在几百年之后，经过历代统治者的反复选择，最终汉武帝采纳了儒生的建议，"罢黜百家，独尊儒术"，儒家思想才成为中国社会的主流意识形态，成为制度。任何人都想进行制度设计，也会出现"贱而好自专"的状态，引起社会的混乱。

第三段是讲学术的研究需要实事求是的问题，这也是儒家坚守的一个原则。

孔子重视对历史上礼乐制度的研究，因为他极力主张恢复东周以来被破坏的周礼。不过他研究古礼的时候发现，夏朝的后人杞国，所使用的礼乐制度已经不是真正意义上夏朝的了，即"吾说夏礼，杞不足征也"。对于殷礼的研究也有同样的问题，"吾学殷礼，有宋存焉"，也就是说殷朝后人宋国还保留了一些殷礼，但是也不多了。为什么呢？因为时代发展了，杞国、宋国虽是夏朝和殷朝遗族的封地，但是已经是周朝的臣子，在大多数场合只能使用适合周代的周礼了。所以"吾学周礼，今用之，吾从周"。孔子对于三代礼乐制度的这种论述，和当代文献学、考古学的发掘可以相互印证。目前对于夏代文物的发掘仍然很少，更无文字记载的东西出现。只是由于19世纪末河南安阳殷墟甲骨的大量出土，人们对于殷朝的历史才有了较多的了解。但是在孔子的时代，这些东西都还没有。因此对于缺乏历史资料记载的东西，孔子绝不信口开河。对于"不足征也"和"有宋存焉"的东西，只是作为参考，真正推行的还是"今用之"的周礼。孔子这种实事求是的态度，和后世那些动不动就打着孔子旗号"托古改制"的人，在治学方法上是有根本差别的。

最后关于本章还有一个史料问题需要解读，就是这样一句话："今天下车同轨，书同文，行同伦"。近代以来的学术界，对于这句话有不同的解读。疑古派因此言而认为《中庸》晚出，应当出于汉儒之手。因为文章的语气"今天下……"，属于完成时态语气，而中国历史上只有在秦始皇统治中国之后，"一法度衡石丈尺，车同轨，书同文字。"（《史记·秦始皇本纪》）可是也有信古派的学者认为，车同轨，书同文，行同伦是先秦诸子的共同理想，秦始皇不过完成了这一事业而已。比如《管子·君臣上》记载："戈兵一度，书同名，车同轨，此至正也。"所以《中庸》记载子思的言论，表示了儒家对于这个问题的看法。还有一种观点认为，出现这种现象的原因，是由于儒家典籍在秦始皇"焚书坑儒"的事件中受到了很大的破坏。到汉武帝"独尊儒术"之后，汉儒重新整理古代经典，当时能够找到的简帛散乱，文字短缺，也可能是在整理过程中误添上去的。总之，这个问题尚无定论，还需要进一步的研究，秉持实事求是态度的学者，不应当简单用其中一条否定另外两条。本书仅提供三种成见以供参考。

◎知识拓展

王莽改制

在改制中王莽食古不化，竭力复古，最终导致改制的失败。王莽一向认为，

"承天当古，制礼以治民"，所以做了大司马，成为宰辅后，"议论决断，靡不据经"。新朝建立后，他言必称三代，事必据《周礼》，"每有所兴造，必欲依古得经文"，把一切政令、设施都弄得古色古香，一部《周礼》几乎是王莽新政的蓝本。王莽是一位儒家理想主义者，所以他对历史上的大儒们所描绘的理想境界羡慕不已。

初始元年（公元 8 年）王莽接受孺子婴（刘婴）的禅让后称帝，改国号为"新"，改长安为常安，作为新朝都城，王莽开中国历史上通过符命禅让做皇帝的先河。王莽开始进行全面的社会改革，他仿照《周礼》的制度推行新政，屡次改变币制，更改官制与官名，以王田制为名恢复"井田制"，把盐、铁、酒、币制、山林川泽收归国有，耕地重新分配，又废止奴隶制度，建立五均赊贷（贷款制度）、六筦政策，以公权力平衡物价，防止商人剥削，增加国库收入。刑罚、礼仪、田宅车服等仪式，完全回复到西周时代的周礼模式。

但王莽的改制不仅未能挽救西汉末年的社会危机，反而使各种矛盾进一步激化，由于政策多迂腐不合实情，百姓未蒙其利，先受其害，朝令夕改，使百姓官吏不知所从，不断引起天下贵族和平民的不满。到了天凤四年（公元 17 年）全国发生蝗灾、旱灾，饥荒四起，各地农民纷起，形成赤眉、绿林大规模的反抗，导致新朝的灭亡。

第二十九章

王天下有三重焉[①]，其寡过[②]矣乎！上焉者，虽善无征[③]。无征不信，不信民弗从。下焉者，虽善不尊[④]。不尊不信，不信民弗从。

故君子之道，本诸身[⑤]，征诸庶民[⑥]，考诸三王而不缪[⑦]，建诸天地而不悖[⑧]，质诸鬼神而无疑[⑨]，百世以俟圣人而不惑[⑩]。质诸鬼神而无疑，知天也；百世以俟圣人而不惑，知人也。是故君子动而世为天下道[⑪]，行而世为天下法[⑫]，言而世为天下则[⑬]。远之则有望[⑭]，近之则不厌。

《诗》曰："在彼无恶，在此无射[⑮]。庶几夙夜，以永终誉[⑯]。"君子未有不如此而蚤[⑰]有誉于天下者也。

◎**注释**　①〔王（wàng）天下有三重焉〕王，作动词用，指治理天下；重，种、层。指治理天下有三种至善的办法。朱熹注释说："三重，谓议礼、制度、考文。"②〔寡过〕寡，少；过，错误。指少犯错误。③〔上焉者，虽善无征〕上，夏商时代的礼制。朱熹注释说："上考者，谓明王以前，如夏商之礼虽善，而皆不可考；下焉者，谓圣人在下，如孔子虽善于礼，而不在尊位也。"征，证明、验证。指治理天下首先要解决善政措施的依据问题。④〔下焉者，虽善不尊〕下，在下位的人，如孔子；尊，尊严、尊贵。指治理天下其次的任务是解决虽善政但君主威望不尊的问题。⑤〔本诸身〕指君子之善道要从自身的善心出发，也就是儒家的"忠恕之道"。⑥〔征诸庶民〕君子的善政要在民众那里得到验证。⑦〔考诸三王而不缪〕考，考察；缪，同"谬"，错误。指君子善政要考察夏、商、周三代先王的事迹，这样才能不犯错误。⑧〔建诸天地而不悖（bèi）〕悖，违反、冲突。指建立的制度与自然不冲突。⑨〔质诸鬼神而无疑〕质，询问；鬼神，朱熹注释说："鬼神者，造化之迹也。"无疑，没有疑惑。古代帝王的重大行动都要通过占卜向鬼神质询，不过儒家将鬼神的概念人文化了，将其视为自然背后万物造化的轨迹。⑩〔百世以俟（sì）圣人而不惑〕俟，等待；不惑，没有困惑。指百世之后出现的圣人也不会困惑。⑪〔为天下道〕道，道路，规律。朱熹注释说："道，兼法、则两点。"指君子的行为成为后世天下人所共行的道路。⑫〔天下法〕法，法度。指君子的事迹成为后世天下人的法度。⑬〔天下则〕则，规则。指君子的言论成为后世天下人的规则。⑭〔有望〕有威望。⑮〔在彼无恶（wù），在此无射〕恶，厌恶；射，朱熹注："射，厌也。"指那边的人不会厌恶，这边的人也不会厌烦。⑯〔庶几夙（sù）夜，以永终誉〕庶几，几乎；夙，早；永终，长久。指几乎每天都是起早贪黑地工作，才能获得长久的好声誉。此二句与注释⑮二句均出于《诗经·周颂·振鹭》。⑰〔蚤（zǎo）〕同"早"。

◎**大意**　治理天下的君王只要掌握三种重要的善道，就可以少犯错误。首先要解决善政的依据问题，因为虽为善政但没有依据，百姓就不会相信。其次是解决行善政的君王威望不尊的问题，不然治道虽善，但没有尊严百姓也会不服从。

　　所以君子治国，其善政要从自己的本心出发，在百姓中得到验证，要考证三代之王的事迹而不相违背，建立制度不能与自然相冲突，要质询鬼神而没有疑惑，百世之后出现的圣王也不会感到困惑。质询鬼神而没有疑惑，这就是知天；百世之后的圣人也不会反对，这就是知人。所以君子的活动可以成为天下人的必由之路，君子的行为可以成为天下人必须遵行的法度，君子的言论可以成为天下人必须遵守的规则。距离君子虽远，百姓可以感受到他的威望；距离君子虽近，百姓也不会感到厌倦。

《诗经》说："在那边的人不会讨厌，在这边的人不会厌烦。几乎每天都起早贪黑地工作，才能得到天下人长久的赞誉。"君子没有不这样做就能早早得到声誉的。

◎释疑解惑

朱熹在论述本章的宗旨时说："承上章居上不骄而言，亦人道也。"也就是说，这一章是君子居天子之位时所应当采取的措施。本章的内容也可以分成三层，我们分别解读。

第一段是讲君子治国的"信"与"尊"的问题，这两方面的措施都是议礼、制度、考文所必需的。中国自古重视以礼治国，对于古礼十分重视，每一个朝代建立之后，都要对前代的礼乐进行议论；制度就是建立本朝的社会制度；考文则是考证古代的文字。这三项都是为了建立本朝制度而采取的措施。但这些措施都需要在行政的过程中，在百姓的实践中得到验证。《中庸》说："虽善无征。无征不信，不信民弗从。"也就是说，即使为政的动机是善的，但是需要在百姓的实践中进行检验。没有得到验证的制度、政策，百姓也不会服从。历史上有很多政治家提出过各种改革措施，但是都没有得到民众的支持，导致半途而废，如王莽变法、王安石变法。另一个问题也很重要，就是君子执政不仅要有善良的愿望，还需要建立尊严的威望。没有这样的威望，善政也不会得到推行。这就是"虽善不尊。不尊不信，不信民弗从"。那么威望应当如何建立？孟子曰："爱人不亲反其仁，治人不治反其智，礼人不答反其敬。行有不得者，皆反求诸己，其身正而天下归之。"（《孟子·离娄上》）也就是说，民众对执政者不亲，执政者就要反思自己是否实行了仁政，以己推人；治人反而社会不治，应当反思自己的方案是否智慧；对人有礼反而不得回应，就要反思自己是否对人尊敬。总之，任何行动得不到应有的结果，都应当反思自己，自己行为端正则天下归心。儒家认为"政者正也"，"其身正，不令而行"，统治的一切措施都要从自身修养做起。

第二段讲了君子为政采取的六项措施。第一是"本诸身"。也就是忠恕之道所说的"尽己"，对自己的主观意志进行彻底的反思。只要是自己能够接受的事情，民众也都会接受。第二是"征诸庶民"。也就是说，看看善政是否得到民众的赞赏和支持，这就是孟子所说的"得乎丘民而为天子"(《孟子·尽心下》)。第三是"考诸三王而不缪"。中国是一个重视历史的国家，处理任何社会问题，都要从历代先王的事迹中找到依据。历史的发展有变异，但是也有很多具有普遍性的规律，在任何时代都具有通用性。正因为儒家文化重视"考诸三王"，所以中华文化才能成为世界四大古代文明中唯一源远流长、至今不衰的文化。第四是"建诸天地而不悖"。朱熹注释说："建，立也，立于此而参于彼也。天地者，道也。"也就是说君子的政治必须与天地之"道"相合，这样才能"参于天地"，成为建立于天地之间的一级。第五是"质诸鬼神而无疑"，即通过质询"鬼神"而减少疑虑。儒学创立的时候，对于古代宗教有继承也有改造，对鬼神持一种"敬而远之"的态度，即在不否定鬼神的大前提下进行理性主义的解释。如对鬼神的占卜问题，《礼记·曲礼上》说："龟为卜，筮为筮。卜筮者，先圣王之所以使民信时日，敬鬼神，畏法令也。所以使民决嫌疑，定犹与也。"也就是说，进行占卜之类的宗教活动的真实目的，并不是祈求彼岸的鬼神的保护，而是增强民众的信任，减少他们心中的犹豫。朱熹用一种更为理性化的立场来理解"鬼神"，将其视为"造化之迹也"，那"质诸鬼神而无疑"就成了通过自然运化的轨迹进行验证了。第六是"百世以俟圣人而不惑"。这一条更难，需要等待后世的圣人进行检验，也就是无愧于历史，无愧于后人。总之，《中庸》提出的这六条检验君子之道的措施，可以说正如《周易·乾卦》所说："夫大人者与天地合其德，与日月合其明，与四时合其序，与鬼神合其吉凶。"是万世不易的为政真谛，可以成为后世不变的法则。

第三段又引用了一段《诗经》的话来表达君子执政的要求，就是要得到所有百姓的赞成支持，没有人讨厌反对，必须昼夜勤劳，辛勤工作，以求建立信誉。这样的要求对于提倡"以德治国"的儒家来说，是必不可少的。《尚书·无逸》载，"周公曰：'呜呼！君子所其无逸。先知稼穑之艰难，乃逸，则知小人之依。'"统治者只有辛勤工作，知道百姓稼穑之艰难，才能够真正得到百姓的拥戴。

◎知识拓展

唐太宗兼听则明

唐太宗问魏征："君主怎样是明君，怎样是昏君？"魏征答:"兼听则明，偏信则暗。从前帝尧明晰地向下面的民众了解情况，所以三苗作恶之事及时掌握。帝舜耳听四面，眼观八方，故共工、鲧、驩兜、三苗不能蒙蔽他。秦二世偏信赵高，在望夷宫被赵高所杀；梁武帝偏信朱异，在台城被软禁饿死；隋炀帝偏信虞世基，死于扬州的彭城阁兵变。所以人君广泛听取意见，则贵族大臣不敢蒙蔽，下情得以上达。"唐太宗说："好啊！"

唐太宗不仅这样说，也是这样做的。一次官府从民间选拔官员的时候，发现有一些假冒的人，太宗打算按照已经发布的命令处死他们。大理少卿戴胄劝阻说："按照法律应该处以流放。"太宗生气地说："你想让我失去信誉吗？"戴胄说："皇帝的命令是出于一时的喜怒而下达的，而法律是国家公布用来取信于天下的。陛下对欺诈之事很愤恨，因此要杀掉他们，但也要知道按照法律不可以这么做。如果用法律来衡量，就可以忍己之小恨而取得整个天下的信任。"太宗转怒为喜说："你能这样执法，我还有什么可以担心的呢！"

第三十章

仲尼祖述尧舜^①，宪章文武^②；上律天时^③，下袭水土^④。辟如天地之无不持载，无不覆帱^⑤，辟如四时之错行^⑥，如日月之代明^⑦。万物并育而不相害^⑧，道并行而不相悖^⑨，小德川流^⑩，大德敦化^⑪，此天地之所以为大也。

◎ **注释** ①〔祖述尧舜〕祖述，继承、弘扬。尊崇、弘扬远古的尧舜之道。朱熹注释说："祖述者，远宗其道。"因为关于尧舜时代，仅有传说了。②〔宪章文武〕宪章，效法、遵从周文王和周武王留下的周礼。朱熹注释说："宪章者，近守其法。"因为孔子的时代离周朝不远，周礼仍然在实行。③〔上律天时〕律，顺从、遵循。朱熹注释说："律天时者，法其自然之运。"自然，天时运动的规则。④〔下袭水土〕袭，因袭、顺从。朱熹注释说："袭水土者，因其一定之理。"即按照土地与河流的规律生产。⑤〔覆帱（fù dào）〕犹覆被，谓施恩、加惠。⑥〔四时之错行〕四时交错运行。⑦〔日月之代明〕日月在白天夜晚轮流发光。⑧〔万物并育而不相害〕万物共同生长而不互相伤害。⑨〔道并行而不相悖〕万物运行的规律并行而不相互冲突。⑩〔小德川流〕小德，指万物之间并育而不相害的具体品德；川，小的河流。⑪〔大德敦化〕大德，指万物之间可以通行的普遍道德；

敦化，督促、勉励。

◎**大意**　孔子继承并弘扬尧舜的圣迹，遵行效法周文王、周武王开创的礼乐制度；上遵循自然运行的规则，下顺应水土的本性。（孔子的思想）好像天地一样，没有一种事物不被其承载、被其覆盖，好像春夏秋冬四时一样交错运行，好像日月一样昼夜轮流发光。宇宙间的万物共同生长而不相互伤害，万物运行的规则并行而不相互冲突。小德像河流一样各行其道，大德则可以促进万物的共同发育。这就是天地之所以伟大的原因。

◎**释疑解惑**

　　本章的内容可以分成两个部分，第一部分是对孔子思想的评价。孔子是中华文化的伟大继承者，远承传说中的圣王尧、舜，近承周朝的开创者文王、武王。同时孔子的思想又顺应自然的规则，符合天人合一之道。中华文化最大的特点就是连续性创新，而不是像其他文化一样（创新往往与前代文化断裂）。在这里，孔子的"祖述"和"宪章"起了很大的示范作用。古代的优秀文化赖孔子得以流传，后代的文化赖孔子得以开新，所以后人形容孔子的文化价值说："天不生仲尼，万古如长夜。"[1]

　　第二部分是对儒家思想中"和而不同""殊途同归"的性质进行了精辟的论证，这也是中庸之道的重要内容。"和"与"同"的关系是中国哲学的一个古老命题，是对中国古代民族多元共生历史事实的正确反映。西周太史史伯说："夫和实生物，同则不继。以他平他谓之和，故能丰长而物归之；若以同裨同，尽乃弃矣。"（《国语·郑语》）在这里，史伯提出了"和"与"同"这样两个形式近似但是本质不同的概念。"和"是不同事物的矛盾统一，"以他平他"指不同事物的并存、交织、掺和、影响，故内部生机勃勃，形成"丰长万物"的生动局面。相反，同一事物的简单叠加就是"以同裨同"，不仅不能产生新生事物，而且自己也会衰老、枯竭、灭亡。春秋时期齐国的宰相晏婴继承了史伯的和、同思想，他说："和如羹焉。水火醯醢盐梅，以烹鱼肉；燀之以薪，宰夫和之；齐之以味，济其不及，以泄其过。"（《左传·昭公二十年》）晏婴用烹饪作比喻，各

---

[1]　此语出自朱熹的《朱子语类》卷九十三，但是，朱熹在这句诗后面紧接着说了一句话："唐子西尝于一邮亭梁间见此语。"唐子西名为唐庚（1069—1120），字子西，四川眉州人，《唐子西文录》记载："蜀道馆舍壁间题一联云：'天不生仲尼，万古如长夜'，不知何人诗也。"

种鱼、肉，必须加上不同的佐料，并使用不同的火候加工，才能做出美味佳肴。这是因为不同的原料性能不同，相互配合、相互补充、相互弥补，才能使之达到最佳效果。晏婴用和、同的关系告诉齐景公："君臣亦然。君所谓可，而有否焉。臣献其否，以成其可。君所谓否，而有可焉。臣献其可，以去其否。"（《左传·昭公二十年》）君臣之间不同的意见可以相互补充，纠正不足，防止偏差。孔子继承了史伯与晏婴的和、同思想，并将其进行了提升，他说："君子和而不同，小人同而不和。"（《论语·子路》）孔子将和、同之辩上升到君子、小人的道德判断高度，认为盲目追求绝对同一的人是小人，而能够容忍不同意见的人才是君子。自此之后，儒家学者彻底否定了追求绝对同一的观念，而将"和而不同"当成文化的最高境界。《中庸》第一章提出了"中和"说："中也者，天下之大本也；和也者，天下之达道也。"《易传》则提出了"太和"说："乾道变化，各正性命，保合太和，乃利贞。"追求不同事物的矛盾和谐，是儒家中庸思想的精髓，也是中国古代历史几千年中多民族可以和谐共生的指导思想。同时儒家学者认为，坚持各种不同的思想，走不同道路的人，最终都会走到一起，这就是"殊途同归"。《周易·系辞下》说："天下同归而殊途，一致而百虑。"

　　《中庸》第三十章讲"和而不同"，可以看到三层递进关系。第一层是说："辟如天地之无不持载，无不覆帱，辟如四时之错行，如日月之代明。"天与地是不同的，但是具有自己的功能和作用。地的作用是"持载"，天的功能是"覆帱"，天与地不能相互替代，但可以相互配合，并不存在谁战胜谁、谁消灭谁的问题。春夏秋冬四季的"错行"，日月昼夜的"代明"也是如此，不能说哪一个季节更好，太阳与月亮哪个更重要。在儒家的辩证思维体系中，一切事物都是相互依存、相互作用的，谁也离不开谁。第二层是说："万物并育而不相害，道并行而不相悖。"这就是说，世界之大可以使万事万物都有自己的生存、发展空间，可以并行不悖，互不侵害。我们应当大力弘扬儒家"万物并育而不相害，道并行而不相悖"的观点，充分认识儒家的"和而不同论"的重要意义。第三层是说："小德川流，大德敦化，此天地之所以为大也。""小德"讲的是具体的道理，各说各的，各行其道；"大德"讲的是各种"小德"中包含着共同性，也就是我们所说的普遍原理。朱熹注释说："所以不害不悖者，小德之川流；所以并育并行者，大德之敦化。小德者，全体之分；大德者，万殊之本。"朱熹用自己的"理一分殊"说来解读"小德""大德"的关系："小德"如川，各行其道，所以不悖不害；"大德"如水，能够反映天下所有水的共同性质，"敦化""并育"万物。在当今世界，"理一分殊"说为各种文明的对话提供了一种根本性的思想方法，让人们在承认相互差异的前提下去寻找各种文明的共同点。当代中国著名学者费孝通先生生动地描绘说："各美其美，美人之美，美美与共，天下大同。"这也许就是对《中庸》的发挥吧。

◎**知识拓展**

王安石与司马光

北宋曾经有两位宰相，一位叫司马光，一位叫王安石；一位是保守派，一位是改革派。司马光打小就很聪明，幼年时同伴不慎掉进水缸，眼看要淹死，司马光人小体弱，无力把他救出来，情急之下，搬块石头将缸砸破，水流了出来，同伴于是得救。"司马光砸缸"的故事，也成了流传千古的美谈。他性情温和，待人宽厚，及至做了宰相，也理循旧法，秉承祖制，主张"无为而治"，言辞有度，服饰得体，乃谦谦君子。

王安石从小书读得很好，"名传里巷"，他老成持重，不苟言笑，少年得志，官运亨通，执掌朝廷大权，"严己律属"。他不爱洗澡，穿衣服相当不讲究，经常头发蓬乱就上朝觐见天子，号令文武。在当时人眼中，他简直是一个怪人。然而皇帝很欣赏他，尽管王安石不拘小节，皇帝依然任命他为当朝宰相。王安石当政后，锐意改革，推行新法，想方设法为大宋收税，充盈国库。

司马光和王安石，性格迥异，又是政敌，两个人你方唱罢我登场，轮流做宰相，两人的政治主张也相差十万八千里。在庙堂之上，司马光和王安石是死对头，彼此都认为对方的执政方针荒谬至极，彼此都觉得自己比对方高明，比对方正确，比对方更了解国情。所以在争夺权力的过程中，两人丝毫都不客气，用各种手段，向对方痛下杀手。斗争的结果是王安石获胜，司马光从宰相宝座上被赶了下来。

王安石大权在握，皇帝询问他对司马光的看法，王安石称司马光为"国之栋梁"，对他的人品、能力、文学造诣都给了很高的评价。正因为如此，虽然司马光失去了皇帝的信任，但是并没有因为罢官而陷入悲惨的境地，得以从容地"退江湖之远"，吟诗作赋，锦衣玉食。

风水轮流转。正所谓"三十年河东，三十年河西"，愤世嫉俗的王安石强力推行改革，不仅触动了皇亲贵胄的利益，也招致地方官的强烈不满，朝野一片骂声，逢朝必有弹劾。"曾参岂是杀人者，一日三报慈母惊。"皇帝本来十分信任王安石，怎奈三人成虎，天天听到有人说王安石的不是，终于失去了耐心，将他就地免职，重新任命司马光为宰相。

墙倒众人推，破鼓万人捶。王安石既然已经被罢官，更多的言官就跳将出来，向皇帝告他的黑状。一时间诉状如雪，充盈丹墀。皇帝听信谗言，要治王安石的罪，便征求司马光的意见。很多人都以为，王安石害司马光丢了官，现在皇帝要治他的罪，正是司马光落井下石的好时机。然而司马光并不打算做"压死骆驼的最后一根稻草"。他恳切地告诉皇帝，王安石疾恶如仇，胸怀坦荡，忠心耿耿，有股君子之风，并恳求陛下万万不可听信谗言。皇帝听完司马光对王安石的评价，说了一句话：卿等皆君子也！

第三十一章

唯天下至圣①，为能聪明睿知②，足以有临③也。宽裕温柔④，足以有容也；发强刚毅⑤，足以有执⑥也；齐庄中正⑦，足以有敬也；文理密察⑧，足以有别⑨也。

溥博渊泉⑩，而时出之。溥博如天，渊泉如渊。见而民莫不敬，言而民莫不信，行而民莫不说⑪。是以声名洋溢乎中国，施及蛮貊⑫。舟车所至，人力所通，天之所覆，地之所载，日月所照，霜露所队⑬：凡有血气者，莫不尊亲⑭。故曰，"配天⑮"。

◎**注释**　①〔至圣〕最高的圣人。②〔聪明睿（ruì）知〕聪，听力强，善于收集信息；明，眼力强，能够看到事物的本质；睿，思维能力强，深明通达；知，同"智"，知识广博而有智慧。③〔足以有临〕临，居上治下，指具有治理天下的能力。④〔宽裕温柔〕宽裕，胸怀宽广；温柔，性情柔和适度。⑤〔发强刚毅〕发，奋发；强，强大；刚，坚决；毅，坚定。指圣人还具有坚强果决的一面。⑥〔足以有执〕执，决断。指具有足够的决断力。⑦〔齐庄中正〕齐，整齐；庄，庄重；中正，端庄不偏。⑧〔文理密察〕文，文章；理，条理、道理；密，详细；察，明察。指圣人处理事务时理智、细致、周到。⑨〔足以有别〕别，分析差别。

指能够辨别是非、对错。⑩〔溥（pǔ）博渊泉〕溥，广博、周边；博，众多；渊泉，有源之泉。⑪〔行而民莫不说〕说，同"悦"。指行动使得民众喜悦。⑫〔蛮貊（mán mò）〕对古代边远地区少数民族的称呼。⑬〔队〕同"坠"。⑭〔莫不尊亲〕莫不，没有不；尊亲，尊敬自己的亲人。⑮〔配天〕朱熹注释说："配天，言其德之所及，广大如天也。"

◎**大意** 天下唯有至圣之人，才具有聪明的头脑和深远的智慧，能够临民治理天下。至圣之人具有宽广的胸怀和温柔的心态，可以包容万物；至圣之人具有坚毅果敢的性格，能够对复杂事物做出决断；至圣之人庄重公正，使人感到敬佩；至圣之人才思缜密，能够分辨是非优劣。

（圣人的品德言行）如同遍布的源泉，任何时候都可以流露出来，他们的思想就像天空那样高远，像深泉那样不会枯竭。他们出现在民众面前，民众没有不敬重的，他们说的话，民众没有不相信的。他们的行为，民众没有不喜欢的。因此，他们的名声在中原各国传扬，并传播到边疆少数民族地区。凡是车船所能走的地方，人力所能达到的地方，上天所能覆盖的地方，大地所能承载的地方，太阳月亮所能照耀的地方，霜雪雨露所能降下的地方，凡有血气的活人，没有人不尊敬他们，没有人不亲近他们。因此可以说，圣人的思想品德可以与天相配。

◎**释疑解惑**

这一章子思谈论了具有儒家理想的圣王应当具备什么样的品德，应当具有什么的能力。这既是儒家对当时当道的各国诸侯一种变相的批评，同时也是对未来理想社会的一种憧憬与设计。《中庸》的文字与论断，对于后世中国政治文化的建设，起到了格言警句的作用，成为历代帝王的座右铭。

子思之所以对将来能够临民治国的圣人提出了那么多要求，那么高的标准，就是因为儒家政治的本质是一种"德治"，即主张"以德治国"。孔子说："为政以德，譬如北辰，居其所而众星共之。"（《论语·为政》）在当时的社会结构中，"德治"也只能表现为"人治"，所以孔子特别强调善政在于得人。《中庸》第二十章引孔子的话说："文武之政，布在方策。其人存，则其政举；其人亡，则其政息。人道敏政，地道敏树。"在这里，执政者的品德与能力都必不可少的，就集中表现在儒家学说的社会理想人格——"圣人"身上。

本章第一段讲的就是圣人的品德与能力问题，子思用"聪明睿知"四个字来概括。朱熹说："其下四者，乃仁义礼知之德。"也就是说，后边四个排比句，就是对圣人所应具备的仁义礼智四德的展开。"宽裕温柔，足以有容也"，这是说圣人之"仁"，他对待人民应当宽裕温柔，以慈父之心包容天下子民。仁的本质就是爱民之心，有了"将心比心，以己推人"的爱心，才可以执政。"发强刚毅，足以有执也"，圣人治国光有爱心还不行，在处理政务时，对于复杂的社会问题还要有刚毅果决的判断力和顽强坚韧的执行力。"齐庄中正，足以有敬也"是说，圣人不论在何处，都要遵守礼乐法度，表现出庄重、中正的特色，这样民众才能对其敬重。"文理密察，足以有别也"，是说圣人还要有超人的智慧，善于在复杂的事物中判断是非，辨别真假，不被复杂的社会现象所迷惑。这些要求当然是很高的。

本章的第二段是对圣人言行的描述，"溥博渊泉，而时出之。溥博如天，渊泉如渊。"前一句说圣人应当像天下遍布的渊泉一样无所不在，后一句则是说圣人应当像天一样高远，像渊泉一样深邃，也就是无所不包，无所不能。圣人的名声在中原四处洋溢，并且传播到边远的少数民族中，同样得到他们的爱戴，达到了这样的标准，就可以称之为"以德配天"了。在中国古代文化中，"配天"是一个非常崇高的概念。一位帝王能够做到"以德配天"，成为执行天命的"天子"，因此"配天"在中国政治文化中，是政治合法性的最高证明。

第三十二章

唯天下至诚①，为能经纶②天下之大经③，立天下之大本④，知天地之化育。夫焉有所倚⑤？肫肫其仁⑥！渊渊其渊⑦！浩浩其天⑧！苟不固聪明圣知达天德⑨者，其孰能知之？

◎**注释**　①〔至诚〕最真诚，这里是指最真诚的人。②〔经纶〕朱熹注释说："经、纶，皆治丝之事。经者，理其绪而分之；纶者，比其类而合之也。"③〔大经〕朱熹注释说："经，常也。大经者，五品之人伦。"④〔大本〕朱熹注释说："大本者，所性之全体也。"⑤〔夫焉有所倚〕夫，语气词；焉有，疑问词，岂有；倚，依靠。整句话的意思是：难道还需要有什么依靠吗？⑥〔肫肫（zhūn zhūn）其仁〕肫肫，形容仁者真诚恳切的样子。⑦〔渊渊其渊〕前面的"渊渊"，形容词，水静而深的样子；后面的"渊"，名词，深水潭。指圣人深沉的样子。⑧〔浩浩其天〕浩浩，形容词，高大宽广。比喻圣人之德如同天一样高远广大。⑨〔达天德〕达到天德的境界。

◎**大意** 唯有天下最真诚的人，有能力掌握治理天下的大纲领，建立天下最根本的道德伦理，知道化育天下万物的道理。至诚的圣人难道还需要依赖什么外在的东西吗？他有出自本心的至诚仁德，他有深沉宽广用之不竭的智慧，他有浩大如天的宽广胸怀。如果不能巩固自己天赋的聪明睿智达到天德的境界，谁又能够理解这些圣人呢？

◎**释疑解惑**

本章的内容与上一章是姊妹章，朱熹说："前章言至圣之德，此章言至诚之道。然至诚之道，非至圣不能知；至圣之德，非至诚不能为，则亦非二物矣。"第三十一章讲"至圣之德"，本章则是讲"至圣之诚"。圣人的"至圣之德"是如何获得的呢？就是通过"至圣之诚"的涵养和培育，所以"德"与"诚"实非二物。

本章的内容不长，除了对圣人之德深远、宽广的赞美，主要谈了一个主题，就是"夫焉有所倚"。认为圣人之道不假外求，这是《中庸》一书的主题之一，也是子思开创思孟学派的一个特色。孔子开创的儒学本质是内圣外王之道，在"内圣"方面，孔子主张"为仁由己"。子曰："克己复礼为仁。一日克己复礼，天下归仁焉。为仁由己，而由人乎哉？"（《论语·颜渊》）一个人能不能成为品德高尚的仁人，关键在于自己。正所谓"我欲仁，斯仁至矣"（《论语·述而》）。在"外王"方面，孔子以"修己"为起点，以"治人"为终点。子曰："修己以敬""修己以安人""修己以安百姓"（《论语·宪问》）。孔子去世后，儒学虽然有很大的发展，但是也发生了"儒分为八"的裂变，儒学各派从不同方向有了不同的发展。其中荀子代表的"外王派"，主张性恶论，重视礼乐教化的社会作用，最终走向了"隆礼重法"的社会制度建设。而子思、孟子开创的"内圣派"，则提倡性善论，主张通过道德修养来发扬自己的天赋善性，并通过道德的弘扬达到以德治国的终极目的。《中庸》和《孟子》便是内圣派的主要经典。《中庸》第一章开明宗义说："天命之谓性，率性之谓道，修道之谓教。"《孟子》将其阐发为"仁义礼智，非由外铄我也，我固有之也"（《孟子·告子上》），"尽其心者，知其性也。知其性，则知天矣"（《孟子·尽心上》）。应当说，战国儒学的"内圣派"和"外王派"对儒学的发展都很有价值，不过从终极价值的角度看，"内圣派"发扬了孔门"一以贯之"的忠恕之道，真正找到了儒学道德伦理价值的本源。朱熹在《中庸》第十三章注释中说："尽己之心为忠，推己及人为恕。"忠恕之道的本意就是让人们在自我反省中获得与人相处的普遍原则。儒家的一切道德根源，只能从自反本心的思考中获得，而不能从任何外部的说教、命令、观察、思考中获得。所以本章特别强调："唯天下至诚，为能经纶天下之大经，立天下之大本，知天地之化育。夫焉有所倚？"那依靠什么？本章最后一句说："苟不固聪明圣知达天德者，其孰能知之？"固就是固有、实有的意思，"聪明圣知"已经天赋于我，只要悉心养护，使之发扬光大，就可以通达"天德"。这和第一章"天命之谓性，率性之谓道，修道之谓教"恰成一个相互呼应之势，完成了收尾的循环。所以朱熹说："此篇言圣人天道之极致，至此而无以加矣。"我们也可以说，文章至此，《中庸·成道篇》就完成了。

第五部分　境界篇

　　本篇只有一章，与《中庸》首章相互呼应。这一章是全书的总结，每一段都是引用《诗经》中的一段话，讲述达到了中庸之道的道德君子应当具有的形象，所以我们将其称为"境界篇"。朱熹指出："子思因前章极致之言，反求其本，复自下学为己谨独之事。"上一篇子思将"至圣之德""至圣之城"讲得极为深刻、宏大，怕后学因此望而却步，因此本篇则用很多《诗经》中的艺术语言、生活场景提醒人们，中庸之道、忠恕之道就在我们身边，可以从内省、慎独的点滴功夫入手。

第三十三章（一）

　　《诗》曰："衣锦尚绚①"，恶其文之著也②。故君子之道，暗然而日章③；小人之道，的然而日亡④。君子之道：淡而不厌，简而文⑤，温而理⑥，知远之近，知风之自，知微之显，可与入德⑦矣。

◎**注释**　①〔衣锦尚绚（jiǒng）〕衣，动词，穿着；锦，丝绸做的衣服；尚，动词，加上；绚，麻织的衣服。整句话指穿着丝绸衣服外面还要套上一件麻布衣服。（出自《诗经·卫风·硕人》）②〔恶（wù）其文之著也〕恶，厌恶；文，文采；著，明显、显著。指讨厌丝绸衣服的文采过于显眼。③〔暗然而日章〕暗，指隐藏不露；章，同"彰"，日章，指日益彰显出来。④〔的（dí）然而日亡〕的然，鲜明、显露；日亡，日趋衰亡。⑤〔简而文〕简朴而有文采。⑥〔温而理〕温和而有条理。⑦〔可与入德〕可以进入道德境界了。

◎**大意**　《诗经》说："穿上丝绸的衣服，外面还要套上一件麻布罩衣。"这是由于厌恶丝绸衣服的文采过于显眼。因此，君子的处世之道表面上并不光鲜，而其道德却日渐彰显；小人的处事作风喜好张扬，而其势力则日趋衰亡。君子的处事之道，素淡而人不讨厌，简朴而有文采，温和而有条理。知道远处的事情是从近处开始的，明白社会流言是从什么地方发生的，知晓细微的事情将来显著了会是什么样子。这样就可以进入有道德的境界了。

◎ 释疑解惑

《中庸》第三十三章是非常有特色的一章，共有七段文字，每一段都引用一句《诗经》的话，用以形容达到中庸境界的君子应当是一种什么样的状态，所以我们将其称为"境界篇"。本章承接上一章，朱熹说："前章言圣人之德，极其盛矣。此复自下学立心之始言之，而下文又推之以至其极也。"上一章讲"圣人之德"的"至圣之诚"，仍是人格修养的最高境界，这一章又转了回来，说明"下学"之士应当如何从近处做起，从眼前做起，逐步提升到圣人的境界。

穿衣戴帽本是个人私事，一般讲与品德无关。但是往往在这样一些生活的细微琐事上，可以表现出一个人的情趣与修为。好美之心，人皆有之，本无可厚非。一件漂亮的高质地的衣服，可以彰显人的品位，愉悦人的心情，但是在贫富差异巨大的社会中，一些胸怀宽广、心地善良的君子，却故意在漂亮的丝绸衣服外面套上一件麻粗布做的衣服，显得很低调，而那些势利小人，则唯恐不能引起人们的注意，处处张扬，比吃比穿，炫富斗富。君子之道与小人之道为什么会有这样的差异？因为君子相信人的成就主要依靠内在的道德修养，因此尽管他们行事低调，但是事业和成就却会日益彰显；小人虽然依靠外在光鲜的包装可以得意于一时，却因为缺乏内在道德而把事业搞得日渐衰亡。秦王朝灭亡后楚汉相争的时候，项羽和刘邦关于还乡问题的不同心态，恰好可以反映出两人内在素质的差异。《汉书·项籍传》记载："羽见秦宫室皆已烧残，又怀思东归，曰：'富贵不归故乡，如衣锦夜行。'"这显然是项羽被暂时的胜利冲昏了头脑的一种短见，其反对"衣锦夜行"的心态，恰与"衣锦尚絅"的圣人教诲相去甚远。而汉高祖刘邦则是在战胜了强大对手项羽，并清除了各路反叛的诸侯之后才返回家乡。自为歌诗曰："大风起兮云飞扬，威加海内兮归故乡，安得猛士兮守四方！"（《史记·高祖本纪》）他当时关心的仍然是国家的稳定与安全。从衣锦还乡的心态就可以看出两人境界的差异，其胜负也就是必然的了。

第三十三章（二）

《诗》云："潜虽伏矣，亦孔之昭①！"故君子内省不疚②，无恶于志③。君子之所不可及者④，其唯人之所不见乎？

◎**注释**　①〔潜虽伏矣，亦孔之昭〕潜，隐在水面下；伏，俯卧；孔，很、甚；昭，明显、清楚。指鱼虽然潜伏在水底不动，但人还是看得很清楚。此句出自《诗经·小雅·正月》。②〔内省不疚〕内省，自我反省；疚，惭愧。君子自我反省而不会感到惭愧。③〔无恶于志〕不违背自己的志向。④〔不可及者〕不能达到的地方。

◎**大意**　《诗经》说："鱼儿虽然潜伏在水底不动，但是人们仍然可以看见它。"所以君子处世，要经常反省内心而不感到惭愧，做到不违背自己的志向。君子对于常人所不可及的地方，就在于这些别人看不到的地方吧！

◎**释疑解惑**

《诗经》讲了一个小故事，鱼儿躲在水底不动，以为上边的渔夫就看不到它。其实从岸上看，水下的一切是很清楚的。社会上也有一些所谓的聪明人，以为自己干的那些违法乱纪的勾当十分隐秘，不会被别人看到。老子说："法网恢恢，疏而不漏。"各种违法犯罪的行为，迟早要受到法律的制裁、道德的谴责。而那些道德君子，他们高人一筹处，恰恰就在于他们在没有人看到的地方，能够自我监督、自我约束。这一段仍然是在强调"慎独"的功夫，这就是把外在的社会伦理变成内在的道德自觉的关键。所以朱熹说，这一段也是"君子谨独之事也"。

◎**知识拓展**

七古·手莫伸

陈毅

手莫伸，伸手必被捉。党和人民在监督，万目睽睽难逃脱。汝言惧捉手不伸，他道不伸能自觉，其实想伸不敢伸，人民咫尺手自缩。岂不爱权位，权位高高耸山岳。岂不爱粉黛，爱河饮尽犹饥渴。岂不爱推戴，颂歌盈耳神仙乐。第一想到不忘本，来自人民莫作恶。第二想到党培养，无党岂能有所作？第三想到衣食住，若无人民岂能活？第四想到虽有功，岂无过失应惭怍。吁嗟乎，九牛一毫莫自夸，骄傲自满必翻车。历览古今多少事，成由谦逊败由奢。

第三十三章（三）

《诗》云："相在尔室^①，尚不愧于屋漏^②。"故君子不动而敬，不言而信。

◎**注释**　①〔相在尔室〕相，朱熹注释说："相，视也。"尔，同"你"。整句话的意思是看你独处于屋中。②〔屋漏〕朱熹注释说："屋漏，室西北隅也。"古代房屋西北角，往往有天窗，故称屋漏，是屋子里的隐蔽处。此句出自《诗经·大雅·抑》。

◎**大意**　《诗经》说："看你（指君子）独处于房间的幽暗隐蔽处，做的事情还能无愧于心。"所以君子没有采取行动百姓就表示敬重，没有说话百姓就已经相信了。

◎**释疑解惑**

关于这一节的内容，朱熹说："承上文又言君子之戒谨恐惧，无时不然。"仍然是讲慎独的事宜。子思引用《诗经》的一句话，讲了在一个非常隐秘的场景，就是在自己家的密室中，君子做的事情还能无愧于心。君子要慎独，不仅不能在别人看不到的地方做一些"策划于密室"的"谋闭"的事情，就是自己的生活琐事，也要注意不能干那些见不得人的事情。这里可能就涉及生活情趣和个人爱好的问题。为了反对腐败，习近平同志提出，要贯彻"照镜子、正衣冠、洗洗澡、治治病"的总要求，把"为民、务实、清廉"的价值追求深深植根于全党同志的思想和行动中。高雅的情趣爱好，可以陶冶性情，增强防腐拒变的免疫力，低俗的情趣爱好往往是领导干部腐败的突破口和滋生土壤。

第三十三章（四）

《诗》曰："奏假无言^①，时靡有争^②。"是故君子不赏而民劝^③，不怒而民威于铁钺^④。

◎**注释** ①〔奏假无言〕奏假，古代祭祀活动开始前演奏的音乐；无言，没有人说话。②〔时靡有争〕靡，无。此时消除了争议。此句出自《诗经·商颂·烈祖》。③〔劝〕得到教育和鼓励。④〔威于铁钺（fū yuè）〕威，威力、威慑；铁，古代的大铡刀；钺，大斧头。指圣人不用发怒，其威力就超过了兵器、刑具。

◎**大意** 《诗经》说："在祭祀的时候，一旦前奏音乐响起，大家就停止了争议，保持肃静。"君子就是这样，不用悬赏，就使民众得到了教育和鼓励；不用发怒，其威慑力就超过了刀斧的刑罚。

◎**释疑解惑**

子思用《诗经》中的一个场景作比喻，形容君子的高尚道德对于民众的影响力。在祭祀仪式上，只要前奏音乐一响起，大家立即就会停止说话，处于肃穆状态。真正的君子也应当这样，靠自己平时以身作则建立起的威望来影响民众，而不是仅仅依靠权力来左右民众。子思这里所说的"不赏而民劝，不怒而民威于铁钺"，是针对法家单纯以法治国而言的。法家认为道德没有作用，治理百姓只要掌握两个权柄就够了，这就是赏与罚。《韩非子·二柄》说："明主之所导制其臣者，二柄而已矣。二柄者，刑、德也。何谓刑德？曰：杀戮之谓刑，庆赏之谓德。"这种单纯的物质上的赏与罚只能收效于一时，不能在民众中建立长久的统治秩序，秦王朝二世而亡就是明证。因此儒家认为，道德教化的力量，君子模范行为的表率力量，是要超过物质刺激和武力威胁的，推行德政才能保证统治秩序的稳定。

第三十三章（五）

《诗》曰："不显惟德①！百辟其刑之②。"是故君子笃恭③而天下平。

◎**注释** ①〔不显惟德〕（周代先王）不欲彰显自己的实力，但他的道德为天下人所知晓。②〔百辟其刑之〕辟，诸侯；刑，通"形"，指榜样。指周代先王成为众多诸侯的榜样。此句出于《诗经·周颂·烈文》。③〔笃恭〕敦厚恭敬。朱熹注释说："笃，厚也。笃恭，言不显其敬也。"

◎**大意**　《诗经》说："周代的先王并不彰显自己的实力，但是他的道德却为天下所知晓，成为诸侯们的榜样。"所以，君子敦厚笃实地效法先王之道，天下自然就太平了。

◎**释疑解惑**

　　这一章通过《诗经》记述周代先王的事迹，阐述君子之道不在乎张扬外显，而在于敦厚笃实。第二十章我们讲到，周朝先王通过自己的修德筑基，在殷朝末年已经"三分天下有其二"，拥有了强大的经济、政治实力。而周文王仍然采取低调政策，继续对殷纣王称臣。但是周王朝的德政，已经得到了众多诸侯的拥护。当武王伐纣之时，百姓箪食壶浆以迎王师。所以朱熹说："笃恭而天下平，乃圣人至德渊微，自然之应，中庸之极功也。"也就是说，文王的韬晦之策，"不显惟德"，"笃恭而天下平"，是把中庸之道运用到了极致。

第三十三章（六）

　　《诗》云："予怀明德①，不大声以色②。"子曰："声色之于以化民③，末也④。"

◎**注释**　①〔予怀明德〕予，我；怀，藏有。指我胸中怀有美好的品德。②〔不大声以色〕声，声音；色，厉色；以，与。指对人不大声厉色。这两句诗出自《诗经·大雅·皇矣》。③〔化民〕教化民众。④〔末也〕末，最后、差等。

◎**大意**　《诗经》说："我胸中怀有美好的品德，所以不用大声厉色对人说话。"孔子说："用高声厉色教化民众，那是最末流的方法。"

◎**释疑解惑**

　　道德教化，重在感化人心。俗话说"有理不在声高"，掌握了真理的人不用提高嗓门来对大家说话，民众也会信服。《论语》记载孔子教学时的态度是"温而厉，威而不猛，恭而安"。教育的方法是"循循善诱""举一隅不以三隅反，则不复也"的启发式，绝不是加大音量的轰炸式。孔子的教导对我们承担立德树人工作的教师来说，是一个极大的启发，那种在强势舆论轰炸攻势下，在高压大帽子的威胁下，在背诵考试压力下进行的"德育"，很可能在青少年心中埋下递反的种子。

第三十三章（七）

《诗》曰："德辅如毛①。"毛犹有伦②。"上天之载，无声无臭③。"至矣④！

◎**注释** ①〔德辅（yóu）如毛〕辅，轻。指道德很轻，犹如鸿毛。此句出自《诗经·大雅·烝民》。②〔毛犹有伦〕伦，比。指鸿毛犹有可比之处。③〔上天之载，无声无臭（xiù）〕载，事物；臭，气味。指上天的事情，没有声音和气味。此句出自《诗经·大雅·文王》。④〔至矣〕达到了极致，最完美了。

◎**大意** 《诗经》说："道德就像鸿毛一样轻盈。"而鸿毛还是有可比之处的。《诗经》又说："上天所承载的天道，是没有声音和气味的。"这才把道德形容到了最高的极致。

◎**释疑解惑**

这一段和上一段在内容上是连续的，可以看成姊妹篇。朱熹注释说："《诗·大雅·皇矣》之篇。引之以明上文所谓不显之德者，正以其不大声与色也。又引孔子之言，以为声色乃化民之末务，今但言不大之而已，则犹有声色者存，是未足以形容不显之妙。不若《烝民》之诗所言'德辅如毛'，则庶乎可以形容矣，而又自以为谓之毛，则犹有可比者，是亦未尽其妙。不若《文王》之诗所言'上天之载，无声无臭'，然后乃为不显之至耳。盖声臭有气无形，在物最为微妙，而犹曰无之，故惟此可以形容不显笃恭之妙。"在这两段文字中，子思引用了三段《诗经》的话，一句孔子的话，构成了一种层层递进的关系。先说具有高尚道德人，不用大声厉色教化民众，后用孔子的话说，那些声色俱厉的人是教育者的末流。再用《诗经》的话说，道德轻如鸿毛，贵在轻盈流动，春风化雨。不过子思紧跟着说，鸿毛还是着了痕迹，有捉摸可比处，而另引一句《诗经》，将上天的道德，圣人的天德形容成天地化生万物，无声无臭，无为而成。这和老子所说"道可道，非常道；名可名，非常名""大德不德""大象无形""大音希声"表达的是一个意思，至善至高的道德，就在这"无形无声"、不可言说之间。

《诗经》、老子、孔子、子思为什么要用这样的语言来形容"至圣天德"呢？就因为世间有太多所谓的道德大师用"素隐行怪"的方式招摇过市，用"大声以色"的方式"化民"，不仅不能达到效果，反而糟蹋了道德。真正的道德就应当像天地一样覆盖万物、承载万物、化育万物而无言，像君子一样"衣锦尚纲"，"淡而不厌，简而文，温而理"，"不动而敬，不言而信"，"不赏而民劝，不怒而民威于铁钺"，"不大声以色"。《中庸》第三十三章用《诗经》一系列文学化的比喻，形象地说明了道德春风化雨、润物无声的性质。这也是为我们德育工作指出了方向和方法，就像天地、圣人、君子那样，以我们自身的实际行动感染受教育者，身教胜于言教。

子思用一系列的比喻结束了第三十三章，也结束了《中庸》全书。朱熹概括第三十三章宗旨说："子思因前章极致之言，反求其本，复自下学为己谨独之事，推而言之，以驯致乎笃恭而天下平之盛。又赞其妙，至于无声无臭而后已焉。盖举一篇之要而约言之，其反复叮咛示人之意，至深切矣，学者其可不尽心乎！"儒学的宗旨就在于下学而上达，追求第三十二章所说"唯天下至诚"，"肫肫其仁！渊渊其渊！浩浩其天！"的天德境界，但是"下学"毕竟要从"慎独"于"屋漏"开始，逐渐从"衣锦尚纲"的低调生活，学习周代先王"不显惟德"，"笃恭而天下平"，最后达到"上天之载，无声无臭"的天德境界。所以朱熹要求学者要尽心体会子思"反复叮咛"的良苦用心，逐渐提升自己的道德境界。

附录一

《大学》全文诵读

经文一章　三纲八目

大学之道，在明明德，在亲民，在止于至善。知止而后有定，定而后能静，静而后能安，安而后能虑，虑而后能得。物有本末，事有终始，知所先后，则近道矣。

古之欲明明德于天下者，先治其国；欲治其国者，先齐其家；欲齐其家者，先修其身；欲修其身者，先正其心；欲正其心者，先诚其意；欲诚其意者，先致其知；致知在格物。物格而后知至，知至而后意诚，意诚而后心正，心正而后身修，身修而后家齐，家齐而后国治，国治而后天下平。

自天子以至于庶人，壹是皆以修身为本。其本乱而末治者，否矣。其所厚者薄，而其所薄者厚，未之有也！

传第一章　明明德

《康诰》曰："克明德。"《大甲》曰："顾諟天之明命。"《帝典》曰："克明峻德。"皆自明也。

传第二章　新民

汤之《盘铭》曰："苟日新，日日新，又日新。"《康诰》曰："作新民。"《诗》曰："周虽旧邦，其命惟新。"是故君子无所不用其极。

传第三章　止于至善

《诗》云："邦畿千里，惟民所止。"《诗》云："缗蛮黄鸟，止于丘隅。"子曰："于止，知其所止，可以人而不如鸟乎！"

《诗》云："穆穆文王，於缉熙敬止！"为人君，止于仁；为人臣，止于敬；为人子，止于孝；为人父，止于慈；与国人交，止于信。

《诗》云："瞻彼淇澳，菉竹猗猗。有斐君子，如切如磋，如琢如磨。瑟兮僩兮，赫兮喧兮。有斐君子，终不可谖兮！"如切如磋者，道学也；如琢如磨者，自修也；瑟兮僩兮者，恂慄也；赫兮喧兮者，威仪也；有斐君子，终不可谖兮者，道盛德至善，民之不能忘也。

《诗》云："於戏前王不忘！"君子贤其贤而亲其亲，小人乐其乐而利其利，此以没世不忘也。

传第四章　本末

子曰："听讼，吾犹人也，必也使无讼乎！"无情者不得尽其辞。大畏民志，此谓知本。

传第五章　格物致知

所谓致知在格物者，言欲致吾之知，在即物而穷其理也。盖人心之灵莫不有知，而天下之物莫不有理，惟于理有未穷，故其知有不尽也。是以大学始教，必使学者即凡天下之物，莫不因其已知之理而益穷之，以求至乎其极。至于用力之久，而一旦豁然贯通焉，则众物之表里精粗无不到，而吾心之全体大用无不明矣。此谓物格，此谓知之至也。

传第六章　诚意

所谓诚其意者：毋自欺也，如恶恶臭，如好好色，此之谓自谦，故君子必慎其独也！

小人闲居为不善，无所不至，见君子而后厌然，揜其不善而著其善。人之视己，如见其肺肝然，则何益矣。此谓诚于中，形于外，故君子必慎其独也。

曾子曰："十目所视，十手所指，其严乎！"富润屋，德润身，心广体胖，故君子必诚其意。

传第七章　正心修身

所谓修身在正其心者，身有所忿懥，则不得其正；有所恐惧，则不得其正；有所好乐，则不得其正；有所忧患，则不得其正。心不在焉，视而不见，听而不闻，食而不知其味。此谓修身在正其心。

传第八章　修身齐家

所谓齐其家在修其身者：人之其所亲爱而辟焉，之其所贱恶而辟焉，之其所畏敬而辟焉，之其所哀矜而辟焉，之其所敖惰而辟焉。故好而知其恶，恶而知其美者，天下鲜矣！故谚有之曰："人莫知其子之恶，莫知其苗之硕。"此谓身不修不可以齐其家。

传第九章　齐家治国

所谓治国必先齐其家者，其家不可教而能教人者，无之。故君子不出家而成教于国：孝者，所以事君也；弟者，所以事长也；慈者，所以使众也。《康诰》曰"如保赤子"，心诚求之，虽不中不远矣。未有学养子而后嫁者也！

一家仁，一国兴仁；一家让，一国兴让；一人贪戾，一国作乱。其机如此。此谓一言偾事，一人定国。尧、舜帅天下以仁，而民从之；桀、纣帅天下以暴，而民从之；其所令反其所好，而民不从。是故君子有诸己而后求诸人，无诸己而后非诸人。所藏乎身不恕，而能喻诸人者，未之有也。故治国在齐其家。

《诗》云："桃之夭夭，其叶蓁蓁。之子于归，宜其家人。"宜其家人，而后可以教国人。《诗》云："宜兄宜弟。"宜兄宜弟，而后可以教国人。《诗》云："其仪不忒，正是四国。"其为父子兄弟足法，而后民法之也。此谓治国在齐其家。

传第十章　治国平天下

所谓平天下在治其国者：上老老而民兴孝，上长长而民兴弟，上恤孤而民不倍，是以君子有絜矩之道也。所恶于上，毋以使下；所恶于下，毋以事上；所恶于前，毋以先后；所恶于后，毋以从前；所恶于右，毋以交于左；所恶于左，毋以交于右：此之谓絜矩之道。

《诗》云："乐只君子，民之父母。"民之所好好之，民之所恶恶之，此之谓民之父母。

《诗》云："节彼南山，维石岩岩，赫赫师尹，民具尔瞻。"有国者不可以不慎，辟则为天下僇矣。

《诗》云："殷之未丧师，克配上帝；仪监于殷，峻命不易。"道得众则得国，失众则失国。

是故君子先慎乎德。有德此有人，有人此有土，有土此有财，有财此有用。

德者本也，财者末也，外本内末，争民施夺。是故财聚则民散，财散则民聚。是故言悖而出者，亦悖而入；货悖而入者，亦悖而出。

《康诰》曰："惟命不于常！"道善则得之，不善则失之矣。《楚书》曰："楚国无以为宝，惟善以为宝。"舅犯曰："亡人无以为宝，仁亲以为宝。"

《秦誓》曰："若有一个臣，断断兮无他技，其心休休焉，其如有容焉。人之有技，若己有之，人之彦圣，其心好之，不啻若自其口出，寔能容之，以能保我子孙黎民，尚亦有利哉！人之有技，娼疾以恶之，人之彦圣，而违之俾不通，寔不能容，以不能保我子孙黎民，亦曰殆哉！"唯仁人放流之，迸诸四夷，不与同中国。此谓唯仁人为能爱人，能恶人。见贤而不能举，举而不能先，命也；见不善而不能退，退而不能远，过也。好人之所恶，恶人之所好，是谓拂人之性，菑必逮夫身。是故君子有大道：必忠信以得之，骄泰以失之。

生财有大道，生之者众，食之者寡，为之者疾，用之者舒，则财恒足矣。仁者以财发身，不仁者以身发财。未有上好仁而下不好义者也，未有好义其事不终者也，未有府库财非其财者也。孟献子曰："畜马乘不察于鸡豚，伐冰之家不畜牛羊，百乘之家不畜聚敛之臣，与其有聚敛之臣，宁有盗臣。"此谓国不以利为利，以义为利也。长国家而务财用者，必自小人矣。彼为善之，小人之使为国家，菑害并至。虽有善者，亦无如之何矣！此谓国不以利为利，以义为利也。

附录二

《大学》相关人物名录

伏 羲 又名宓羲、庖牺、包牺、伏戏，亦称牺皇、皇羲，《史记》中称伏牺，古代传说中的中华民族人文始祖，位居"三皇之首""百王之先"，在后世被官方称为"太昊伏羲氏"，亦有青帝太昊伏羲一说。相信他根据天地间阴阳变化之理，创造八卦，开启中华民族的文化之源。

神 农 又称神农氏，即炎帝，古代传说中的华夏"三皇"之一，被世人尊称为"药王""五谷王""五谷先帝""神农大帝""地皇"，有"神农尝百草"的传说。相信他教人医疗与农耕，被医馆、药行视为守护神。

黄 帝 中国远古时代华夏部落联盟首领，"五帝"之首，被尊为中华"人文初祖"，本姓公孙，后改姬姓，故称姬轩辕，居轩辕之丘，号轩辕氏，建都于有熊，亦称有熊氏，也有人称之为"帝鸿氏"，史载黄帝因有土德之瑞，故号黄帝。他以统一华夏部落与征服东夷、九黎族而统一中华的伟绩载入史册。

后 稷 姬姓，名弃，天帝之子，母姜嫄，生于稷山（今山西稷山），周朝始祖，尧舜时期掌管农业，教民耕种，被称为稷王、稷神或农神。

尧 儒家推崇的古帝，名放勋，号陶唐，史称唐尧，传说中父系氏族社会后期部落联盟首领，经推选而继承帝位，后"禅让"帝位于舜，儒家经典称尧舜时代为"大同"之世。

舜 名重华，有虞氏，史称虞舜，相传曾耕于历山，被尧举用后，选贤与能，天下大治，尧舜时代成为"大同"之世，后"禅让"帝位于禹，被儒家誉为盛德之君。

禹 夏朝开国君主，相传受舜命治理洪水，疏导为主，三过家门而不入，

"卑宫室而尽力乎沟洫"，颇得孔子赞誉，继舜为帝后，号夏后，定九州，国家规模初具。

桀　夏桀，又名癸、履癸，夏朝末代君主，相传，夏桀暴虐，商汤兴兵讨伐，将其流放南巢（今安徽巢湖），相传他是夏朝最后一个君王，为历史上著名的暴君。

汤　商朝开国之君，亦称天乙、成汤，子姓，名履，灭夏建商，吊民伐罪，功参天地，泽被生民，为儒家所称道。

伊 尹　商汤的辅相，姓伊，名挚，尹为官名，商朝政治家、思想家，曾佐汤灭夏兴商，且辅佐汤、外丙、仲壬、太甲、沃丁五主，洞察民情，整顿吏治，竭尽忠诚，受到孔子推崇，被孟子誉为"圣之任者"，据传曾作《尚书》中《大甲》《汤誓》等篇，他曾流放早年昏庸之君太甲，促使其改过自新，成为千古美谈。

大 甲　即太甲，商朝第四位国王，商汤嫡长孙，姓子，名曰至，前1582年至前1570年在位，继位后三年，不守先祖法度，伊尹将其放逐到桐宫守丧三年，悔过自新后，伊尹迎其复位，作《大甲》进言以诫之。

纣　（？—约前1046）即商纣王，帝辛，帝乙少子，本名受德，商朝第三十代君主，都于沫，改沫邑为朝歌（今河南淇县），继位初期，重视农桑，发展社会生产，东扩疆域，后期残暴无道，失去人心，周武王兴兵讨伐，纣自焚身亡。

大 王　即太王，指周武王的曾祖父古公亶父，姬姓，名亶父，古"豳"（今陕西旬邑）人，积德行义，人皆拥戴之，成为周王朝奠基人，传位于季历，季历又传位于周文王姬昌，周武王姬发在位时尊古公亶父为周太王。

王 季　周太王古公亶父少子（三子），周文王姬昌之父，姓姬，名季历，又作王季、公季，继位后承古公遗道，与商贵族任氏通婚，积极吸收商文化，不断扩张军事实力，商王文丁时受封为"牧师"，成为西方诸侯之长，后因权重遭忌，为商王文丁所杀。

文 王　即周文王，西周奠基者，姓姬，名昌，公季之子，封西伯，晚年称文王，遵后稷、公刘之业，则古公、公季之法，笃仁，敬老，慈少，礼下贤者，士多归之，以其"至德"成为儒家推崇的圣君。

武　王　即周武王，周文王次子，姓姬，名发，师修文王绪业，恭行天之罚，牧野灭商，散财惠民，万姓悦服，成为西周王朝的建立者，并赢得儒家称道。

周　公　西周政治家，周文王第四子，姓姬，名旦，采邑在周（今陕西岐山北），称"周公"，辅佐武王伐纣，制礼作乐，敬德保民，深得孔子景仰，后世称其为"元圣"。

康　叔　又称卫康叔、康叔封，姓姬，卫氏，名封，周文王与正妻太姒所生第九子，周武王同母弟，初封畿内之地康国（今河南禹州西北），周成王即位后，因参与平定三监叛乱有功，改封于殷商故都朝歌（今河南淇县），建立卫国，成为卫国第一任国君。康叔赴任时，其兄周公旦作《康诰》等，作为康叔治国之策。

宋闵公　（？—前682）子姓，宋氏，名捷，宋庄公之子，春秋时期宋国第十七任国君，前691年即位，前682年因积怨被南宫长万所杀，之后，其弟公子游被拥立为君。

宋桓公　（？—前651）子姓，宋氏，名御说，宋庄公之子，宋闵公之弟，春秋时期宋国第十九任国君，公子游被杀后，前681年，公子御说被拥立为君，是为宋桓公，前651年，宋桓公去世，太子兹甫继位，是为宋襄公。

鲁庄公　（前706—前662）姬姓，名同，鲁桓公之子，春秋鲁国第十六任君主，在位32年（前693—前662），知人善任，虚心纳谏，取信于民，曾赢得长勺之战。

狐　偃　（约前715—前629）姬姓，狐氏，字子犯，晋文公的舅舅，又称舅犯、咎犯、白犯，出身戎狄部落，其父狐突，在晋武公时出仕晋国，武公之子晋献公娶狐突的女儿，生重耳和夷吾，因骊姬之乱曾与重耳一同流亡中原19年，辅助重耳成为国君晋文公，作为上军将帮助晋文公成为霸主。

秦穆公　（前682—前621）一作秦缪公，嬴姓，赵氏，名任好，秦德公少子，秦宣公、秦成公之弟，缪氏先祖，春秋时期秦国国君，前659年至前621年在位，被《史记》认定为春秋五霸之一，曾协助晋文公回到晋国夺取君位，以实现秦晋之好。

晋文公 （约前 671—前 628）姬姓，名重耳，是春秋时期晋国的第二十二任君主，前 636 年至前 628 年在位，晋献公之子，文治武功卓著，是春秋五霸中第二位霸主，与齐桓公并称"齐桓晋文"。

臧文仲 （？—前 617）姬姓，臧氏，名辰，谓臧孙辰，谥文，故死后又称臧文仲，春秋时鲁大夫，世袭司寇，执礼以护公室。

晋灵公 （前 624—前 607）姬姓，名夷皋，晋文公之孙，晋襄公之子，春秋时期晋国国君，前 620 年至前 607 年在位，喜好声色，宠信屠岸贾，不行君道，不听劝谏，荒淫无度，民不聊生，终遭赵穿杀害。

楚庄王 （？—前 591）芈姓，熊氏，名旅，楚穆王之子，春秋时期楚国国君，前 613 年至前 591 年在位，重用伍举、苏从等忠臣，扩展势力，任用孙叔敖为令尹，充实国力，问鼎中原，成为春秋五霸之一。

孟献子 （？—前 554）春秋时鲁国贤大夫，姬姓，名蔑，谥号献，孟孙氏第五代宗主，孟文伯之子，历仕鲁宣公、成公、襄公三朝，简朴廉明，知人善任，收养很多文臣武士，开后世养士之风，内政外交均有重要贡献。

祁　奚 （前 620—前 545）姬姓，祁氏，名奚，字黄羊，春秋时晋国人，因食邑于祁（今山西祁县），遂为祁氏，曾任晋国中军尉，为四朝元老，忠公体国，急公好义，誉满朝野，深受爱戴，今山西盂县、祁县有祁大夫庙。

叔　向 （生卒年不详）复姓羊舌，名肸（xī），字叔向，又称叔肸、杨肸，春秋时期晋国大夫，历仕晋悼公、晋平公、晋昭公三世，与郑国子产、齐国晏婴齐名，与老子同时，是老子贵柔思想的信奉者，为人正直，公正执法，深受孔子赞许。

晋平公 （？—前 532）姬姓，名彪，晋悼公之子，春秋时期晋国国君，前 557 年至前 532 年在位，即位初期，再度恢复晋国霸业，后期大权旁落至六卿，留下"秉烛而学""祁黄羊荐贤""师旷撞平公"等典故。

子　罕 （生卒年不详）子姓，乐氏，一说名乐喜，字子罕，春秋时期宋国人，宋国贤臣，在宋平公（前 575—前 532）时任司城，位列六卿，乐善好施，以不贪为宝。

晏　子 （前 578—前 500）名婴，字仲，谥号"平"，史称晏子或晏平仲，齐国上大夫晏弱之子，夷维（今山东高密）人，春秋时期政治家、思想家、外交家，历仕齐灵公、庄公、景公三朝，辅政长达 50 余年，以有政治远见、外交才能和作风朴素闻名诸侯。

齐景公 （？—前 490）姜姓，吕氏，名杵臼，齐灵公之子，齐庄公之弟，春秋时期齐国君主，任用晏婴等名相，在位 58 年，国内政局相对稳定，是齐国执政时间最长的一位国君。

孔 子 （前 551—前 479）春秋末期鲁国陬邑（今山东曲阜东南）人，中国古代伟大的思想家、教育家，开私人办学先河，创立儒家学派，删《诗》《书》，定《礼》《乐》，赞《周易》，修《春秋》，其思想主要反映在《论语》之中，被后世尊奉为"大成至圣先师""万世师表"。

赵简子 （？—前 476）原名赵鞅，又名志父，亦称赵孟，春秋时期晋国大夫，《赵氏孤儿》中的孤儿赵武之孙，战国时代赵国基业的开创者，郡县制社会改革的积极推动者，先秦法家思想的实践者。

曾 子 （约前 505—前 423）姓曾，名参（shēn），字子舆，春秋末鲁国南武城（今山东费县）人，孔子弟子，少孔子四十六岁，深悟夫子"忠恕"之道，以修身孝亲闻名于世，相传作《大学》《孝经》，被后世尊称为"宗圣"。

孔 伋 （前 483—前 402）战国时期思想家，孔子嫡孙，字子思，鲁国人，思孟学派代表人物，相传作《中庸》《表记》《坊记》，收入《礼记》中，被后世尊称为"述圣"。

魏文侯 （前 472—前 396）姬姓，魏氏，名斯，安邑（今山西夏县）人，战国时期魏国开国君主，礼贤下士，师事儒门子弟子夏、田子方、段干木，任用李悝、翟璜为相，乐羊、吴起为将，富国强兵，开拓疆土，使魏国成为中原霸主。

齐威王 （前 378—前 320）妫姓，田氏，名因齐，战国时期田齐第四代国君，以善于纳谏用能、励志图强而名著史册，任用邹忌为相，田忌为将，孙膑为军师，国力日强，在国都临淄稷门外修建稷下学宫，广招天下贤士议政讲学，成为当时的学术文化中心。

孟 子 （约前 372 年—前 289）战国时期著名思想家、教育家，名轲，字子舆，邹国（今山东邹城）人，受业于孔子之孙子思之门人，与弟子序《诗》《书》、述仲尼之意而作《孟子》，形成"思孟学派"，成为继孔子之后的儒学大师，被后世尊称为"亚圣"，与孔子并称"孔孟"。

万　章　（生卒年不详）战国时期人，孟子弟子，一生追随孟子，孟子"退而与万章之徒，序《诗》《书》，述仲尼之意，作孟子七篇"（《史记·孟子荀卿列传》），宋徽宗政和五年（1115年），诏封万章为博兴伯，在孟庙西庑正中设木主祭祀。

公孙丑　（生卒年不详）战国时期齐国人，孟子弟子，曾与万章等著《孟子》一书，宋徽宗政和五年（1115年），诏封公孙丑为寿光伯。

孟尝君　（？—前279）妫姓，田氏，名文，"战国四公子"之一，战国时期齐国贵族，齐威王田因齐之孙，因封袭其父爵于薛（今山东滕州一带），又称薛公，号孟尝君，在封地薛邑广招各国人才，门下有食客数千。

冯　谖　（生卒年不详）战国时齐国人，孟尝君门下的食客之一，深谋远虑，为孟尝君效力，使其政治事业久盛不衰。

荀　子　（约前313—前238）名况，字卿，时人尊称"荀卿"，西汉时因避汉宣帝刘询讳，又称孙卿，战国末期赵国人，著名思想家、教育家、政治家，曾三次出任齐国稷下学宫祭酒，后为楚兰陵（位于今山东兰陵）令，著有《荀子》，对儒家思想有所发展。

陈　平　（？—前178）阳武户牖乡人，西汉开国功臣，历任魏王咎的太仆，项羽的都尉，刘邦的护军中尉，惠帝、吕后、文帝三朝丞相，因功先后受封为户牖侯和曲逆侯，死后谥献侯，荣耀一生，可谓"善始善终"。

司马迁　（约前145—前89）西汉历史学家，字子长，司马谈之子，汉左冯翊夏阳（今陕西韩城）人，任太史令，因替李陵败降之事辩解而受官刑，后任中书令，著有史学巨著《史记》，推崇孔子为"至圣"。

戴　德　（生卒年不详）西汉礼学家，今文礼学"大戴学"开创者，曾选集古代各种有关礼仪的论述编成《大戴礼记》八十五篇。

戴　圣　（生卒年不详）西汉礼学家，汉代今文经学的开创者，删《大戴礼记》为四十六篇，谓之《小戴礼记》。

汉明帝　（28—75）即刘庄，光武帝刘秀第四子，东汉第二位皇帝，57年至75年在位，提倡儒学，注重刑名文法，命窦固征伐北匈奴，班超出使西域，复置西域都护，将佛教引进中国，在位期间吏治清明，社会安定。

贾　逵　（30—101）字景伯，东汉著名经学家、天文学家，扶风平陵（今陕西咸阳西北）人，曾任侍中，汉明帝时作《春秋左传解诂》《国语解诂》，力斥术数谶纬之学，汉章帝时屡次奏称《古文尚书》与《尔雅》相应，提高了古文经学的地位，"学者宗之"，教授许慎、崔瑗等人，被称为"通儒"。

班 固 （32—92）字孟坚，扶风安陵（今陕西咸阳东北）人，东汉著名史学家、文学家，出身儒学世家，在其父班彪《史记后传》基础上历时二十余年撰写《汉书》，成为继《史记》之后中国古代又一部重要史书，所撰《两都赋》开创了京都赋的范例，所编撰《白虎通义》集当时经学之大成。

明德皇后（39—79）马氏，扶风茂陵（今陕西兴平东北）人，马援将军之女，汉明帝刘庄的皇后，以俭朴自奉、待人和善、约束外家著称，谥号明德，与汉明帝合葬于显节陵，著有《显宗起居注》一书，开创了"起居注"这一史书体例。

汉章帝 （57—88）即刘炟，汉明帝刘庄第五子，东汉第三位皇帝，谥号孝章皇帝，庙号肃宗，葬于敬陵，明、章两帝承继光武施政方针，励精图治，使文治、武功都有显著成就，故史称"明章之治"。

刘 宠 （生卒年不详）字祖荣，东莱牟平（今山东省烟台市牟平区）人，东汉大臣，汉室宗亲，年轻时因通晓经学被举荐为孝廉，出任东平陵县令，有仁惠之政，担任会稽太守政绩卓著，有"一钱太守"之誉，官至司空、司徒、太尉，每次罢官后都回到家乡，最后得以寿终。

马 融 （79—166）字季长，扶风茂陵（今陕西兴平东北）人，东汉名将马援的从孙，著名经学家，历任校书郎、议郎、南郡太守等职，注书甚多，尤长于古文经学，设帐授徒，卢植、郑玄等都是其门徒，唐代配享孔子，宋代被追封为扶风伯。

郑 玄 （127—200）字康成，北海高密（今山东高密西南）人，东汉末年经学家，遍注群经，集汉代经学之大成，世称"郑学"。他以《张侯论》为依据，参考《齐论语》《古论语》作《论语注》，由此演变成为今日《论语》通行本，共20篇，所注群经以《毛诗笺》《三礼注》影响较大，还注有《周易》《尚书》等。

羊 续 （142—189）字兴祖，兖州泰山郡平阳县（今山东新泰东南）人，东汉大臣，历任扬州庐江郡太守、荆州南阳郡太守，有"悬鱼太守"之称，为中国历史上著名廉吏。

诸葛亮 （181—234）字孔明，号卧龙（也作伏龙），徐州琅琊阳都（今山东沂南）人，三国时期蜀汉丞相，杰出的政治家、军事家、外交家、散文家、书法家，代表作有《出师表》《诫子书》。

孔颖达 （574—648）唐代经学家，字仲远，冀州衡水（今河北衡水）人，通经学，与魏徵撰《隋史》，奉命与颜师古等考订《五经》，合撰《五经正义》，颁行全国，作为科举取士的依据。

魏　徵 （580—643）字玄成，唐朝政治家、思想家、文学家和史学家，官至光禄大夫，封郑国公，谥号"文贞"，直言进谏，辅佐唐太宗共创"贞观之治"，被后人称为"一代名相"，著有《隋书》序论、《谏太宗十思疏》等，合编《群书治要》，《贞观政要》中多有其言论。

唐太宗 （598—649）即李世民，唐朝第二位皇帝，对内以文治天下，虚心纳谏，厉行节约，劝课农桑，使百姓休养生息，开创贞观之治，对外开疆拓土，各民族融洽相处，为后来唐朝一百多年的盛世奠定重要基础，庙号太宗，葬于昭陵。

韩　愈 （768—824）唐代文学家、儒学家，开宋明理学先河的思想家，字退之，世称韩昌黎、韩吏部，邓州南阳（今河南孟州）人，继承儒学传统，推崇儒家道统，著有《昌黎先生集》。

李　翱 （772—841）唐代思想家、文学家，字习之，陕西成纪（今甘肃秦安北）人地，自幼勤于儒学，博雅好古，与韩愈共注《论语笔解》，主要著述有《复性论》《李文公集》。

欧阳修 （1007—1072）北宋政治家、史学家、文学家，字永叔，自号"醉翁"，晚年自号"六一居士"，谥文忠，庐陵吉水（今江西吉水）人，主要著述有《毛诗本义》《集古录》，自编《居士集》，后人辑有《欧阳文忠集》。

王拱辰 （1012—1085）原名拱寿，字君贶，北宋开封府咸平（今河南通许）人，北宋仁宗天圣八年（1030年）进士第一，受赐《大学》篇一轴，《大学》遂益流传，曾上言"愿陛下垂意六经，旁采史册"，著有《文集》70卷，今已散佚。

周敦颐 （1017—1073）北宋思想家，理学（亦称道学）先驱，"濂学"创始人，字茂叔，道州营道（今湖南道县）人，晚年定居庐山莲花峰下，建濂溪书堂，世称"濂溪先生"，主要著述有《太极图说》《通书》，后人编有《周子全书》。

司马光（1019—1086）北宋政治家、思想家、史学家，字君实，陕州夏县（今山西夏县）涑水乡人，世称"涑水先生"，谥文正，追封温国公，后人称"司马文正公""司马温公"，主要著述有《资治通鉴》《易学》《家范》，作《大学广义》《中庸广义》。

张　载（1020—1077）北宋理学家，"关学"创始人，字子厚，凤翔郿县（今陕西眉县）横渠镇人，精研《周易》，倡导《中庸》，主要著述有《正蒙》《横渠易说》《经学理窟》《张子语录》，收辑于《张子全书》或《张载集》中。

程　颢（1032—1086）北宋理学家，字泊淳，号明道，世称"明道先生"，与其弟程颐同学于周敦颐，世称"二程"。二程久居洛阳讲学，故其学称为"洛学"。主要著述有《明道先生文集》《二程遗书》《二程外书》《二程粹言》。

程　颐（1033—1107）北宋理学家，字正叔，号伊川，世称"伊川先生"，重要著作有《伊川先生文集》《伊川经说》《二程遗书》《二程外书》《二程粹言》。

吕大临（1040—1092）北宋理学家，字与叔，京兆蓝田（今陕西蓝田）人，先后学于张载、程颐等，与谢良佐（1050—1103）、游酢（1053—1123）、杨时（1053—1135）并称"程门四先生"，博通"六经"，尤精于《礼》，主要著述有《礼记传》《考古图》。

赵善应（1118—1177）南宋藏书家，字彦远，号幸庵，居于余干（今属江西），宋太宗七世孙，曾任修武郎、江西兵马都监，能体察民情，以孝亲闻名于世，著有《唐书遗录》《幸庵见闻录》《台州劝谕婚葬文》。

朱　熹（1130—1200）南宋思想家、教育家，"闽学"创始人，理学集大成者，字元晦，后改为仲晦，晚称晦庵，别号紫阳，谥文，世称朱文公，祖籍徽州婺源（今江西婺源），生于南剑州尤溪（今福建尤溪），继承发扬儒学，适当吸收道佛思想，形成"新儒学"思想体系，与二程理学合称"程朱理学"，主要著作有《太极图说解》《四书章句集注》《四书或问》等。

陆九渊 （1139—1193）南宋理学家，"心学"创始人，字子静，自号"象山翁"，学者称"象山先生"，抚州金溪（今江西金溪）人，其心学主旨为：明理、立心、做人，在南宋学术领域独树一帜，主要著述有《象山全集》，后整理为《陆九渊集》。

喻　樗 （？—1180）南宋理学家，字子才，号湍石，建炎三年（1129年）进士，历任秘书省正字，兼史官校勘，怀宁知县，衡州通判，大宗正丞，工部员外郎，蕲州知州，浙东提举常平，治绩显著，主要著述有《中庸大学论语解》《玉泉语录》。

卫　湜 （生卒年不详）南宋学者，字正叔，学者称栎斋先生，昆山人，好古博学，开禧、嘉定间（1205—1224）集《礼记》诸家传注，为一百六十卷，名曰《礼记集说》。

真德秀 （1178—1235）南宋理学家，字景元，后改为希元，学者称"西山先生"，建宁浦城（今福建浦城）人，推崇《大学》，祖述朱熹"穷理持敬"思想，视之为"正心修身"之术，主要著述有《大学衍义》《四书集编》《西山文集》。

许　衡 （1209—1281）字仲平，号鲁斋，世称"鲁斋先生"，祖籍怀庆路河内县（今河南沁阳），金末元初著名理学家、教育家、政治家，曾任职集贤大学士兼国子祭酒，皇庆二年（1313年）从祭孔庙，著有《读易私言》《鲁斋遗书》等。

王应麟 （1223—1296）南宋末年政治人物和经史学者，字伯厚，号深宁居士，祖籍河南开封，后迁居庆元府鄞县（今浙江省宁波市鄞州区），对经史子集、天文地理都有研究，主要著述有《困学纪闻》《诗考》《玉海》《三字经》。

金履祥 （1232—1303）元代理学家，字吉父，学者称仁山先生，浙江兰溪人，主要著述有《通鉴前编》《尚书表注》《论语集注考证》《大学章句疏义》《孟子集注考证》。

黎立武 （1243—1310）字以常，号寄翁，江西新余人，于新余蒙山建"蒙峰书院"，收徒讲学，前来受业者甚多，文天祥敬佩其大名，称"震荡以来，吾江西一佛出世，引领愿拜"，主要著述有《大易元通说》《大学本旨》《中庸指归》《中庸分章》《大学发微》。

许　谦　（1269—1337）元代理学家，字益之，自号"白云山人"，世称"白云先生"，浙江金华人，与南宋北方理学家许衡并称南北二许，主要著述有《读四书丛说》《读书丛说》《诗集传名物钞》《治忽几微》《白云集》。

王阳明　（1472—1529）明代理学家，宋明时期心学集大成者，原名云，后更名守仁，字伯安，别号阳明子，学者称"阳明先生"，浙江余姚人，倡导"致良知"，主张"知行合一"，其著述辑为《王文成公全书》，其中《传习录》《大学问》为主要著作。

郑　晓　（1499—1566）明代学者，字窒甫，号淡泉，浙江海盐人，通经术，谥端简，主要著述有《禹贡图说》《吾学编》《大学源流》《端简文集》。

张居正　（1525—1582）字叔大，号太岳，湖北江陵（今湖北荆州）人，时人又称张江陵，明朝中后期政治家、改革家，万历年间任内阁首辅，辅佐皇帝朱翊钧开创了"万历新政"，著有《张太岳集》《大学直解》《书经直解》《帝鉴图说》等。

李　贽　（1527—1602）明代思想家，号卓吾、笃吾等，泉州晋江（今属福建）人，反对将儒家经典当作万古不变的教条，主张"尧舜与途人一，圣人与凡人一"，主要著述有《藏书》《焚书》《童心说》《四书评》。

王夫之　（1619—1692）明清之际哲学家，字而农，号薑斋，衡阳（今属湖南）人，学者称"船山先生"，主张"行先知后"，主要著述有《船山遗书》，其中有《周易外传》《尚书引义》《读四书大全说》《思问录》。

陆陇其　（1630—1692）清初理学家，初名龙其，字稼书，浙江平湖人，推崇程朱，力辟阳明，力主居敬穷理，主要著述有《三鱼堂文集》《古文尚书考》《四书讲义困勉录》《读朱随笔》《读礼志疑》。

阎若璩　（1638—1704）清初经学家，字百诗，号潜邱，学者称"潜邱先生"，山西太原人，迁居江苏淮安，考据学发轫之初的重要代表人物，主要著述有《古文尚书疏证》《四书释地》《孟子生平卒月考》。

李光地　（1642—1718）清代理学家，字晋卿，号厚庵，福建安溪人，主要著述有《周易通论》《尚书解义》《论语孟子剳记》《大学古本说》《中庸余论》，编有《二程遗书》《朱子语类四纂》《朱子大全》。

李　塨　（1659—1733）清初思想家，字刚主，号恕谷，河北蠡县人，师于颜元，共倡实学，世称"颜李学派"，主要著述有《论语传注问》《大学辨业》《中庸传注问》《圣经学规纂》，后人编入《颜李遗书》。

翟　灏　（1712—1788）清藏书家、学者，字大川，改字晴江，自号巢翟子，仁和（今浙江杭州）人，乾隆十九年（1754年）进士，官金华、衢州府学教授，著有《四书考异》《尔雅补郭》《通俗编》《周书考证》等。

孙星衍　（1753—1818）清代著名藏书家、目录学家、经学家、书法家，字伯渊、渊如，号伯渊，阳湖（今江苏武进）人，集古今各经学家成就，刊成《尚书古今文注疏》，撰辑《周易集解》《孔子集语》等。

陈　澧　（1810—1882）清代经学家，字兰甫，号东塾，广东番禺人，任学海堂学长数十年，晚年讲学于菊坡精舍，重义理，主要著述有《汉儒通义》《东塾读书记》。

曾国藩　（1811—1872）清末政治家，原名子城，字伯涵，号涤生，湖南湘乡人，以孔孟道统继承者自诩，立倡宋学，兼及汉学，坚持"中学为体，西学为用"，谥文正，主要著述编为《曾文正公全集》《曾国藩家书》《曾国藩家训》。

刘　蓉　（1816—1873）字孟容，号霞仙，湖南湘乡人，晚清桐城派文学家、理学家、湘军重要幕僚，主要著述有《思辨录疑义》《养晦堂诗文集》。

钱基博　（1887—1957）字子泉，别号潜庐，江苏无锡人，古文学家、教育家，主要著述有《国学文选类纂》《国学必读》《周易解题及其读法》《四书解题及其读法》《经学通志》。

梅贻琦　（1889—1962）现代教育家，字月涵，生于天津，祖籍江苏武进，1931年至1948年间任清华大学校长，1955年在台湾新竹创建清华大学并任校长，主要著述有《大学一解》。

蒋伯潜　（1892—1956）名起龙，又名尹耕，浙江富阳人，现代经学家、文献学家，主要著述有《经与经学》《十三经概论》《经学纂要》《诸子通考》《诸子学纂要》《四书读本》。

钱　穆　（1895—1990）现代史学家、儒学家、教育家，原名恩鎔，字宾四，祖籍江苏无锡，主要著述有《先秦诸子系年》《秦汉史》《两汉经学今古文平议》《中国近三百年学术史》《国学概论》《国史大纲》《中国文化史导论》《文化学大义》《孔子传》《论语新解》《孟子研究》《四书释义》。

冯友兰（1895—1990）现代哲学家、哲学史家，新理学体系创立者，字芝生，河南唐河人，主要著述有《人生哲学》《新理学》《新事论》《新世训》《新原人》《新原道》《新知言》《中国哲学史》《中国哲学简史》《中国哲学史新编》《三松堂自序》。

南怀瑾（1918—2012）生于浙江温州，中国当代诗文学家、佛学家、教育家，历任台湾政治大学、台湾辅仁大学及中国文化大学教授，代表作有《论语别裁》《孟子旁通》《原本大学微言》《易经杂说》《老子他说》《禅海蠡测》。

黄　济（1921—2015）当代教育学家，原名于鸿德，山东即墨人，主要著述有《中国传统教育哲学思想概论》《教育哲学通论》《国学十讲》《雪泥鸿爪》《诗词学步》《黄济口述史》，主编《中国教育传统与教育现代化基本问题研究》《中华文化经典导读丛书》等。

附录三

《中庸》全文诵读

第一章

天命之谓性，率性之谓道，修道之谓教。

道也者，不可须臾离也，可离非道也。是故君子戒慎乎其所不睹，恐惧乎其所不闻，莫见乎隐，莫显乎微，是故君子慎其独也。

喜怒哀乐之未发谓之中，发而皆中节谓之和。中也者，天下之大本也；和也者，天下之达道也。致中和，天地位焉，万物育焉。

第二章

仲尼曰："君子中庸，小人反中庸。君子之中庸也，君子而时中。小人之中庸也，小人而无忌惮也。"

第三章

子曰："中庸其至矣乎，民鲜能久矣！"

第四章

子曰："道之不行也，我知之矣，知者过之，愚者不及也。道之不明也，我知之矣。贤者过之，不肖者不及也。人莫不饮食也，鲜能知味也。"

第五章

子曰："道其不行矣夫！"

第六章

子曰："舜其大知也与！舜好问而好察迩言，隐恶而扬善，执其两端，用其中于民，其斯以为舜乎！"

第七章

子曰："人皆曰予知，驱而纳诸罟、擭、陷阱之中，而莫之知辟也。人皆曰予知，择乎中庸，而不能期月守也。"

第八章

子曰："回之为人也，择乎中庸，得一善，则拳拳服膺而弗失之矣。"

第九章

子曰："天下国家可均也，爵禄可辞也，白刃可蹈也，中庸不可能也。"

第十章

子路问强。子曰："南方之强与？北方之强与？抑而强与？宽柔以教，不报无道，南方之强也，君子居之。衽金革，死而不厌，北方之强也，而强者居之。故君子和而不流，强哉矫！中立而不倚，强哉矫！国有道，不变塞焉，强哉矫！国无道，至死不变，强哉矫！"

第十一章

子曰："素隐行怪，后世有述焉，吾弗为之矣。君子遵道而行，半涂而废，吾弗能已矣。君子依乎中庸，遁世不见知而不悔，唯圣者能之。"

第十二章

君子之道费而隐。夫妇之愚，可以与知焉，及其至也，虽圣人亦有所不知焉；夫妇之不肖，可以能行焉，及其至也，虽圣人亦有所不能焉。天地之大也，人犹有所憾。故君子语大，天下莫能载焉；语小，天下莫能破焉。《诗》云："鸢飞戾天，鱼跃于渊。"言其上下察也。君子之道，造端乎夫妇；及其至也，察乎天地。

第十三章

子曰："道不远人，人之为道而远人，不可以为道。《诗》云：'伐柯伐柯，其则不远'。执柯以伐柯，睨而视之，犹以为远。故君子以人治人，改而止。忠恕违道不远，施诸己而不愿，亦勿施于人。君子之道四，丘未能一焉：所求乎子，以事父，未能也；所求乎臣，以事君，未能也；所求乎弟，以事兄，未能也；所求乎朋友，先施之，未能也。庸德之行，庸言之谨，有所不足不敢不勉，有余不敢尽，言顾行，行顾言，君子胡不慥慥尔？"

第十四章

君子素其位而行，不愿乎其外。素富贵，行乎富贵；素贫贱，行乎贫贱；素夷狄，行乎夷狄；素患难，行乎患难。君子无入而不自得焉。在上位不陵下，在下位不援上，正己而不求于人，则无怨。上不怨天，下不尤人。故君子居易以俟命，小人行险以徼幸。子曰："射有似乎君子，失诸正鹄，反求诸其身。"

第十五章

君子之道，辟如行远必自迩，辟如登高必自卑。《诗》曰："妻子好合，如鼓瑟琴。兄弟既翕，和乐且耽。宜尔室家，乐尔妻帑。"子曰： "父母其顺矣乎！"

第十六章

子曰："鬼神之为德，其盛矣乎！视之而弗见，听之而弗闻，体物而不可遗。使天下之人齐明盛服，以承祭祀。洋洋乎如在其上，如在其左右。《诗》曰：'神之格思，不可度思！矧可射思！'夫微之显，诚之不可揜，如此夫！"

第十七章

子曰："舜其大孝也与！德为圣人，尊为天子，富有四海之内，宗庙飨之，子孙保之。故大德必得其位，必得其禄，必得其名，必得其寿。故天之生物，必因其材而笃焉。故栽者培之，倾者覆之。《诗》曰：'嘉乐君子，宪宪令德。宜民宜人，受禄于天。保佑命之，自天申之。'故大德者必受命。"

第十八章

子曰："无忧者其惟文王乎！以王季为父，以武王为子。父作之，子述之。

武王缵大王、王季、文王之绪，壹戎衣而有天下。身不失天下之显名，尊为天子，富有四海之内，宗庙飨之，子孙保之。

武王末受命，周公成文武之德，追王大王、王季，上祀先公以天子之礼。斯礼也，达乎诸侯大夫，及士庶人。父为大夫，子为士，葬以大夫，祭以士。父为士，子为大夫，葬以士，祭以大夫。期之丧，达乎大夫。三年之丧，达乎天子。父母之丧，无贵贱一也。"

第十九章

子曰："武王、周公，其达孝矣乎！夫孝者，善继人之志，善述人之事者也。

春秋修其祖庙，陈其宗器，设其裳衣，荐其时食。宗庙之礼，所以序昭穆也。序爵，所以辨贵贱也。序事，所以辨贤也。旅酬下为上，所以逮贱也。燕毛，所以序齿也。践其位，行其礼，奏其乐，敬其所尊，爱其所亲，事死如事生，事亡如事存，孝之至也。

郊社之礼，所以事上帝也。宗庙之礼，所以祀乎其先也。明乎郊社之礼，禘尝之义，治国其如示诸掌乎！"

第二十章

哀公问政。子曰："文武之政，布在方策。其人存，则其政举；其人亡，则其政息。人道敏政，地道敏树。夫政也者，蒲卢也。故为政在人，取人以身，修身以道，修道以仁。仁者人也，亲亲为大。义者宜也，尊贤为大。亲亲之杀，尊贤之等，礼所生也。在下位不获乎上，民不可得而治矣。故君子不可以不修身。思修身，不可以不事亲；思事亲，不可以不知人；思知人，不可以不知天。"

天下之达道五，所以行之者三。曰：君臣也，父子也，夫妇也，昆弟也，朋友之交也。五者，天下之达道也。知、仁、勇三者，天下之达德也。所以行之者一也。或生而知之，或学而知之，或困而知之，及其知之一也；或安而行之，或利而行之，或勉强而行之，及其成功一也。子曰："好学近乎知，力行近乎仁，知耻近乎勇。知斯三者，则知所以修身；知所以修身，则知所以治人；知所以治人，则知所以治天下国家矣。"

"凡为天下国家有九经，曰：修身也，尊贤也，亲亲也，敬大臣也，体群臣也，子庶民也，来百工也，柔远人也，怀诸侯也。

"修身则道立，尊贤则不惑，亲亲则诸父、昆弟不怨，敬大臣则不眩，体群臣则士之报礼重，子庶民则百姓劝，来百工则财用足，柔远人则四方归之，怀诸侯则天下畏之。

"齐明盛服，非礼不动，所以修身也；去谗远色，贱货而贵德，所以劝贤也；尊其位，重其禄，同其好恶，所以劝亲亲也；官盛任使，所以劝大臣也；忠信重禄，所以劝士也；时使薄敛，所以劝百姓也；日省月试，既廪称事，所以劝百工也；送往迎来，嘉善而矜不能，所以柔远人也；继绝世，举废国，治乱持危，朝聘以时，厚往而薄来，所以怀诸侯也。"

"凡为天下国家有九经，所以行之者一也。凡事豫则立，不豫则废。言前定则不跲，事前定则不困，行前定则不疚，道前定则不穷。

"在下位不获乎上，民不可得而治矣。获乎上有道，不信乎朋友，不获乎上矣。信乎朋友有道，不顺乎亲，不信乎朋友矣。顺乎亲有道，反诸身不诚，不顺乎亲矣。诚身有道，不明乎善，不诚乎身矣。

"诚者，天之道也；诚之者，人之道也。诚者，不勉而中，不思而得，从容中道，圣人也。诚之者，择善而固执之者也。"

"博学之，审问之，慎思之，明辨之，笃行之。有弗学，学之弗能，弗措也；有弗问，问之弗知，弗措也；有弗思，思之弗得，弗措也；有弗辨，辨之弗明，弗措也；有弗行，行之弗笃，弗措也。人一能之，己百之，人十能之，己千之。果能此道矣，虽愚必明，虽柔必强。"

第二十一章

自诚明，谓之性；自明诚，谓之教。诚则明矣，明则诚矣。

第二十二章

唯天下至诚，为能尽其性；能尽其性，则能尽人之性；能尽人之性，则能尽物之性；能尽物之性，则可以赞天地之化育；可以赞天地之化育，则可以与天地参矣。

第二十三章

其次致曲，曲能有诚，诚则形，形则著，著则明，明则动，动则变，变则化，唯天下至诚为能化。

第二十四章

至诚之道，可以前知。国家将兴，必有祯祥；国家将亡，必有妖孽；见乎蓍龟，动乎四体。祸福将至：善，必先知之；不善，必先知之。故至诚如神。

第二十五章

诚者自成也，而道自道也。诚者，物之终始，不诚无物。是故君子诚之为贵。诚者，非自成己而已也，所以成物也。成己，仁也；成物，知也。性之德也，合外内之道也，故时措之宜也。

第二十六章

故至诚无息。不息则久，久则征，征则悠远，悠远则博厚，博厚则高明。博厚，所以载物也；高明，所以覆物也；悠久，所以成物也。博厚配地，高明配天，悠久无疆。如此者，不见而章，不动而变，无为而成。

天地之道，可一言而尽也。其为物不贰，则其生物不测。天地之道：博也，厚也，高也，明性也，悠也，久也。今夫天，斯昭昭之多，及其无穷也，日月星辰系焉，万物覆焉。今夫地，一撮土之多，及其广厚，载华岳而不重，振河海而不泄，万物载焉。今夫山，一卷石之多，及其广大，草木生之，禽兽居之，宝藏兴焉。今夫水，一勺之多，及其不测，鼋鼍蛟龙鱼鳖生焉，货财殖焉。

《诗》云："维天之命，於穆不已。"盖曰：天之所以为天也。"於乎不显，文王之德之纯。"盖曰：文王之所以为文也，纯亦不已。

第二十七章

大哉，圣人之道！洋洋乎，发育万物，峻极于天。优优大哉，礼仪三百，威仪三千，待其人而后行。故曰苟不至德，至道不凝焉。

故君子尊德性而道问学，致广大而尽精微，极高明而道中庸。温故而知新，敦厚以崇礼。是故居上不骄，为下不倍。国有道，其言足以兴；国无道，其默足以容。《诗》曰："既明且哲，以保其身。"其此之谓与？

第二十八章

子曰："愚而好自用，贱而好自专，生乎今之世，反古之道。如此者，灾及其身者也。"非天子，不议礼，不制度，不考文。今天下车同轨，书同文，行同伦。虽有其位，苟无其德，不敢作礼乐焉；虽有其德，苟无其位，亦不敢作礼乐焉。子曰："吾说夏礼，杞不足征也。吾学殷礼，有宋存焉。吾学周礼，今用之，吾从周。"

第二十九章

王天下有三重焉，其寡过矣乎！上焉者，虽善无征。无征不信，不信民弗从。下焉者，虽善不尊。不尊不信，不信民弗从。

故君子之道，本诸身，征诸庶民，考诸三王而不缪，建诸天地而不悖，质诸鬼神而无疑，百世以俟圣人而不惑。质诸鬼神而无疑，知天也；百世以俟圣人而不惑，知人也。是故君子动而世为天下道，行而世为天下法，言而世为天下则。远之则有望，近之则不厌。

《诗》曰："在彼无恶，在此无射。庶几夙夜，以永终誉。"君子未有不如此而蚤有誉于天下者也。

第三十章

仲尼祖述尧舜，宪章文武；上律天时，下袭水土。辟如天地之无不持载，无不覆帱，辟如四时之错行，如日月之代明。万物并育而不相害，道并行而不相悖，小德川流，大德敦化，此天地之所以为大也。

第三十一章

唯天下至圣，为能聪明睿知，足以有临也。宽裕温柔，足以有容也；发强刚毅，足以有执也；齐庄中正，足以有敬也；文理密察，足以有别也。

溥博渊泉，而时出之。溥博如天，渊泉如渊。见而民莫不敬，言而民莫不信，行而民莫不说。是以声名洋溢乎中国，施及蛮貊。舟车所至，人力所通，天之所覆，地之所载，日月所照，霜露所队：凡有血气者，莫不尊亲。故曰，"配天"。

第三十二章

唯天下至诚，为能经纶天下之大经，立天下之大本，知天地之化育。夫焉有所倚？肫肫其仁！渊渊其渊！浩浩其天！苟不固聪明圣知达天德者，其孰能知之？

第三十三章

《诗》曰："衣锦尚䌹"，恶其文之著也。故君子之道，暗然而日章；小人之道，的然而日亡。君子之道：淡而不厌，简而文，温而理，知远之近，知风之自，知微之显，可与入德矣。

《诗》云："潜虽伏矣，亦孔之昭！"故君子内省不疚，无恶于志。君子之所不可及者，其唯人之所不见乎？

《诗》云："相在尔室，尚不愧于屋漏。"故君子不动而敬，不言而信。

《诗》曰："奏假无言，时靡有争。"是故君子不赏而民劝，不怒而民威于鈇钺。

《诗》曰："不显惟德！百辟其刑之。"是故君子笃恭而天下平。

《诗》云："予怀明德，不大声以色。"子曰："声色之于以化民，末也。"

《诗》曰："德辑如毛。"毛犹有伦。"上天之载，无声无臭。"至矣！

附录四

《中庸》阅读参考

在结束了对《中庸》全文的注释解读之后，我们最后对读者再提一点方法论的建议和关于内容的理论思考。

宋代大儒朱熹谈"四书"的学习次第说："某要人先读《大学》，以定其规模；次读《论语》，以立其根本；次读《孟子》，以观其发越；次读《中庸》，以求古人之微妙处。"（《朱子语类》卷十四）就是说《中庸》在"四书"中最难懂，所以要放在最后读。《中庸》为什么最难呢？因为它讲的是"古人之微妙处"。什么是"微妙处"？用今天的话讲，《中庸》是儒家哲学思想的集中体现。通读此书，我们可以说它是对儒家的世界观和方法论的集中阐述。在当代社会我们学习《中庸》，主要就是要学会儒家思想家认识世界、为人处世的世界观和方法论，这些东西恰恰具有超越时空的永恒价值，可以为我们提供思想的指南和借鉴。

一、中庸是儒家朴素的辩证世界观

什么是世界观？世界观就是一种哲学体系对于世界最根本的总体看法。从世界观的高度看待《中庸》，可以说子思从如下几个方面全面概述了儒家学者对整个世界的看法。作为世界观的中庸之道是：

1. 天命率性之道

司马迁总结中国哲学的根本任务是"究天人之际，通古今之变"（《汉书·司马迁传》），可见"天人关系"和"古今关系"构成了中国哲学的根本问题。先秦儒家产生的时候，笼罩三代的国家意识形态——古代宗教刚刚瓦解，人们开始怀疑天神对人世间的主宰能力。那么天到底是什么？人类与自然是按照什么规则运行？这成为当时诸子百家争论的核心问题。《中庸》开篇便说："天命之谓性，率性之谓道，修道之谓教。"这是全书的总纲，明确地阐述了儒家整个文化体系的终极价值。孟子说："仁义礼智，非由外铄我，我固有之。"人的善良本性来自天的赐予，同时人又能够"尽其心者，知其性也。知其性，则知天矣"。这样就将天人连成一体，给了整个伦理体系一个坚实的价值基础。通过子思的"天命之谓性"和孟子的"尽心知性知天"，儒家建立了一套所谓的"内在超越"的哲学系统，不用借助宗教的超自然、超人间力量，只要通过道德修养和学习，从自身就可以获得整个学说不证自明的终极价值。这种由内而外的价值哲学，是儒家一切其他学说的思想基础。儒家的道德伦理、政治哲学、人际关系、人与自然关系等等学说，都可以通过"尽心""率性"获得。例如治国之九经，《中庸》说："凡为天下国家有九经，所以行之者一也。"朱熹注释说："一者，诚也。一有不诚，则是九者皆为虚文矣。"也就是说，修身、尊贤、亲亲、敬大臣、体群臣、子庶民、来百工、柔远人、怀诸侯九项，都需要有一颗真诚之心，心有不诚，全都是假的。反之，真心实意地进行道德修养，由此外推，治理国家也就自然可成。因为"九经"中后八项都是相对的人际关系，真诚待人就会换取对方真诚的回报。

2. 致广尽微之道

子思认为："道也者，不可须臾离也，可离则非道也。"儒家从天命之性中"率性"推出的道，只是一种宇宙间最根本的大道。万物的运行，人们的社会言行"须臾不可离"。也就是说"道"在我们身边，无时不在，无处不在，这就是所谓"君子之道费而隐"。这种大道具有"致广大而尽精微"的性质，从广大的方面讲，"虽圣人亦有所不知焉"，"虽圣人亦有所不能焉"。也就是说空间无边无沿，时间永无止境，根本没有全知全能的神仙。即使是圣人也有所不知，有所不能。但是"道"又是离人最近的，极其细小精微，"夫妇之愚，可以与知焉"，"夫妇之不肖，可以能行焉"，任何普通人只要认真学习、刻苦实践，都可以掌握这种君子之道，成为圣贤。这就是儒学与其他宗教的区别。

3. 执中守正之道

二程在解释"中庸"的时候说："不偏之谓中，不易之谓庸。""中"讲的就是不偏不倚，"庸"讲的就是恒常不变。所以儒家认为自己的学说就是为社会寻找一种公正、和谐的发展秩序。从横的方向看，中庸就是"不偏不倚"；从纵的方向看，中庸就是无过无不及。"不偏不倚"就是观察事物态度端正，不左不右。无过无不及就是办事情注意事物发展质量互变规律。《中庸》说舜执政，"执其两端，用其中于民"就是不偏不倚的典型。《中庸》说："知者过之，愚者不及也。"则是对不能达到无过不及的人的批评。毛泽东在延安整风时说："过犹不及乃指一定事物在时间与空间运动，当其发展到一定状态时，应从量的关系上找出与确定其一定的质，这就是'中'或'中庸'，或'时中'。"（《毛泽东书信选》）所以说中庸之道就是中国的辩证法，是符合发展普遍规律的哲学学说。

4. 素位守常之道

为了实现社会的和谐与稳定，儒家主张社会所有成员都要秉持一种"素位守常"的观念，各安其位，各尽其职。子思说："君子素其位而行"，具体来说，就要"素富贵，行乎富贵；素贫贱，行乎贫贱"。当时的社会存在贫富等级差异，有的学派主张"兼爱""尚同"，希望通过平均财富来实现一切人的平等。而儒家主张社会各阶层的人都能够各安本分，各尽其责，谁也不要越位。"在上位不陵下，在下位不援上。"这就是孔子所说的："礼之用，和为贵，先王之道斯为美，小大由之。"社会和谐很重要，但是一定要以礼为指针。"知和而和，不以礼节之，亦不可行也。"（《论语·学而》）只有以礼乐为约束的和谐，才是真正可行的和谐。在现实的社会中，"君子居易以俟命"，"虽有其德，苟无其位，亦不敢作礼乐焉"。而那些小人"素隐行怪"，"行险以侥幸"，"愚而好自用，贱而好自专"，都是违反中庸之道的，最终也要受到社会的惩罚，"灾及其身者也"。

5. 成己成物之道

儒家的思想路线是修身、齐家、治国、平天下，是一种由内向外的推展过程。首要的任务是"修己"，孔子说："君子之学为己，小人之学为人。"道德修养一定要从自己做起。《中庸》说："唯天下至诚为能尽其性。能尽其性，则能尽人之性。能尽人之性，则能尽物之性。能尽物之性，则可以赞天地之化育。""尽己之性"和"尽人之性"还不是终极目标，最后还要达到"尽物之性"，"参赞化育"。"成己"之后还要"成物"，子思说："诚者非自成己而已也，所以成物也。"所以《中庸》用大量篇幅探讨了"文武之政"，都是"成物"之道。如"天下之达道五"，"凡为天下国家有九经"，"其人存，则其政举；其人亡，则其政息"，"执其两端，用其中于民"等。

6. 中和位育之道

每一种社会学说，都必然具有一种对未来社会的设计，儒家对于未来社会的设计可以分成终极目标和现实目标。其终极目标是"大道之行也，天下为公"的大同世界，而其现实目标则是"礼义以为纪，以正君臣，以笃父子，以睦兄弟，以和夫妇"的小康世界。在这个小康世界中，"中也者，天下之大本也；和也者，天下之达道也。"中庸之"中"就是运行的根本规则，中和之"和"，就是运行的终极目标。按照这样的规则行动就是"致中和"，就可以达到"天地位焉，万物育焉"的目的。子思说："万物并育而不相害，道并行而不相悖。"争夺和倾轧是社会发展中违反中庸之道的行为，而和谐与互助才是宇宙运行的真谛。

二、中庸是儒家灵活的处世方法论

什么是方法论？方法论就是一种哲学体系从世界观出发得出的解决问题的方法。在一个完整的哲学体系中，世界观与方法论是统一的，方法论是世界观的具体实现。儒家哲学也是一样，中庸之道不仅是他们认识世界的方法，也是他们主张的处世之道。《中庸》包括的处世之法有：

1. 至诚尽性法

《中庸》一书从修身到治国，从持中到守常，对儒家修己治人理论进行了全面的阐述。但是要实现这些理论，即"凡为天下国家有九经，所以行之者一也"，关键在于一个"诚"字。儒家的世界观认为"天命之谓性，率性之谓道"，如何实现通过"率性"达到"天命"，关键还是一个"诚"字。所以子思说：

"诚者，天之道也；诚之者，人之道也。""诚"也就成为宇宙间最根本的规则。因天道之诚，所以四时阴阳运行有条不紊；因人道之诚，所以人能够尽心知性知天。率性的根本是"至诚"，即"反身而诚""强恕而行"，是对孔子一以贯之的"忠恕之道"的发扬。"诚"就是真诚地反思自己，"唯天下之至诚，为能经纶天下，立天下之大本，知天下之化育"，达到无所不通的境界。至诚也是实现中庸之道的根本保证，"诚者不勉而中，不思而得，从容中道，圣人也"。只要能够做到至诚，在为人处世的时候也就自然表现出"无过不及""权变时中""素位守常""中和位育"，达到"与天地参"的境界了。

2. 推己及人法

孔子说"吾道一以贯之"，曾参回答说"夫子之道，忠恕而已矣"，《大学》将其称为"絜矩之道"，也就是像木匠手中的圆规和角尺一样，是丈量一切事物的标准，是实行一切行为的规则。《中庸》对忠恕之道进行了具体而翔实的论证，即"所求乎子以事父"，"所求乎臣以事君"，"所求乎弟以事兄"，"所求乎朋友先施"。因此可以说："忠恕违道不远，施诸己而不愿，亦勿施于人。"只要有了这种"尽己之心为忠，推己及人为恕"的推己及人之道，人们离天道也就很近了。君子为人处世，只要能够时时"反求诸其身"，就像匠人"伐柯"一样，"其则不远"，可以处处通行了。《中庸》成道篇详细讨论了儒家修身、齐家、治国、平天下的理论，其理论内容虽然非常丰富，但是根本原则就是一条：以己推人。例如天下"达道五"，即父子、君臣、夫妇、兄弟、朋友；"达德三"，即智、仁、勇，但是"所以行之者一也"，都是依靠君子、依靠推己及人的"忠恕之道"。

3. 执两用中法

中庸之道强调为人处世要秉持"无过不及""权变时中""素位守常"等等原则，而要实现这一原则，只有采用"执两用中"之法。在认识事物的时候，孔子采用的是："有鄙夫问于我，空空如也，我叩其两端而竭焉。"（《论语·子罕》）也就是在调查研究的过程中尽量掌握事物各方面极端的知识，然后通过分析对比取出中间值作为事物属性的本质。在处理事务的时候，"舜其大知也与！舜好问而好察迩言，隐恶而扬善，执其两端，用其中于民。"也就是广泛征集民意，隐恶扬善，用其中道于民，这也是领导管理科学所强调的"优选法"。做学问的时候，要"致广大而尽精微，极高明而道中庸"。既要把握宏观的方面，也要深入微观的方面，既要高屋建瓴，也要深入浅出。那种望而却步的阳春白雪和俗不可耐的下里巴人，都符合中庸之道。不走极端，把持中道就是践行中庸之道的根本方法。

4. 素位而行法

中庸之道的一个重要原则，就是要"君子素其位而行"。表面上看这好像是要求人们听天由命，无所作为，其实这是一个误解，关键是如何理解这个"位"。儒家哲学向来主张内仁外礼，孔子说："克己复礼为仁"，具体表现就是要"非礼勿视，非礼勿听，非礼勿言，非礼勿动"。（《论语·颜渊》）一个和谐安定的社会，一定要有一种调整人际关系的准则，否则，人人都想不择手段地追求最高的享受，只能引起无休止的争夺和混乱。在中国古代调整人际关系的原则就是"礼"，如果出现了"礼坏乐崩"的局面，社会将会陷入混乱。在社会的和平发展时期，"君子无入而不自得焉"，这也就是我们所说的敬业精神。要干一行，爱一行，不能这山望着那山高，结果什么事情也干不好。更为严重的是"小人行险以徼幸"，希图通过冒险获得出人头地的机会，其结果往往是破坏社会的和谐稳定，个人也会碰得头破血流。因此，儒家提倡"敦厚以崇礼"，即尊重社会的礼乐与法度，将个人的职业生涯与社会的和谐发展融为一体，"与天地参"。

5. 权变时中法

中庸之道不是一成不变的固定教条，而是哲学观、世界观、方法论，是指引我们探索前行的指南。因此，孔夫子特别强调"君子之中庸也，君子而时中"，也就是说君子的中庸之道，因时而变，与时偕行。每一个时代都有新的变化，有新的事物，不能用古代的制度和政策治理今天的社会问题。孔子反对"生乎今之世，反古之道"，用古道治今世，叫作食古不化，倒行逆施，必然会"灾及其身者也"。在儒家看来，不能与时俱进也是不符合中庸之道的。这里可能有一个问题，就是人们一向认为"仲尼祖述尧舜，宪章文武"，似乎是一个崇古派，那么如何理解这里所说的君子"时中"呢？其实中庸之道也包括"经权之道"，即处理普遍原则与具体情况的辩证法。孔子祖述尧舜，宪章文武是学习古圣先贤的一般原则，这叫作"经"；但是对于具体问题，儒家还是主张可以灵活变通的，这叫作"权"。孟子说："男女授受不亲，礼也；嫂溺援之以手者，权也。"（《孟子·离娄上》）男女授受不亲是符合古礼的，也是男女交往的"经"。但是如果嫂嫂落入水中，伸手相助则是"权"，也是必须的，因为从人道的高度看，生命的原则高于男女有别的原则，"嫂溺不援，是豺狼也"。

6. 尊德问道法

《中庸》认为，掌握至诚之道有两条路径，圣人是"自诚明"，由于圣人能够超越凡俗世俗物欲的干扰，可以自然做到"率性而行"，所以能够从自性之诚达至万物无所不明。而普通人则需要"自明诚"，要学习而后获得天道、天理。子思说："故君子尊德性而道问学"，即道德修养需要不断的学习过程。关于学习方法，《中庸》有一段非常著名的论述："博学之，审问之，慎思之，明辨之，笃行之。"这个学习五段法，可以说具有超越时空的普遍性，可以为我们当代人提供重要的学习方法。

7. 内省慎独法

关于道德修养，《中庸》提供了一条重要的方法，就是内省慎独。内省是说，一个君子要经常进行自我反省。曾参是："吾日三省吾身：为人谋而不忠乎？与朋友交而不信乎？传不习乎？"（《论语·学而》）"内省"是忠恕之道在道德修养上的主要形式，"尽己之心为忠"，就是要彻底反省自己是否做到了"施诸己而不愿，亦勿施于人"。《中庸》说："故君子内省不疚，无恶于志。"只有做到了这样的水平，才是一个真正的君子。"慎独"则是说道德修养要自觉，特别是在没有监督的时候。《中庸》开篇就讲："莫见乎隐，莫显乎微，故君子慎其独也。"不论多么微小的事情，一定可以发展到被外人看到的，因此君子必须明白"潜虽伏矣，亦孔之昭"，任何违反道德的言行，都不能永远逃过天理、人心，不要抱侥幸心理。所以就要像《诗经》所说："相在尔室，尚不愧于屋漏。"即使在自己家中，在没有人看到的地方，也要保持君子的仪态。

8. 明哲保身法

实行中庸之道还有一个重要的方法，就是要学会"明哲保身"。儒家之所以在历史上被多次误解，但是又最终能够获得人心，靠的就是这种"既明且哲"的中庸之道。中庸之道是至高无上、无所不在的，但是把握中庸之道又是极难的，"民鲜久矣"，"道之不行也"，引起了孔夫子的感叹。中庸之难就难在它不是直观的伦理道德，黑白分明，善恶昭彰，可以直接推行。掌握中庸之道需要极高的辩证智慧，学会分辨经与权、时与常、和与同、上与下、古与今……并在其中做出艰难的选择。例如孔子在回答什么是真正的强者时说出了"君子和而不流""独立而不倚"这样一个辩证的标准。对于社会上的恶势力，道德标准只有"爵禄可辞也，白刃可蹈也"，但是哲学的标准则还包括"和而不流"，"独立而不倚"，既需要与之划清界限，绝不同流合污，同时也要保持一定的存在感，在力所能及的范围内弘扬正道，庇护苍生。这时候就需要"明哲保身"的哲学智慧了。具体做法是："是故居上不骄，为下不倍，国有道其言足以兴，国无道其默足以容。"这种进与退、言与默的把握，就是一种极高的中庸之道，只有具备了极高的道德水准和哲学智慧的人才能做到，所以孔子说："国有道，不变塞焉，强哉矫！国无道，至死不变，强哉矫！"能够做到明哲保身的君子，才是真正的强者啊！